本书出版得到国家社科基金项目"清末民初画报研究"（项目批准号：10CXW002）和四川大学中央高校基本科研业务费研究专项项目"杰出青年基金项目"（项目批准号：skqx201104）的资助。

GRADUATE SCHOOL OF
LITERATURE AND JOURNALISM,
SICHUAN UNIVERSITY

主编 ◎ 曹顺庆

四川大学文学与新闻学院研究生导师丛书

图像与启蒙
——清末民国画报教化功能研究

徐 沛 ◎ 著

中国社会科学出版社

图书在版编目(CIP)数据

图像与启蒙：清末民国画报教化功能研究／徐沛著.—北京：中国社会科学出版社，2018.6

（四川大学文学与新闻学院研究生导师丛书）

ISBN 978-7-5203-2474-8

Ⅰ.①图… Ⅱ.①徐… Ⅲ.①画报-研究-中国-近代 Ⅳ.①G239.295

中国版本图书馆 CIP 数据核字（2018）第 091367 号

出 版 人	赵剑英
责任编辑	任　明
责任校对	闫　萃
责任印制	李寡寡

出　　版	中国社会科学出版社
社　　址	北京鼓楼西大街甲 158 号
邮　　编	100720
网　　址	http://www.csspw.cn
发 行 部	010-84083685
门 市 部	010-84029450
经　　销	新华书店及其他书店

印刷装订	北京君升印刷有限公司
版　　次	2018 年 6 月第 1 版
印　　次	2018 年 6 月第 1 次印刷

开　　本	710×1000　1/16
印　　张	19.25
插　　页	2
字　　数	315 千字
定　　价	85.00 元

凡购买中国社会科学出版社图书，如有质量问题请与本社营销中心联系调换
电话：010-84083683
版权所有　侵权必究

序

  晚清至近代的中国社会，在内因、外因的双重作用下，开始向"现代"迈出变革步伐，经历所谓三千年未有之大变局，"晚清之季，海禁大开，经世之志，复炽于人心，学术之士，亦重趋于谋求致用之途"[1]。有关现代转型的研究始成为中国近代人文、社会研究的主流，固有的中国学术在一种古今及中西互为参照中同时步入"现代之路"，即"在国学与西学、信古与疑古、抵御西学与批判复古截然对立的论述框架中，很难平心静气地体会对方的合理之处。于是，兼采东学西学、超越非此即彼的言说，成为本世纪中国学者的最大愿望"[2]。与此同时，由于科学对于道德为支撑的知识认知形成了巨大的影响，因此中国知识形态和研究方法乃至于教育路径等都加速了这一现代学术的转型，即对于非经世致用的知识形态开始重新认知，正如耶鲁研究中国近代史著名学者史景迁（Jonathan Spence）所指出的，"由 17 世纪耶稣会传教士所带来的西方学术，尤其是数学和历法二学，对清代考据学派影响甚大，使其认为'实学'乃在个体哲思之上"[3]。而这一特定历史时期学术存在与思想探寻方式本身亦构成中国现代学术的一个重要部分。时至今日，人们依然对其抱有热情，追溯那一时期思想和学术的历史发生学以及这一转型延续至今的深刻影响，这其中既有对知识精英的学术活动与社会变革之间的互动关系，也有不少研究源自西方的"现代性"理论话语，将其作为参照框架来探讨中国的

---

[1] 林尹：《中国学术思想大纲》，华东师范大学出版社 2006 年版，第 170 页。
[2] 陈平原：《中国现代学术之建立》，北京大学出版社 1998 年版，第 11 页。
[3] Jonathan D. Spence, *The Search for Modern China*, New York and London: W. W. Norton & Company, 1991, p. 103.

社会文化问题。

然而，清末之际，多数国人所受教育程度并不高，识字率还比较低，国内许多区域还相对封闭，相当多的普通民众并没有太多的机会接触外部世界。而同时西方世界经过鸦片战争之后对中国的刻板描述，甚至诋毁已经多于想象，其中典型的观点就有："中国那时还被贫困、无知、慵懒、懦弱、伪善、残酷、迷信和腐败所困扰"[1]，这一描述可以说是集中了英文中的主要贬义词。不难想象，"激变时代的文化与政治"[2]密切相关。但是，由于中国文字拥有书写和口语两套系统的历史十分久远，而书写系统的特点对于普通民众而言是有很大难度的，所以当时对启蒙思想和科学技术等内容的传播主要在社会精英阶层流行，很难通达到更多的底层民众。由此，对普通民众如何有效输入观念最终决定这个转型能否如其推动者所设想那样展开并且实现。虽然"启蒙工作对于一个以极为广大的农民小生产者为基础的社会来说，进行得很差"[3]，但启蒙已经成为那个时代社会和知识精英们思考和行动最重要的关键词。其中，将中国固有的书写和口语合二为一，形成了影响深远的"白话文运动"[4]，对白话文的全面推动成为某种时代性的潮流，可以说这一运动本身也是启蒙时期的最为具体、最为有效的方式。

而伴随印刷技术的不断改进，商业发行系统的逐渐成型，报纸和画报等在清末成了比较流行的大众媒介，而这些如雨后春笋般出现的新媒体也形成了新的阅读群体，"晚清的最后十年里，至少曾有一百七十余家出版机构此起彼落；照顾的阅读人口，在两百万到四百万之间"[5]。在这些新的出版物当中，画报十分突出。当时摄影技术和现代绘画所带来的画面真实感比语言文字更能直接揭示图像所附加的内涵。很多画报中既有外国人眼中的中国形象，也有大量的西洋景观，这使国人在一种双向传递中看到

---

[1] Joseph S. M. Lau and Howard Goldblatt, eds. *The Columbia Anthology of Modern Chinese Literature*. New York: Columbia University Press, pp. xvi-xvii.

[2] 参见罗志田《激变时代的文化与政治：从新文化运动到北伐》，北京大学出版社2006年版。参见余虹《革命·审美·解构——20世纪中国文学理论的现代性与后现代性》，广西师范大学出版社2001年版。

[3] 李泽厚：《中国近代思想史论》，人民出版社1979年版，第479页。

[4] 参见季羡林等《中国大百科全书·语言文字》，中国大百科全书出版社1988年版，第13—15页。

[5] [美]王德威：《被压抑的现代性：晚清小说新论》，宋伟杰译，北京大学出版社2005年版，第2页。

他者的同时，也更清楚地看到自己。这种以图像为主，辅之以文字的媒介形式，直观易懂，所以，读者无论是否具有识字能力，都对其喜闻乐见，因此画报的读者量相当大，特别在上海、江浙、直隶、南粤等相对发达且开风气之先的地区迅速风行。这让画报的内容生产者掌握了一种能够相对容易融入大众文化的工具。在某种程度上，画报极大地补充了文字符号为主的纸质媒体难以承载的主旨。虽然这一时期的画报数量并不及文字媒体，但仍然种类繁多，其所刊登的图像更是数量巨大，纷繁复杂，因此，画报在一种流行中悄然实现了图像启蒙的文化作用，形成了白话文与图像对观念形态的双重介入。不难理解，这个时期的许多画报在其创刊词中一般都会开宗明义地说明要利用这一媒介优势来开启民智。

近年来，随着视觉文化研究的兴起，清末民国时期的画报成为当代学界考察那一时期历史的重要入口，越来越受到学界的关注，有关论文、专著时有所见，其中不乏佳作。但是，到目前为止针对近代画报的研究要么偏重史料的梳理和分析，集中于画报这种媒介形态与当时社会环境之间的关系；要么偏重图像的研究，主要从视觉文化的角度切入画报资料，分析图像文本的意义建构。而此书作者徐沛的研究主要聚焦于画报的教化功能，亦即图像背后的主旨。研究者经过系统梳理，发现清末民初画报的办刊目标主要从图像文本和编辑手法这两个角度来实现某种开启民智的意图。一方面，画报利用其易读易懂的图像内容，表征各种与现代性密切相关的概念，使这些外来的、有别于中国传统文化的、多元的思想与观念更有可能接触到数量庞大的社会下层民众；另一方面，画报编辑不忘调动读者的积极性来影响更多读者，并且采用各种新的手法让画报不仅作为信息的物质载体，而是带有生命力的独立主体在读者面前展示，形成双向的阅读，以此呈现出一种多元的现代性。因此，当时的画报构成了那一时期视觉消费的同时，也在相当程度上实现了某种文化政治的功能，形成了深远而强大的影响力。显然，对这一特定历史时期的画报进行系统研究是非常有意义的。

概言之，作者在挖掘史料的基础上，从图像和文字两个方面同时着力，全文分为上、下两篇，将研究视角从文本（图像）拓展到传者（画报编辑）和受众（画报读者），以此全面研究画报如何实现"教化国民"的目标。这一研究成果介于人文研究和社会科学研究之间，带有显著的跨学科特征。作者另辟蹊径，从视觉文化的角度审视现代性在中国的滥觞，集中于画报对于多数的普通民众的思想转型所提供新的视角和功能。这就与大多数基于语言文字材料反思中国现代转型的研究存在明显不同。同时，作者还将图像看作语言之外的另一种重要的表征系统，并以此为基础论述画报图像所具有的意识形态建构作用及其背后的权力关系，体现了作者对于视觉文化研究的理论基础。总体上看，作者仿效早期文化研究对实践、文本的强调，将视觉文化理论应用到文本分析中，通过从新角度（图像表征）切入旧材料（近代画报）的尝试与探索，为文化转向背景下的图像研究提供了有益的补充。除此以外，本书下篇通过定性研究分析编辑、读者言论的主要发现与之前一些相关研究将《良友》画报定位为一种城市消费文化的媒介形态存在明显差异，具有一定的原创性。

  作为新生代学者，长期致力于中国近代视觉文化方面的基础研究是十分重要的。徐沛早年学习新闻摄影，尔后由于学业精进留校任教，后随我在新建不久的文化批评专业中读博。他利用自己原有的学术积累，跟进学术界的研究动向，始终如一地思考视觉文化问题，用心研读。在博士论文开题后不久即获得哈佛燕京项目赴美，在资料和方法上又多有所获。后来又获得一些域外的访问项目，包括美国犹他大学等，所以在材料的挖掘上用功甚勤，收集整理了相当数量的第一手材料，其中部分史料之前学界少有专门涉及，例如摄影画报《世界》、儿童教育类画报等等。此书稿经过长期的打磨，现在即将出版，读者可以从中看到作者的细致考察和多种体悟。我相信此书的出版将十分有利于学界对于这一分支领域的探讨，看到这一领域所必需的跨学科方法的应用。希望此书成为徐沛君学术生涯中新的起点，观剑识器，不谬蹊径，在技术与文化之间见出现象的可能性以及解释的有效性。

  是为序。

王晓路
二〇一八年春

目 录

绪 论 …………………………………………………………………（1）
  第一节　选题缘由以及清末民初画报的学术价值 ……………（1）
    一　研究中国近代视觉文化的必要性 …………………………（1）
    二　清末民初的城市化进程、地域文化与传媒业的发展………（2）
    三　清末民初国民教育水平 ……………………………………（8）
    四　清末民初时期画报的学术价值 ……………………………（10）
  第二节　相关研究现状 …………………………………………（12）
    一　画报研究现状 ………………………………………………（12）
    二　大众媒介教化功能研究现状 ………………………………（16）
  第三节　研究对象、思路及内容构成 …………………………（18）
    一　研究对象与主要概念 ………………………………………（18）
    二　研究思路 ……………………………………………………（20）
    三　内容构成 ……………………………………………………（22）

上篇　清末民初画报图像的教化功能研究

第一章　清末民初画报中科学图像的演变 ………………………（25）
  第一节　观看科学：一次现代视觉启蒙 ………………………（26）
    一　绘画传统与摄影术对画报图像表征的影响 ………………（26）
    二　科学作为观看的对象 ………………………………………（30）
  第二节　科学地观看：科技带来的"视界"变革 ……………（34）
    一　科技带来"媒介奇观" ……………………………………（35）

二　科学新视界 …………………………………………………………（37）
　小结 ………………………………………………………………………（41）
第二章　清末民初儿童画报的图像表征与现代想象 ……………………（42）
　第一节　图像的价值与儿童画报在清末民初的发展 …………………（42）
　　一　图说传统与写实主义 ………………………………………………（42）
　　二　清末民初教育界对图像的使用 ……………………………………（45）
　　三　清末民初儿童画报概况 ……………………………………………（49）
　　四　《儿童教育画》与《京师教育画报》 ……………………………（50）
　第二节　清末民初儿童画报中的文本生态与图像复制 ………………（54）
　第三节　清末民初儿童画报中的知识普及与主体建构 ………………（57）
　　一　知识普及 ……………………………………………………………（57）
　　二　建构主体 ……………………………………………………………（60）
　第四节　清末民初儿童画报中的"修身"栏目及其视觉表征 ………（63）
　　一　"修身"的内涵 ……………………………………………………（63）
　　二　对"修身"的图像表征 ……………………………………………（66）
　第五节　清末民初儿童画报对新旧时间观念的表征 …………………（68）
　　一　旧历民俗及其新式改良 ……………………………………………（68）
　　二　阳历与现代时间观念 ………………………………………………（71）
　小结 ………………………………………………………………………（74）
第三章　从野蛮人图像看文明概念的演变 ………………………………（76）
　第一节　华夷之辨与野蛮人概念的历史渊源 …………………………（76）
　第二节　传统"文明"概念在晚清受到冲击及其后果 ………………（78）
　第三节　野蛮人图像在早期石印画报中的使用 ………………………（81）
　　一　"非人化"的表征与猎奇的功能 …………………………………（81）
　　二　石印画报野蛮人图像中的征服与被征服 …………………………（84）
　第四节　新的文明观与对野蛮人的重新认识 …………………………（86）
　　一　对传统文明观的怀疑 ………………………………………………（86）
　　二　变化的文明主体 ……………………………………………………（88）
　　三　野蛮人图像的教化功能 ……………………………………………（89）
　小结 ………………………………………………………………………（92）
第四章　体育图像中被展示的身体及其功能 ……………………………（94）
　第一节　现代体育的内涵与国民政府对体育的认识 …………………（94）

第二节 通过展示身体塑造体育明星 (95)
  一 不同的图片报道方式 (95)
  二 泳装与身体的消费 (99)
第三节 讲述故事 VS 展示身体：画报体育图像的演变 (103)
  一 讲述故事 (103)
  二 展示身体 (105)
第四节 在画报中实现体育的教育功能 (106)
小结 (110)

第五章 清末民初画报上的战争叙事与国家神话 (111)
第一节 清末画报中的战争图像消费 (112)
  一 画面与史实的冲突 (112)
  二 对伤亡的戏剧性描绘 (115)
  三 心理与现实的矛盾 (116)
  四 《点石斋画报》的办刊宗旨与晚清的社会文化需求 (118)
第二节 民国画报战争图像展示的国家神话 (120)
  一 触景生情与行动命令 (120)
  二 国家召唤青年 (122)
  三 战争图像中的民族神话分析 (125)
  四 我们的国家，我们的战争 (131)
小结 (133)

下篇 清末民初画报教化功能的质性研究
——基于编辑按语和读者来信的分析

第六章 清末民初画报的办刊宗旨 (140)
第一节 偏向实际内容的画报 (140)
  一 电影推广 (141)
  二 提供赛马信息 (142)
  三 报道新闻 (143)
  四 普及新知 (143)
  五 介绍军事知识 (144)
第二节 偏向精神内容的画报 (145)

一　普及艺术 …………………………………………………（145）
　　二　提供消遣 …………………………………………………（145）
　　三　宗教诉求 …………………………………………………（146）
　第三节　综合性画报 ……………………………………………（147）
第七章　从编辑按语看画报的内容选择 ……………………………（150）
　第一节　关注展览会 ……………………………………………（150）
　第二节　重视文艺 ………………………………………………（152）
　　一　介绍文艺作品 ……………………………………………（152）
　　二　介绍有关文艺的人和事 …………………………………（155）
　第三节　引介现代生活方式 ……………………………………（157）
　　一　介绍旅游及其意义 ………………………………………（157）
　　二　介绍公共设施 ……………………………………………（158）
　第四节　呈现多元的现代内涵 …………………………………（158）
　　一　传统文化的现代呈现 ……………………………………（159）
　　二　呈现丑与恶 ………………………………………………（160）
　　三　报道偏远地区 ……………………………………………（160）
第八章　画报呈现内容的方式与策略 ………………………………（162）
　第一节　用对比的方式认识国情 ………………………………（162）
　　一　对比中国与列强 …………………………………………（162）
　　二　对比中国与落后民族 ……………………………………（164）
　　三　对比都市和农村的妇女 …………………………………（166）
　　四　对比现代体育和传统体育 ………………………………（167）
　　五　对比中国的优势与劣势 …………………………………（169）
　第二节　重视榜样的力量 ………………………………………（170）
　第三节　视觉效果与文字叙述并重 ……………………………（175）
　第四节　分类、系统地呈现内容 ………………………………（179）
　第五节　兼顾趣味性与实际知识 ………………………………（182）
　第六节　采用应时的报道服务读者 ……………………………（185）
第九章　编辑按语中的意见表达 ……………………………………（190）
　第一节　评论时事 ………………………………………………（190）
　　一　评论国内社会政治事件 …………………………………（190）
　　二　评价领土、主权或外交事务 ……………………………（192）

三　评论国际事务 …………………………………………… (194)
　第二节　在报道的基础上表态 ………………………………… (196)
　　　一　建议振兴工商业 ………………………………………… (197)
　　　二　针对时事表达观点 ……………………………………… (197)
　　　三　建构中国形象 …………………………………………… (199)
　　　四　提倡积极、乐观的态度 ………………………………… (200)
　第三节　文学化的观点表达 …………………………………… (201)
　第四节　直接表达观点 ………………………………………… (202)
　　　一　针对个人 ………………………………………………… (202)
　　　二　针对国家、民族 ………………………………………… (205)

第十章　画报编辑按语中体现的主体性 ………………………… (208)
　第一节　自我意识 ……………………………………………… (208)
　　　一　对画报现状的说明 ……………………………………… (208)
　　　二　做读者的"良师益友" ………………………………… (212)
　　　三　时间感与使命感 ………………………………………… (214)
　第二节　感知环境 ……………………………………………… (216)

第十一章　从读者来信看画报与读者的关系 …………………… (221)
　第一节　转换身份：读者来信中的新闻报道 ………………… (222)
　　　一　战事新闻 ………………………………………………… (222)
　　　二　政治新闻 ………………………………………………… (224)
　　　三　社会新闻 ………………………………………………… (225)
　　　四　灾害新闻 ………………………………………………… (225)
　　　五　其他内容 ………………………………………………… (226)
　第二节　读者来信的内容及其态度 …………………………… (228)
　　　一　读者态度与言论类型矩阵分析 ………………………… (229)
　　　二　评论 ……………………………………………………… (229)
　　　三　建议、要求 ……………………………………………… (234)
　　　四　疑问、纠正 ……………………………………………… (242)

结　论 ……………………………………………………………… (245)
　第一节　清末民初画报图像表征的教化功能 ………………… (245)
　　　一　画报图像的教化功能 …………………………………… (245)
　　　二　画报图像的教化机制 …………………………………… (246)

第二节　清末民初画报实现教化的途径与方式……………………（247）
　　一　将画报塑造为有生命的主体……………………………（247）
　　二　让读者影响读者…………………………………………（249）
　　三　对多元现代性的呈现……………………………………（250）

附录　部分清末民初画报创刊词、重要文章……………………（253）
参考文献………………………………………………………………（265）
后记……………………………………………………………………（295）

绪　　论

第一节　选题缘由以及清末民初画报的学术价值

一　研究中国近代视觉文化的必要性

在内因、外因的双重作用下，近代中国向现代迈出实质性的变革步伐，经历"千年未有之大变局"。有关现代转型的研究构成了中国近代人文、社会研究的主流。其中有大量研究关注精英知识分子的思想转型以及他们与社会变革之间的互动关系。也有大量研究在来源于西方的"现代性"理论话语框架下探讨中国的现代转型问题。

然而，清末多数中国人受教育程度不高，识字率有限，且生活传统封闭，没有机会也缺乏意愿接触外部世界的新思想、新事物。文字传播的启蒙思想、科学技术等方面局限在士大夫阶层内部，很难向下触及社会下层民众。而这部分民众在数量上占有绝对多数，是社会的主体。对这部分人的影响最终决定中国社会现代转型的深度和广度，甚至也可以说决定了这个转型是否如其推动者所设想那样展开并且实现。

如果不能了解近代中国社会下层民众的思想状况，就无法解释从晚清开始的现代转型的曲折坎坷，也就不能理解中国社会在此过程中所面对的重重阻力。这是近年来学界越来越多地将目光从精英向大众转移、拓展的重要原因。

另外，中国社会的现代转型除了普世的一面，也不能忽略其诸多带有本土色彩、有别于传统、单一"现代性"的种种现象。学界逐渐意识到并开始强调中国自身的历史语境、文化传统等因素在现代转型研究中不容忽视的作用。正如王德威在现代文学研究中意识到："如果晚清真是现代化的关键时刻,那是因为有太多的蜕变可能,同时相互角力。……以西方为马首是瞻的现代性论述,也不必排除中国曾有发展出迥不相同的现代文学或文化的条件。"① 多元现代的概念在不同场合被反复提及既是学界反思批评态度的结果,也是各领域研究者在面对大量异质而多元的史料、文本以后的必然发现。

同时,源于学术体系内部的变化,视觉文化研究在艺术史、美学、文艺学、传播学等学科交叉位置逐渐兴起,拓展文化的概念,将大众文化领域的视觉材料纳入学术研究的范畴,为研究清末民初时期大众媒体的图像文本提供了新的研究视角与理论路径。

内忧外患之下,中国社会酝酿的巨变在普通民众当中潜移默化地展开。启蒙、教化是这个时期社会精英关注的核心议题之一。"'这是一个启蒙的时代(an age of enlightenment),虽然并不是一个民智大开的时代(an enlightened age)。'(康德)这句话来概括清末的下层社会启蒙运动,也同样恰当。……民智虽未大化,却并不能否认中国近代的启蒙运动在二十世纪初叶有了重要的开始。"②

而印刷媒介既是推动中国现代化转型的手段,也是记录并反映这一历史转型的珍贵的第一手史料。这一时期大众媒介的内容和形式因此都成为研究中国现代转型的热点之一。通过这些材料,能够了解精英知识分子如何通过印刷媒介将西方传来的新知识、新事物复制并迅速传播给数量庞大的中国读者,通过这种方式推动古老中国现代涅槃的进程。

从诞生之日便不断强调自身启蒙教化使命的各种画报,在这个承上启下、继往开来的时间点出现在这个亟须教化工具的中国社会。"清末民初画报如何教化读者?"成为本研究关注的核心问题。

二 清末民初的城市化进程、地域文化与传媒业的发展

自清末以降,提倡民主来打破专制和传播科学以破除蒙昧是中国现代启蒙的两条主要途径。在西方列强持续侵入的重压之下,众多志士仁人救亡图存,努力不懈,中国社会经历了前所未有的剧烈变革。传播科学一方

---

① 王德威:《想象中国的方法:历史·小说·叙事》,生活·读书·新知三联书店1998年版,第10页。

② 李孝悌:《清末的下层社会启蒙运动:1901—1911》,河北教育出版社2001年版,第238页。

面依靠现代教育思想的扩散和教育系统的建立、运作；另一方面则有赖于现代大众传播媒介的兴起与发展。后者在启蒙过程中扮演了高效而重要的角色。而现代传媒的发展，离不开、同时也促进了城市的兴起和商业的繁荣。或者说二者互为因果、互相促进。

位于沿海、沿江的一批城市（例如广州、上海、天津、汉口等地）因为地处要冲、交通便利，一方面在近代的中外交往过程中首当其冲，在经历种种文明新事物的同时也面临不断加深的矛盾冲突，逐渐发展成为引领、推动传统中国社会现代转型的重镇；另一方面，随着通商口岸和租界的设立、现代工商业的发展、航运和铁路交通的延伸，中国城市的现代化进程不断加速，人与人之间、人与社群之间、社群之间的信息交流、共享逐渐成为一种内在需求，具备一定读书识字能力的城市居民萌发了阅读、消费现代传媒的迫切愿望。

1. 城市化带来的文化变迁与现代传媒的兴起、发展

伴随着现代城市化的进程，社会个体从古代社会相对分散居住发展为脱离自己熟悉的生存空间，迁徙到城市空间集中居住、学习、工作，每个个体都被与自己相似却陌生的个体所包围。与古代社会相比，每个个体在城市生活中的空间狭小而缺乏"乡土社会"的人际交流，虽然城市不乏芸芸众生、茫茫人海，但个体的内心感受却是"茕茕孑立、形影相吊"。"空间距离缩小，心理距离拉大，导致了城里人寻找彼此共同关心、共同感兴趣的话题，也就是对大众文化的渴求，这也是紧张工作之后心理宣泄的需要。互传社会新闻是这种要求的初级表现，共同欣赏、议论大众文化，则是这种要求的满足。"[①]

这里所谓的"大众文化"并非与之相似的"通俗文化"。它与通俗文化的主要区别在于与城市化、西方文化以及更宏观的现代化之间的密切关联。清末的大众文化来源于传统文化、民间文化和西方文化的融合、发展。"……它的诞生和发展毕竟代表着一种全新的文化现象的产生，并从某一层面折射出中国社会当时的变迁和转型，在一定程度上反映了中国社会当时的状况和问题。自晚清以降，在以上海为代表的少数几个沿海开埠城市中，上至晚清仕宦、社会名流，中间有新兴的中产阶级、商人、民族资本家，下至普通民众都或多或少地参与到了大众文化中来，使中国近代

---

① 张仲礼主编：《近代上海城市研究（1840—1949）》，上海人民出版社2014年版，第742页。

以来的大众文化出现了鱼龙混杂、雅俗共赏的蓬勃发展局面。"①

清末大众文化的另一面是由外来文化的强势介入导致的扭曲与病态。近代中国大众文化的兴起主要受到两方面因素推动：一方面，大城市自身的现代转型从明末到清代不断演化、积累，到清末已经初具规模，在人口聚集、商业化程度等方面都已达到相当水平；但是，另一方面，由于没有经历过自发工业革命的洗礼，中国社会的大众文化比较缺乏现代社会组织和文化层面的铺垫，同时受到晚清西方外来文化通过租界等途径的强势侵入，各通商口岸所在的城市不得不在短时间内面对剧烈的文化冲击与社会变革。"中国城市文化近代化因此而出现内外双向作用，传统与近代相互交叉，城市与乡村互为影响的复杂格局。"②

这样复杂而多元的大众文化孕育了兼容并包、雅俗共赏的晚清大众媒体。生活在城市的读者通过大众媒体获取信息、表达意见、达成共识……一时间，形成一种众声喧哗、百家争鸣的媒介生态。这其中，以上海最为典型。

2. 清末民国时期上海及其传媒的发展

根据表1的统计数据，上海是1933年全国杂志出版数量最多的城市，达到178种，占总数的72%。③ 从这些数据中可以看出20世纪30年代的中国杂志出版领域，上海所扮演的举足轻重的角色。

表1　　　　　　　　　1933年全国主要杂志出版地分布表　　　　（单位：种）

上海	南京	杭州	北平	广州	武昌	天津	镇江	安庆	济南	总计
178	39	10	9	3	3	2	1	1	1	247

资料来源：引自胡道静《一九三三年的上海杂志界》，上海通社（编）《旧上海史料汇编（上册）》，北京图书馆出版社1998年版，第398页。

说明：表中数据是生活书店的"全国定期刊物一览"第五号和"现代书局经售全国定期刊物表"八月号，两者间重复的删去不计。

---

① 何一民、庄灵君：《城市化与大众化——近代中国城市大众文化的兴起》，《湘潭大学学报》（哲学社会科学版）2008年第1期。

② 涂文学：《中国城市文化近代化的多重路径》，《浙江学刊》1996年第4期。

③ 这个数字在其他学者的相关研究中也基本得到印证：祝均宙研究发现清末在上海出版的小报就有40多种，到20世纪三四十年代则不少于1000种。（转引自秦绍德《近代上海报刊史论》，复旦大学出版社1993年版，第195页）他发现上海在半个世纪的时间内出版的报纸多达1786种，这个数字占当时整个报纸出版量的70.88%，这个数量与种类在中国近现代新闻史上首屈一指。（祝均宙：《旧上海的小报世界》，转引自洪煜《近代大众传媒与城市文化研究》，上海人民出版社2012年版，第131页注释2）

根据胡道静的观察:"上海坐着第一把交椅,不是近来的事情,好久好久已这样了,因为在全国中它是最拥有多重的印刷工具者;又是对内对外交通最方便的一个口岸,故输入纸张等原料便利低廉,而印成的东西更容易分送到各处去。再有一个历史的原因,就是因为上述两种缘故的绵延,使上海出的杂志都带有普遍性而不是地方性的,于是尊重了上海出版物的地位。"[1]

上海能够从一个渔村迅速发展成为近代中国首屈一指的国际化大都会,与它自身具备的各种得天独厚的条件是分不开的。

地处长江入海口,东临大洋,辐射中国农业经济命脉的长江三角洲,上海利用其先天航运、交通的便利,成为江南乃至全国的运输、贸易中心。

海派文化及其滋养的上海人所具备的开放、理性、务实、精明的特征相对有利于外来文化的进入。上海开埠以后,由外国人创办的新式学校蓬勃兴起,逐渐改变着中国传统教育脱离社会实际的积弊。一些上海的知识分子也认识到教育发展与国家强盛的内在联系,一场旨在开启民智、振兴国家的教育改革运动首先在上海悄然兴起。[2]

伴随着教育事业的发展,上海在近代中国思想文化领域的作用日渐明显。以清末的维新运动为例,上海创办的维新报刊多,倡导维新的学会数量多,启蒙宣传内容丰富,影响广泛,表现相当突出。[3]

同时,张仲礼认为,"上海是人口密集度、异质度都特别高的城市,又是典型的近代崛起的城市,大众文化起步早,品种多,内容极其丰富"[4]。以进化论的观点看,差异是进化的必要条件。只有在差异基础上的自由竞争,才可能产生出最适应环境条件的优良物种。汇集了来自国内外不同地域、历史的文化,近代上海在文化生态的层面具备了优胜劣汰、物竞天择的进化条件。按照熊月之先生的话讲:"……近代上海呈现两极并存同在的特点,世界性与地方性并存,摩登性与传统性并存,贫富悬殊,高度分层,有中有西,有土有洋,中西混杂,古今交叉,既是中国这

---

[1] 胡道静:《一九三三年的上海杂志界》,上海通社(编)《旧上海史料汇编(上册)》,北京图书馆出版社1998年版,第399页。

[2] 张仲礼主编:《近代上海城市研究(1840—1949)》,上海人民出版社2014年版,第730—732页。

[3] 同上书,第725—730页。

[4] 同上书,第742页。

个庞大乡村里的现代都市，这个现代都市里又有传统乡村的诸多元素。"①

在这些条件的综合作用下，上海的地位迅速上升。1853年，上海进出口总值激增至1720万元，而广州下降到1050万元，首次超过广州。此后，上海一直处于领先地位，全国对外贸易中心由广州转移到上海。② 19世纪中叶，上海逐渐在金融、贸易、文化等方面发展成为中国第一大都市。罗兹·墨菲认为"……上海，连同它在近百年来成长发展的格局，一直是现代中国的缩影。……现代中国就在上海诞生。……上海提供了那用以说明现代中国已经发生和即将发生的新事物的锁钥。……"③

自19世纪中叶一直持续到民国初年的持续快速发展，使上海在20世纪二三十年代进入其鼎盛时期，城市文化空前繁荣，市民社会的文化消费日趋多样化。此时，传媒业也随之蓬勃发展，进入其发展历史上的黄金时期：各种报刊琳琅满目，有日报、晚报、三日刊、半周报、周刊、半月刊、月刊、双月刊、季刊、半年刊、年刊、画报等等，琳琅满目的报刊、书籍汇成近代上海恢宏的文化海洋……④著名上海报刊历史学者胡道静指出："上海商业的发达，使报纸容易获得培植的原动力。"⑤

3. 地区文化特色与画报的南北差异

虽然近代城市化过程在全国、特别是沿海沿江展开，一批城市几乎同时兴起，其背景、原因、动力基本相似，但是这个变化毕竟是一个历史的过程，大凡现代城市都有其前现代的基础与来源，也无法摆脱生长在其中的地域文化的影响。"城市文化在超越地域文化的同时，又深受地域文化的潜在影响，形成了城市文化最基本的个性特色。"⑥

实际上，空间地理位置与文化风格特征之间的关系历来为研究者所重视。钱锺书先生在研究中国传统诗画时指出："把'南''北'两个地域和两种思想方法或学风联系，早已见于六朝，唐代禅宗区别南、北，恰恰符合或沿承了六朝古说。……"⑦梁启超先生提出南北论，专门撰文《中

---

① 熊月之：《论近代上海城市文化的异质性》，《中国名城》2008年第1期。
② 黄苇：《上海开埠初期对外贸易研究》，上海人民出版社1979年版，第75页。
③ [美] 罗兹·墨菲：《上海——现代中国的钥匙》，上海人民出版社1986年版，第5页。
④ 洪煜：《近代大众传媒与城市文化研究》，上海人民出版社2012年版，第131页。
⑤ 胡道静：《上海的日报》，上海通志馆1935年版，第1页。
⑥ 涂文学：《区域背景与中国近代城市文化风格的生成：以天津、上海、汉口为例》，《长江论坛》1996年第2期。
⑦ 钱锺书：《中国诗与中国画》，《七缀集》，上海古籍出版社1994年版，第10页。

国学术思想变迁之大势》分析南北学术之间的区别:"我中国有黄河、扬子江两大流,其位置、性质各殊,故各自有其本来之文明,为独立发达之观。……则古昔,称先王;内其国,外夷狄;重礼文,系亲爱;守法律,畏天命:此北学之精神也。……探玄理,出世界;齐物我,平阶级;轻私爱,厌繁文;明自然,顺本性:此南学之精神也。"①

这种地区文化差异在清末民国时期出版的画报中也有显著的体现。有研究者研究民国在天津出版的《北洋画报》时,不可避免地将之与同年在上海出版的《良友》画报进行比较,发现《北洋画报》"具备明显的北派特色,比如对传统戏剧和民间曲艺的热情,以及北派武侠和通俗社会言情小说的刊载,都反映了天津独有的文化气象"②。

虽然与上海遥相呼应,天津也是清末国内最引人瞩目的大都会。但是地处京畿咽喉要冲的天津在传统文化的承袭方面却与上海迥然不同。北方城市从地理气候,到物产饮食,再到风俗习惯都与南方城市存在很大差异,再加上天津拱卫京畿的特殊位置,在整个明清时期都备受朝廷关注。这一方面,让天津卫鹤立鸡群,获得其他城市少有的垂青与机会;另一方面,高度中央集权控制下的天津也具备其他地方少有的保守、稳健作风。"天津开埠后不久,直隶总督兼北洋大臣便移住天津,强化中央对地方的监督和控制。"③上海与之相比,环境相对宽松多了,相对开放、自由的文化在面对外来文化时采取的态度也不太一样。

因此,《北洋画报》的第三任主编刘云若对于画报功能的看法与当时普遍认同接受"画报是要提供娱乐消遣"的观念确有差异,认为"遣兴消闲之读物,在政治上不堪于利用;而在民众,则远不若窝窝头之为需要……"④对于地方文化和实用内容的强调在这里更受到推崇。可想而知,《北洋画报》在迎合、融入天津本土市民文化方面曾有苦心的经营。吴果中分析指出:"《北洋画报》在现代化的生活方式、休闲娱乐和艺术品位的取向中,仍然夹杂一些传统的文化符码和保守的意识形态,形塑了

---

① 梁启超:《中国学术思想变迁之大势》,上海古籍出版社2001年版,第26页。
② 陈艳:《〈北洋画报〉时期的刘云若研究》,《中国现代文学研究丛刊》2011年第4期。
③ 郭武群:《认同与排拒——近代转型期的上海、天津城市文化》,《天津社会科学》2004年第3期。
④ 记者:《卷首例言》,《北洋画报》1929年4月4日。

天津近现代城市文化演变中传统与现代的特有风貌。"①

三　清末民初国民教育水平

1. 识字率

"开民智，造新民"的基础是具备识字能力，对于清末的识字能力学界众说纷纭，莫衷一是。

1905年清政府设立学部专门负责教育之事。根据学部1909年第三次教育统计，当年全国在校学生数不过100多万，加上各省简易识字学塾和私塾的学生，以及原科举制下受过旧学教育的人口，粗通文墨者总数仅约300万左右。② 以清末全国人口基数4亿来算，当时的识字率还不到1%。

1930年国民政府教育部训令各省市教育厅局："本部最近计算，全国不识字人数，至少当在80%，就中除50岁以上12岁以下，及应受义务教育之学龄儿童外，仍余两亿零两百余万人，端赖民众学校，供其不惜。"③

虽然从清末到民初，识字率有所增长，但依然停留在一个较低的水平。有学者认为无法确认具体识字率，但是估计一个范围是比较合理的："识字率下限估计较为合理，换而言之，十九世纪中国的识字率绝难超过百分之二十。"④

2. 社会教育机构与场所的建设

清末民初都致力于发展学校制度教育，但晚清时期的社会教育以识字教育为主。1907年清政府推行九年预备立宪，其中一个项目就是推广识字，并规定推广识字的第二年颁布简易识字课本，创设厅州县简易识字学堂，颁布国民必读课本；第四年创办乡镇简易学塾；第七年人民识字意者须达到1/100；第八年须得1/50；第九年须得1/20。⑤ 而民国初期，在普及文字的同时则以通俗教育为中心。

除了推动学校教育的发展，清政府也在各地举办各种简易识字学塾、简易学堂，同时也设的有少量展览陈列所、图书馆、博物馆以及阅报处等

---

① 吴果中：《传统与现代双重变奏的视觉表述与图像呈现——〈北洋画报〉及其城市文化生产》，《新闻与传播研究》2013年第5期。
② 关晓红：《清末中央教育会述论》，《近代史研究》2000年第4期。
③ 中央教育科学研究所：《中国现代教育大事记》，教育科学出版社1988年版，第215页。
④ 张朋园：《劳著〈清代教育及大众识字能力〉》，《中研院近代史研究所集刊》1980年第9辑。
⑤ 同上。

设施。据1911年的学部统计，有16省设立简易学堂约有29000所以上，全国共有简易识字学塾16314所，学生245483人。①

到了民国初期，社会教育机构和设施较之民国以前有了进一步的发展，图书馆的数量从22个增加到了176个，通俗教育讲演所从1464个增加到了2579个，半日学校的数量也从1186个上升到了1686个。在质量方面，这个时期社会教育的机构与设施，开始有计划、有组织地发展，并逐渐呈现出专门化、专业化的特色。②

3. 不同地区教育水平的差异

根据舒新城的《中国近代教育史资料》中的数据，民国初年国内不同地区学生数量差距明显。四川学生数连续多年保持第一。在学校数方面，四川、直隶等省长期位于前列。③ 相比之下，安徽、江西、湖南等省则落后不少。1911年，四川省设有16314所简易识字学塾。直隶紧随其后，设有4160所。而教育水平相对落后的江西、湖南则不足300所，数量最少的安徽则不足200所。④

4. 女性受教育程度

有学者发现，到20世纪初，官方都没有设立女子学堂。到清末民初才开始逐渐出现针对女性的初级教育机构出现。⑤ 而且这些学校多数非常保守，教育理念传统，不接受外来的现代思想与观念。⑥ 到民国初年，全国在校男生人数4113302人，而女生人数则只有180949。⑦ 学生中男女比例超过20：1。

综上不难看出，清末至民国初年，中国教育水平低下，多数普通老百姓没有接受过基本教育，识字率低，不同地区、不同性别受教育水平相差很大，整个社会处于一种未开化的状态。经过辛亥革命洗礼，无论新生的国民政府还是数量有限的社会精英都意识到教育开启民智对于国家、民族复兴的极端重要作用。但是，经过若干年努力，到20世纪二三十年代，

---

① 王雷：《中国近代社会教育史》，人民教育出版社2002年版，第31页。
② 同上书，第48页。
③ 舒新城：《中国近代教育史资料》（上册），人民教育出版社1981年版，第367—369页。
④ 参见王雷《中国近代社会教育史》，人民教育出版社2002年版，第31页。
⑤ 金忠明、李若驰、王冠：《中国民办教育史》，中国社会科学出版社2003年版，第129页。
⑥ 陈青之：《中国教育史》，上海书店出版社2013年版，第489页。
⑦ 舒新城：《中国近代教育史资料》上册，人民教育出版社1981年版，第366页。

中国人的整体受教育水平仍然不高，识字率并未显著上升，虽然地区、性别间的受教育水平差异有所平衡，但是仍然有大量的工作要做。大众媒体，特别是以图画、图像为主要传播内容的画报应运而生。

四 清末民初时期画报的学术价值

画报以图像为主，辅之以文字，直观易懂，读者无论是否具有识字能力，都喜闻乐见。伴随印刷技术的不断改进，以及商业发行系统的完善，画报在清末成为流行的大众媒介。特别在上海、江浙、直隶、南粤等相对发达且开风气之先的地区迅速风行。这一时期的画报数量虽不及文字媒体，但仍然种类繁多，其所刊登的图像更是数量巨大，纷繁复杂。

与文字比起来，图像的接受门槛似乎更低，这让画报的内容生产者掌握了一种能够相对容易融入大众文化的工具，扩大受众（读者群）的目标随着画报的风行成为一种能够实现的目标。这个时期的画报纷纷在其创刊词中开宗明义地说明要利用这一优势来开启民智。

例如清末创刊于北京的《菊侪画报》在其创刊词中写道："画报与字报比较，画报如同看戏，字报比作听书。看画报的，不识字可以瞧画儿，看字报若是不识字，即只好数个儿罢。画报一看便知，不论妇孺易于知晓……论到菊侪出这种画报，虽说是种商业，内中可关乎着开通民智的意思，较比卖画儿为业差强。"①

类似的想法多年以后在天津创刊的《北洋画报》也有所表达："画报的好处，在于人人能看，人人喜欢看，因之画报应当利用这个优点，容纳一切能用图画和照片传布的事物，实行普及知识的任务……"②

而第一任主编伍联德更是多次撰文阐述《良友》的使命。他认为："'良友'的使命是来普及教育的，发扬文化的。……我们《良友》的任务，是出版和印刷。我们也深信出版印刷的职业，是开导民智，普及教育的惟一工作……"③ 到《良友》出版到第 100 期时，伍联德再次撰文专门分析画报之于教育的重要性："良以图片灌输智识，显浅易晓，实为目前普及教育之最善工具，中国人口之众，幅图之大，文化食粮，固甚感缺

---

① 杨曼青：《菊侪画报》发刊词（演说），见《清末民初报刊图画集成续编》，全国图书馆文献复制中心、国家图书馆缩微中心 2003 年版，第 7250 页。
② 《北洋画报》1926 年第 1 期。
③ 伍联德：《为良友发言》，《良友》1928 年第 25 期。

乏，吾人本为民众造福之精神，彼此砥砺，分工合作，中国文化前途，实利赖之。"①

然而，自"五四"以来，学界对中国近现代历史的反思基本集中在语言文字的层面，较少针对图像。葛兆光先生曾指出："……图像作为中国的思想史资料来用，好像还不太多，明确的理论和方法也没有建立起来……"②

以《点石斋画报》为代表的石印画报在内容上以时事为主，强调时效性与社会性，这与之前宗教典籍、小说插图的内容明显不同。在大众印刷媒体上呈现时事，让读者在不同空间展开共时性的阅读。这一特征也使新闻类的画报明显不同于同期存在于市场上的其他内容偏向文艺或者画家个人体验的画册、图集。③王尔敏分析道："除传播时事及时人行踪外，但凡世上新事当必加意宣扬，以使天下共晓。因此世上新创发明，即为其搜罗刊布之目标。尤其加以绘画说明，自更引人注意，加强印象，而其报纸价值亦得提高。创始首期，即刊布外国飞行气球及潜水艇各一幅，后又绘刊地底行车一幅。嗣后亦更多方介绍世界新知，当可见其所负传播新闻之使命。"④李欧梵也对此有过表述，认为《点石斋画报》为中国人的现代想象提供了大量千奇百怪的素材，这些与传统认知有天壤之别的对象直接进入到鸳鸯蝴蝶派的小说中，刺激了读者对新世界的幻想。⑤

清末已经出现质量上乘的摄影画报，但是直到20世纪20年代，摄影画报才逐渐取代了其他类型的画报，取得绝对优势的市场地位。⑥画报上刊登的摄影图像因为其前所未有的内容和形式，迅速吸引了大量读者的目光，成为他们接触外部世界的全新的、现代的渠道。画报编辑意识到摄影

---

① 伍联德：《良友一百期之回顾与前瞻》，《良友》1934年第100期。
② 葛兆光：《思想史研究课堂讲录》，生活·读书·新知三联书店2005年版，第136页。
③ 因此这些材料（例如《点石斋丛画》《漫游随录图记》等）也进入本研究视野，但只是作为一种参照，而不是研究的重点。
④ 王尔敏：《中国近代知识普及化传播之图说形式》，《中研院近代史研究所集刊》1990年第19期。
⑤ 李欧梵、罗岗：《视觉文化·历史记忆·中国经验》，《视觉文化读本》，广西师范大学出版社2003年版，第15页。
⑥ 这里的"摄影画报"主要指采用现代印刷技术复制摄影图像作为主要内容，定期出版发行的画报。例如创刊于1907年的《世界》画报，印刷精美、质量上乘，但是发行两期以后停刊，难以形成持续的影响。直到1926年，上海的《良友》和天津的《北洋画报》等大型画报创刊，并且很快在城市读者中风行一时，摄影画报在近代中国传媒市场上确立了自己的地位。

图像的优势，试图利用这种新技术带来全新图像实现教化大众的目标。对于研究者而言，此时，摄影画报中的图像成为了解当时中国精英阶层如何表征现代的第一手材料。建立在透视法主导地位基础上的摄影真实性与之前的石印画报图像在表征特定主题时的异同，特别有助于理解图像的生产、复制技术与图像表征之间的相关关系，有助于理解媒介形态与编辑理念之间的内在联系，也有助于理解媒体内容及其形式与社会文化之间的互动关系。

虽然清末民初时期的画报有这些潜在的学术价值，但是从现有相关研究的情况来看，针对这些材料的研究还存在向纵深推进的空间与可能。

第二节　相关研究现状

一　画报研究现状

国内新闻史研究中不乏涉及近代画报的成果，例如戈公振的《中国报学史》、张静庐的《中国近代出版史料》以及更晚近的方汉奇主编的《中国近代报刊史》等新闻史著作都对画报有所涉及，但均着墨不多。

针对画报的专门研究大致可以分为两种路径。

第一种是从民国时期便零星展开，它们以梳理史实、鉴别种类、评估价值等方面的宏观描述为主。主要有武樾、黄天鹏、刘凌沧、蒋萌恩、胡道静、张若谷、阿英、张铁铍、郑逸梅、萨空了、彭永祥以及卓圣格等人的研究。[①] 这其中以阿英与彭永祥的研究最有代表性，影响也比较大。阿英在《中国画报发展之经过》中将近代画报的发展分为四个时期（萌芽时期、石印画报时期、铜锌画报时期以及影写版的综合画报时期），并着重介绍了《点石斋画报》《世界》和《良友》等几种具有代表性和重要意义的画报，为后续的画报研究提供了相对最为客观精当的历史描述与定性评价，被广泛引用。而彭永祥的研究在材料的全面与权威方面比较突出，他认为从清末到新中国成立，出版发行的画报大约有800种，但大多已经失传，现存能够见到的只是少数。彭永祥分别对1877—1919年间出版的118种画报的背景及特点进行了简要介绍，为了解现存近代画报奠定了

---

① 具体篇目参见参考文献中"相关论文"部分。

基础。

另外一种是20世纪90年代以后,有关近代画报的研究开始聚焦于几种影响最大的画报(例如《点石斋画报》《良友》等),并且逐渐将研究与中国近代社会经济、历史文化等背景结合起来。其主要代表包括王尔敏、康无为(Kahn Harold)、瓦格纳(Rudolf G. Wagner)、叶晓青(Ye Xiaoqing)等几位历史学者所进行的研究。[①] 这些研究的共同特征是不约而同地关注图像内容,认为画报刊登的图像是与文字具有类似价值的史料,是反映历史事实的镜子,论述严谨而规范。因此,研究者都试图通过分析画报及其内容来把握清末城市生活、大众文化等方面的历史脉络与社会形态。

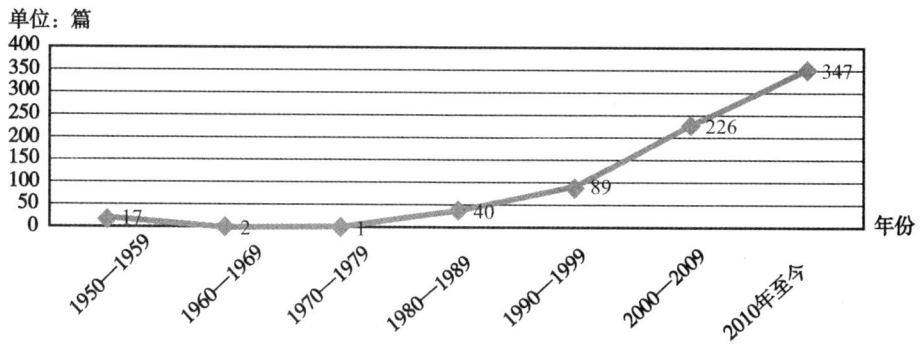

图1 新中国成立后画报研究论文数量分布情况

2000年以后,国内画报研究逐渐发展繁荣,论文发表的数量和质量都显著提升。使用中国知网(cnki.net)检索篇名中包含"画报"二字的期刊论文达到722篇(经过进一步人工检索,去掉不符合要求的结果[②],实际共有322篇)。

从"新中国成立后画报研究论文数量分布情况图"可以看出,2000—2009年这十年共发表了相关论文226篇,2010年至今已经发表347篇相关论文,而1950—1999年50年的时间总共才发表167篇。[③] 由此可见2000年以后"画报"研究在数量上的显著提升。

[①] 具体篇目参见参考文献中"相关论文"部分。
[②] 人工检索时去掉画报出版时间不在研究范围中(画报出版时间晚于1937年)、非学术研究论文(例如报纸文章,特别是新闻、消息等)的篇目。
[③] 此论文数量基于未进行人工筛选以前的结果。

但是数量只是一方面,评价研究水平还要看专题研究者及其高水平论文和相关专著等指标。"画报研究代表性研究者及其研究、发表简介"(见表2)是根据中国知网检索结果整理出画报研究领域的代表性研究者及其研究、发表情况。这些学者的成果全部发表于2000年之后。

表2　　　　　画报研究代表性研究者及其研究、发表简介

研究者	发表论文数量	主要研究方向
吴果中	12篇	近代画报
韩红星	8篇	《北洋画报》
陈艳	6篇	《北洋画报》
冯鸣阳	6篇	《点石斋画报》
裴丹青	5篇	《点石斋画报》
赵昊	6篇	《良友》
刘永昶	4篇	《良友》
谢其章	4篇	画报收藏、介绍
刘敏	4篇	民国时期画报

分析表2可以发现,近年来画报研究不再像以前那样零星、不系统,而是针对某一种有代表性的近代画报展开相对全面而系统的研究。其中被关注和研究最多的画报分别是《点石斋画报》《北洋画报》和《良友》。

在这些研究者当中,以吴果中发表的论文数量最多,影响最大。吴果中梳理了从1874年(《小孩月报》出版)至1949年(《华北画报》出版)在上海出版的画报,并以《良友》为核心,对近代画报的背景、源流和演变展开系统研究,成果累累,先后有4篇论文发表在国内顶尖的新闻传播类学术期刊《新闻与传播研究》上。其部分研究成果最终汇集成为博士论文《〈良友〉画报与上海都市文化》出版。[①]

使用中国知网检索发现,有关画报的硕士论文共102篇(经过高级检

---

① 吴果中的相关研究主要包括论文:《中国近代画报的历史考略——以上海为中心》,《新闻与传播研究》第14卷2007年第2期;《从〈良友〉画报广告看其对上海文化空间的意义生产》,《国际新闻界》2007年第4期;《民国〈良友〉画报与都市空间的意义生产》,《求索》2007年第5期;《民国〈良友〉画报影响力要素的综合解析》,《国际新闻界》2007年第9期;《都市文化语境下的乡村图像与市民文化》,《湖南师范大学社会科学学报》2008年第5期;专著《〈良友〉画报与上海都市文化》,湖南师范大学出版社2007年版。

索，去掉不符合要求的结果①，实际共有 63 篇），博士论文 6 篇②。这些博士论文中，除了一部分主要从历史学、艺术学等角度切入以外，王晏殊采用文化研究的思路与方法，探索了图像与文学的相互影响，分析了大众媒体（《北洋画报》）与现代城市（天津）的互动关系。另外，陈阳、阴艳和刘永昶三人的博士论文试图通过对特定画报（分别研究了《真相画报》《北洋画报》和《良友》）及其图像内容的分析，从现代性的角度研究中国近代视觉文化的变迁。规模、体量以及质量相对更高的博士论文不断出现，说明近代画报研究的深度和系统性方面取得比较明显的进步，并且开始在学术体系中占有一席之地。

近几年，画报研究领域出版了多部专著，从内容上划分主要有资料整理和学术研究两大类。

一类是对清末到民国时期国内外画报资料的整理、选编。与之前通过影印的方式重新出版完整的画报不同，这几年的画报资料的出版大多是围绕特定主题，把不同来源的画报资料整理收集到一起，然后结集出版。③以广东省立中山图书馆编辑出版的《清末民初画报中的广东》为例，虽然该书中有许多内容并非首次再版，但是将这些画报中有关"广东"的内容收集整理、分门别类地集中呈现，为进一步研究这些材料提供了新的视角。陈平原先生曾经出版多本研究晚清画报的专著，2014 年再次出书介绍除《点石斋画报》之外的 28 种晚清画报，强调这些资料对于理解中国近代历史、文化的重要性。还有一些国外相关材料的整理出版也在近年出现。对于近代国外画报资料（例如 19 世纪《伦敦图画新闻》的相关内

---

① 高级检索时加入限定条件：要求标题不包含"城市""人民""体育""外滩""解放军""周末"等词汇。

② 6 篇博士论文分别是：杨健：《政治、宣传与摄影》，博士学位论文，复旦大学，2016 年；陈阳：《〈真相画报〉与"视觉现代性"》，博士学位论文，复旦大学，2016 年；阴艳：《美者其目标》，博士学位论文，东北师范大学，2015 年；王晏殊：《民国时期天津〈北洋画报〉研究》，博士学位论文，南开大学，2014 年；刘永昶：《作为时代图像志的〈良友画报〉》，博士学位论文，华中科技大学，2009 年；郭秋惠：《"点石"：〈点石斋画报〉与 1884—1898 年间的设计问题》，博士学位论文，清华大学，2010 年。

③ 主要包括：广东省立中山图书馆编：《旧报新闻·清末民初画报中的广东》，岭南美术出版社 2012 年版；国家图书馆少年儿童馆编：《民国儿童画报选编》，天津教育出版社 2013 年版；陈平原：《图像晚清：〈点石斋画报〉之外》，东方出版社 2014 年版。赵省伟编：《海外史料看甲午》，中国画报出版社 2015 年版；万国报馆编：《甲午：120 年前的西方媒体观察》，生活·读书·新知三联书店 2014 年版；沈弘编译：《遗失在西方的中国史：〈伦敦新闻画报〉记录的晚清 1842—1873》，北京时代华文书局 2014 年版。

容）的整理出版有利于从外部视角审视中国近代历史，通过比较研究更全面地理解中国现代转型。

另一类则是对这一时期画报的学术研究著作。这些书籍在一定程度上代表了该领域研究的水平。[①] 韩丛耀及其研究团队编撰的6卷本《中国近代图像新闻史：1840—1919》于2012年出版，对近代中国重要的图像新闻刊物进行了全面深入的研究，是近年来画报史研究领域仅见的鸿篇巨制。郑建丽以《点石斋画报》为中心研究晚清图像新闻报道的演进，在图像叙事、画报新闻来源的变迁等方面都有独到之处。

早在20世纪90年代末，李欧梵便已经在其著作《上海摩登》中使用"都市文化"的概念来阐释包括《良友》在内的上海印刷文化。2000年以后，刘永昶、于红梅、刘敏等人的研究都或多或少地选择从都市文化的角度来观照近代画报，特别是《良友》。[②] 与以上这些研究不同，吕新雨则另辟蹊径，认为《良友》所刊登的"家事、国事、天下事，事事都关涉启蒙"[③]。

虽然从启蒙、教化的角度来关注近代画报的相关研究不多，但是讨论媒体，特别是大众媒体的教化功能却是大众传播研究的一个传统话题。

二 大众媒介教化功能研究现状

20世纪中期开始，大众媒介的功能就是传播学从一开始就关注的领域。包括拉斯韦尔（Harold Dwight Lasswell）、施拉姆（Wilbur Schramm）、拉扎斯菲尔德（Paul Lazarsfeld）与默顿（Robert Merton）等人都曾经有过专门的研究和论述。但是都没有专门、正面提及大众媒介的教化功能。国内关于大众媒体功能的研究虽起步较晚但也有一定的积累。例如张国良、谢金文、骆正林、何梓华都先后对传媒的社会功能展开研究，他们的论文在秉承了西方学者有关媒介的功能理论的基础上有所发展，部分涉及大众传媒的教化功能。

以知网为例，将"大众传媒功能"作为篇名关键词进行搜索，在核

---

① 主要包括：韩丛耀等：《中国近代图像新闻史：1840—1919》，南京大学出版社2012年版；郑建丽：《晚清画报的图像新闻学研究（1884—1912）：以〈点石斋画报〉为中心》，广西师范大学出版社2015年版；李从娜：《近代中国报刊与女性身体研究：以〈北洋画报〉为例》，中国社会科学出版社2015年版。
② 具体篇目参见参考文献中"相关论文"部分。
③ 吕新雨：《国事、家事、天下事——〈良友〉画刊与现代启蒙主义》，《读书》2007年第8月，第62页。

心期刊中发表的论文数就有240篇，这些论文从不同的视角和环境出发对大众媒体的功能进行研究。如朱万曙认为教育的过程是一个信息传播的过程，他帮助受教者获得有益于其生存和发展的信息，大众媒体所传播的信息虽不是完全有用，但其部分有用的信息即是教育功能体现，其功能层次可分为技能教育、知识教育、智力教育、职业教育、审美教育，思想观念教育，其功能特性为潜隐性、复合型、非严整性。① 潘祥辉认为大众媒体的其他功能都是附着在提供信息这一基础功能上的，而大众媒体与货币一样是交易的媒介，都有利地促进了社会的互动与整合，并将潜在的信息或价值显性化，因而将大众传媒的功能视为一种"信息货币"功能。② 而费爱华从国家与社会的视角分析，大众传媒作为公共管理的客体发挥着环境监测、文化传承、娱乐休闲、广告营销的功能，而作为公共管理主体时具有议程设置和政治沟通与控制的功能，而作为公共领域时则发挥着政治参与和舆论监督的功能。③

"教化"一词突出的是政治与道德方面的教育和感化，大众媒体的教化功能除了包括媒体外在对人们政治道德教育以外，也包括人们内在对这些信息消化。④ 外在政治道德教育属于媒体的社会功能范畴，可通过研究媒体传播的内容和形式得出结论，而对于人们是否消化媒体传递的信息则具有隐蔽性，不易通过观察得出结论。因而上述的研究成果少有专门对媒体教化功能进行研究。知网上关于教化功能的研究多集中在某种思想、文化以及艺术形式上，如张浩的《刍议流行音乐的教化功能及其异议》，于伟的《先秦儒家之"礼"与我国教育的教化功能》，缺少整体系统把握大众媒体教化功能的研究。

这些著作或者论文要么抽象地讨论媒介的教化功能，从概念到概念，缺乏史料、数据或文本的支撑和论证过程；要么没有专门选取近代画报这种具有易读特性和大量读者的媒介类型展开研究。

因此，本研究将清末民初的画报作为研究对象，既要从图像层面展开研究，也要立足于画报上的史料，通过分析文本来探索这一时期的画报如

---

① 朱万曙：《论大众传播媒介的教育功能》，《新闻大学》1995年第4期。
② 潘祥辉：《"信息货币"大众传媒的功能新论》，《中南民族大学学报》（人文社会科学版）2013年第5期。
③ 费爱华：《大众传媒的角色定位及其社会管理功能研究》，《南京社会科学》2011年第5期。
④ 曹影：《教化的缘起及其意蕴》，《东北师大学报》（哲学社会科学版）2006年第3期。

何教化民众的问题。

第三节 研究对象、思路及内容构成

一 研究对象与主要概念

一般而言,在中国历史的分期中,"近代"特指1840—1949年这段时间。本研究针对的史料在时间跨度上属于这个阶段,但是起始都不相同,因此专门使用"清末民初"这个相对模糊的表述来界定。

中国第一份画报《小孩月报》于1874年创刊。[1] 此后,画报在中国经历了两个大规模发展时期。一次是从1884年《点石斋画报》创刊一直持续到20世纪初的石印画报时期。有学者指出《点石斋画报》"创造了以图像解读'时事'、传播'新知'与'奇闻'的画报时尚,开创了中国新闻史上最早的'读图时代'和中国近代画报的石印时代,建构了中国画报的近代化报刊理念与模式,为后世所规仿"[2]。另一次则是在铜锌板、影写版等印刷技术的引进普及基础上出现的摄影画报时期。这个阶段从清末一直持续到20世纪30年代后期抗日战争爆发为止。这个阶段被认为是"近代中国画报的鼎盛时期"[3]。《良友》《北洋画报》等都是这个时期画报史上出现的引人注目的重要代表。而1937年,抗日战争全面爆发,对国内画报的出版发行产生剧烈冲击,许多画报就此休刊、停刊。根据对全国报刊索引的检索结果,1937年尚有30种画报,到1938年只剩下15种,而符合本研究检索要求(即刊登编辑按语或读者来信)的画报只剩下《新华画报》一种还在出版。[4] 可见,画报出版受到抗日战争爆发的巨大冲击,其发展明显进入低落时期。基于以上原因,本研究主要关注从1874—1937年间公开出版发行的画报。

这一时期出版发行的画报在历史上曾经有几百种。据彭永祥考证,近代中国出版发行的画报有800种左右,但是现存只是其中少数。[5] 课题组

---

[1] 郭舒然、吴潮:《〈小孩月报〉史料考辨及特色分析》,《浙江学刊》2010年第4期。
[2] 吴果中:《中国近代画报的历史考略:以上海为中心》,《新闻与传播研究》2007年第2期。
[3] 同上。
[4] 即刊名中包含"画报"二字的报刊种类的数量。
[5] 参见彭永祥论文《旧中国画报见闻录》(载《新闻研究资料》第四辑,中国社会科学出版社1980年版,第161—166页)及《中国近代画报简介》(载《辛亥革命时期期刊介绍》第四集,人民出版社1986年版,第656—679页)。

实际收集或查找到这个时期出版发行的画报总共84种。① 本研究主要针对画报中的两种文本展开。一种是"画报图像"文本，即刊登在画报上作为画报主要内容的各种图像（不包括广告图像）；另一种是画报上刊登的编辑按语和读者来信。编辑按语和读者来信，几乎都刊登在民国时期的画报中。所以，本研究在上篇和下篇对现有画报资料的讨论分析也各有侧重：上篇主要针对现有画报资料中的图像文本，而下篇则主要针对民国时期画报上的编辑按语和读者来信。分别研究这两种文本的原因和思路将在下文专门说明。

虽然刊登在画报上的图像都属于"画报图像"的范畴，但是，其中并非没有差异。本研究针对图像文本的视觉文化研究部分特别关注"表征"这个概念。② 研究发现，画报图像因为表征方式的差异可以分为两类：叙述性图像和展示性图像。

展示性图像一般没有也不需要故事来配合建构意义，其标题及文字说明非常简短，往往是指示性的说明，图像本身是传播的核心和重心。而叙述性图像往往伴随文字，内容一般是故事发生、发展过程中的一个瞬间，其含义在很大程度上取决于文字部分叙述的故事。研究发现，展示性图像更多出现在民国以后的摄影画报（例如《良友》）上，而叙述性图像则常常被应用在清末石印画报（例如《点石斋画报》）中。虽然这种规律性的分布并不绝对，但确实是一个有趣而显著的现象。在下文具体的图像文本的分析过程中，这个区分也很有利于比较不同表征对读者的不同教化模式。

本研究所针对的另一种文本是民国时期画报上刊登的编辑按语和读者来信。③ 一般将编辑按语定义为："是对媒体所发表的新闻报道、文章进

---

① 参见文后参考文献"画报与第一手资料"部分详细介绍。
② 表征是指"特定社会文本中意义生长的复杂过程"。参见 Margaret Dikovitskaya: *Visual Culture: The Study of the Visual after the Cultural Turn*, Cambridge: MIT Press, 2006。
③ 经检索发现这个部分现有材料主要分布于民国时期出版的《常识画报（高级儿童）》《常识画报（中级儿童）》《晨报星期画报》《慈航画报》《大晶画报》《大抗战画报》《大亚画报》《大众画报》《电影画报》《风月画报》《妇人画报》《工商画报》《国剧画报》《华北画报》《滑稽画报》《解放画报》《精武画报》《竞乐画报》《卷筒纸画报》《联华画报》《良友》《玫瑰画报》《明星画报》《扫荡画报》《少年画报》《生命与健康画报》《时事画报》《世界军情画报》《双十画报》《苏州画报》《太平洋画报》《文艺画报》《西湖画报》《湘珂画报》《新华画报》《新天津画报》《星期画报》《游艺画报》《知识画报》《中华画报》四十种画报。详情参见文后参考文献"画报及其其他第一手材料"部分的说明。

行简要的提示、评议、阐述或做补充说明的文字,正式表明编辑部的态度,一般采用较为郑重的场合和必要之处。编者按的显著特点是'立片言以居要',目的在画龙点睛,把新闻报道或文章中最精彩的、结论性的意见点出来,以引起读者注意,提高宣传效果,加强指导性。"① 在本研究中主要指编辑部对所刊登、报道内容的官方意见、评价或提示,是编辑取舍、编排内容的权威说明,均为文字材料。

基于编辑按语这种严肃的画报官方言论的分析在很大程度上能够反映出画报编辑对自己、对读者以及对二者关系的认知和态度,也能够回答编辑方针中有关教化的方式、方法的问题。

"教化"在本研究中主要不是一般意义上通过学校等机构对社会成员进行教育,而是强调潜移默化中产生影响,进行社会教育。主要是指利用印刷媒体提供通俗易懂的智识来影响读者,开拓个体的眼界、促进个体的觉悟,进而推进社会的现代转型。画报编辑这种自上而下的思路与历史上主流精英文化大多诉诸文字,且只在士大夫中共享流传的传统大相径庭。

二 研究思路

本研究关注的核心问题是"清末民初画报如何教化读者?"要回答这个问题,既需要在文本层面展开研究,也需要分析内容生产者的思路、想法与实际操作。

因此,研究准备从两个层面展开:一方面"听其言",采用质性研究的范式分析现有相关资料中由画报编辑写作并刊发在画报上的编辑按语,梳理这些传播者对其传播内容的理解,从他们的角度还原近代画报使用图像进行教化的方式方法;另一方面"观其行",采用视觉文化研究的范式,直接细读不同类型的画报图像文本,分析它们如何通过表征各种与现代相关的对象来影响(教化)读者。

"观其行"主要是对近代画报中的图像进行分析。在这里,研究者将图像视为广义文本概念中的一个类别,试图通过细读文本,在图像的意指实践中寻找"画中有话"的文化意义,为研究近代中国的现代想象提供有别于文字文本研究的另一种面向与可能。正如李欧梵在研究近代上海都市文化时所说:"我们不能忽略'表面'——意象和风格并不一定进入深

---

① 丁法章主编:《新闻评论学》,复旦大学出版社1997年版,第182页。

层思维，但它们必然召唤出一种集体'想象'。……我在此打算大胆地通过'解读'报刊上的大量图片和广告把我的笔墨都放到'表面'上。"①视觉文化研究从"表面"入手分析图像文本背后的意义建构过程，试图还原图像文本如何影响、进而教化读者。这是一个此前少有人关注，却非常重要的角度，为全面理解断裂过程中的新旧更替提供有益的补充。

但是，视觉文化研究范式只停留在"表面"的做法也需要与"深层"内涵的挖掘配合，才能够更有效、全面地还原当时情况。因此，本研究试图在"观其行"的基础上"听其言"。

"听其言"这里是指采用质性研究的方法分析研究对象的相关言论。而质性研究一般是采用访谈等方法，通过与研究对象的语言交流，获得研究对象关于特定的看法、思路、理解等第一手资料，通过归纳整理，逐步总结出研究对象在特定范畴针对特定问题的规律性描述，甚至上升到概念层面，获得更具有普遍阐释力的理论成果。但是，本研究所面对的时期（清末民初）早已过去，研究对象（画报及其编辑、记者）除了画报文本还有留存，当时的记者、编辑基本上早已过世，无法获得当面访谈的机会。在这种情况下，研究者发现在现存相关文本材料中②，这一时期画报上刊登的"编辑按语"是相关材料中最系统、最完整，也最有代表性的。③

因此，研究者在无法获得直接访谈机会的情况下，退一步，将这些编辑按语视为质性研究的第一手材料，尝试通过对这些的细读、分类、整理、归纳，进而从画报内容提供者的角度还原他们在实际操作过程中以什么方式、通过刊登什么内容来实现对读者的影响、教化。

同时，对这个时期的读者来信内容④也进行相应的质性分析，通过研究受众反馈的信息，了解画报在其读者当中是否产生了影响、影响到什么程度。当然，因为资料所限，这部分研究对于前面编辑按语相关分析的支

---

① 李欧梵：《上海摩登———一种新都市文化在中国1930—1945》，毛尖译，北京大学出版社2001年版，第71页。
② 包括画报上刊登的编辑记者言论、相关人物传记、历史回忆录、读者来信等史料。
③ 本研究所收集整理的编辑按语主要来自38种画报。详细种类介绍请参见本研究下篇在开篇的介绍以及文末参考文献的"画报及其他第一手材料"部分说明。
④ 课题组经过仔细阅读与搜索，发现了从清末到民国时期六种画报上总共34篇读者来信（详见下篇开篇的资料收集情况说明）。课题组利用质性分析软件对这些材料展开分析，试图了解画报对读者所产生的影响。虽然这些材料在数量上仍然有限，但是因为此前很少被纳入研究视野而有助于增进对画报所产生影响的了解。

撑有限。这也是本研究无法回避的局限之一。

三 内容构成

研究试图从两个出发点出发，相向而行，最终从不同角度研究并回答清末民初画报如何教化读者这个核心问题。因此，本研究在主体结构上分为上下两篇。上篇是针对近代画报图像的文本分析；而下篇则是通过对近代画报上刊登的编辑按语和读者来信进行质性分析。

上篇由五章组成，主要针对近代画报中的五种（即科学、教育、野人、体育和中日军事冲突）类型的图像文本展开研究。根据视觉表征上的差异，本研究将画报图像分为叙述性图像和展示性图像两种（参见本节第一点"研究对象与主要概念"中的相关界定）。主要结合文化研究的符号学方法，对近代画报上具有典型意义的图像文本进行研究，着重在文本形式的层面。

而下篇则在质性分析软件 Nvivo10 的帮助下，采用由下至上的归纳逻辑，概括编辑按语主要关注了四个方面：刊登的内容、刊登的方式、编辑部的主张以及画报的自我意识与环境感知。在此基础上，进一步以读者来信为依据，分析了读者与画报的互动方式以及读者对画报的意见反馈。

最后，在对图像文本和编辑按语的研究基础上，对清末民初时期的画报如何教化读者进行总结，得出结论。

上篇　清末民初画报图像的教化功能研究

第一章

清末民初画报中科学图像的演变

　　Science（科学）是一个现代概念，来自西方，古代汉语中没有与之完全对应的词语。从晚明到清代，中国学界逐渐用"格致"来翻译 Science 并形成惯例。[①] 然而，根据汪晖的考证，"格致"从其源头《礼记·大学》开始便强调人的内心修养。后经宋明理学的发展，"格致"更成为儒学核心思想的一部分，其内涵与现代科学观念虽有相似之处，却存在明显差异。[②] 当西方的船坚利炮轰开清政府的大门，中国传统瞬间遭遇前所未有的外部压力。伴随着中国社会的现代转型，日益引人注目的西方现代科学思想与技术带来不能回避的影响与挑战。中国思想界曾经有过大量关于"科学"的讨论。讨论的结果是传统的"格致"思想逐渐摆脱理学的范畴进入到现代"科学"的领域。在这场探讨中，"'功用'和'进步'是中国思想家科学观中的两个关键字眼"[③]。当时的"科学"（格致）是为"寻求富强"之用，与"经世致用"愈发紧密，而与"修身养性"日渐疏远。

　　在这样的思想背景下，科学观念及其载体作为一种外来对象通过各种途径被呈现在中国人面前。这其中，画报（也包括刊登图像的杂志）发挥了重要作用。近代中国出现过不少刊登科学图像的画报，其中既有专业的学术性期刊（如《格致汇编》《北洋学报》），也有发行量更大、知名度更高的大众期刊（《点石斋画报》《良友》等）。本书将刊登在晚清到民

　　[①] 近代以后，"科学"逐渐代替"格致"，成为 Science 的汉译的过程不在本书讨论的范畴。本书中"科学"与"格致"均指向 Science，可互换。
　　[②] 汪晖：《汪晖自选集》，广西师范大学出版社 1997 年版，第 208 页。
　　[③] 同上。

国时期的画报、期刊上关于科学、科技的图像统称为科学图像。① 这些科学图像直观、易读,使大众媒体对数量庞大的潜在读者进行教化成为可能。而民众在以观看为主的阅读过程中也完成对世界图景的"集体想象"。更重要的,该想象的共时性特征正是安德森认为现代民族主义起源的必要条件之一。② 由此,有学者认为近代画报"开辟了一条观察世界及其居民的途径"③。

第一节 观看科学:一次现代视觉启蒙

画报表征科学的方式与理解、认识科学的方式存在密切的关系,观看科学的方式受到图像生成方式(绘画、摄影等)的影响,而特定观看方式因为包含着意识形态且影响社会而具有重要的文化研究价值。近代画报上的科学图像如何表征科学既能够从一个侧面揭示国人理解科学的方式,也能了解以科学为代表的西方现代思想在中国的扩散与影响方式。分析清末民初画报上的科学图像有助于理解现代性在近代中国的滥觞。

一 绘画传统与摄影术对画报图像表征的影响

由于传统中国文人山水画的写意风格持续影响,同时西方传入的摄影技术带来的具有强烈真实感的照片的冲击,导致清末民初画报的风格复杂且多变。

《点石斋画报》第一期之前有尊闻阁主人作序:"大抵泰西之画,不与中国同……西画以能肖为上,中画以能工为贵,肖者真,工者不必真也……"④ 这个现象的部分原因是中国画在 11 世纪晚期写意风格成为主流,个人观念的表达越来越为画家所强调,文人画最终出现并且成为中国

---

① 这些图像既包括以科学、技术为内容的图像,也包括以科学的方式获得并因此而被突出展示的图像。后者主要针对通过当时最新奇、未普及的先进技术获取的图像(例如 X 光摄影、显微摄影等)。

② 本尼迪克特·安德森:《想象的共同体:民族主义的起源与散布》,吴叡人译,上海人民出版社 2003 年版,第 34—35 页。

③ 鲁道夫·G. 瓦格纳:《进入全球想象图景:上海的〈点石斋画报〉》,徐百柯译,载刘东(主编)《中国学术》,商务印书馆 2001 年版,第 95 页。

④ 尊闻阁主人:《点石斋画报》甲卷,广东人民出版社 1983 年版,第 1 页。

山水画的正宗。苏轼认为："论画贵形似，见与儿童邻。"① 方闻（Wen C. Fong）认为，赵孟頫完成了山水画风格的根本转向：用书法式的自我表现方式取代了写实的表现方式。② 这种以写意的最高追求目标的潮流一直延续到清朝末年。这种艺术观念在石印画报中仍然大量存在。虽然石印技术是中国山水画在某种程度上损失了水墨的浓淡层次，但是其写意的风格仍然与传统文人画一脉相承。

晚清著名报人王韬著有《漫游随录图记》一书，记录自己一生的游踪。书中有大量图画由张志瀛（同时也是《点石斋画报》主要供稿画家之一）等人描绘，并由申报馆附属点石斋书局石印。王韬在自序中写道："朋俦过从，与谈海外游踪，辄为神往……适有精于绘事者许为染翰，遂以（游记）付之，都为图八十幅……"③ 可见当时画家主要根据王韬的文字材料进行创作。19世纪末期，摄影术虽已传入中国，但是传播的范围毕竟有限，绝大多数中国人没有见过照片，更难有出国亲见的经验。所以，画家很多情况下也只能根据文字材料（游记、见闻录等），借助想象描绘外国风貌。这种"想象画法"赋予画家一定的发挥空间，他们可以（或者说不得不）使用头脑中既有范式来表现文字叙述的内容。因此，此类石印绘画能够在很大程度上体现出中国人对西方文明的想象方式，也成为石印画报报道再现西学的主要方式之一。

这种写意风格甚至可以在早期民国的摄影类画报图像中找到，例如《良友》（见图1.1）。类似图1.1的画意摄影作品，一般很难判断拍摄地点，其表现的重点类似于传统文人画所讲究的"意境"。版面右下角的文字说明写道："摄影难，摄影取景更难，摄影取景而有画意者更更难。"④ 此时，摄影主要不是用来纪实求真，而是用来捕捉拍摄者的内心情绪并期望与读者形成共鸣。

虽然这个阶段中国摄影画报中的画意潮流与同时期西方无论是纯摄影还是纪实摄影的观念几乎完全是背道而驰的，但其重要性却是显而易见

---

① 陈衡恪：《文人画之价值》，见舆安澜编《画论丛刊》，人民美术出版社1989年版，第693页。
② Wen C. Fong: *Between Two Cultures: late-nineteenth- and twentieth-century Chinese paintings from the Robert H. Ellsworth collection in the Metropolitan Museum of Art, New York*: The Metropolitan Museum of Art, New Haven and London: Yale University Press, 2001, p. 11.
③ 王韬：《漫游随录图记》，王稼句点校，山东画报出版社2004年版，第3页。
④ 佚名：《良友》1926年第5期。

图 1.1　画意诗情载

资料来源：载《良友》1926 年第 5 期。

的。早期的中国摄影画报所展示出来的画意摄影明显是受传统文人山水画影响的结果，或在相当程度上受其影响，这些画报图片更注重于内在思想的捕捉、营造与表现。然而，摄影术作为一种新的图像生成技术，在根本上决定了图像写实的风格。其影响在清末民初的画报图像中日渐显著，即便在 20 世纪初的石印画报中也不乏案例。

在写意风格仍发挥其影响的同时，摄影带来的写实风格对当时景观表征方式也有显著的影响，这在石印画报中有所体现。《图画旬报》第一期第一页刊登了一幅图画《万里长城》（图 1.2）。此画在画面形式上与文人山水画已经呈现出显著的差异。长城在这里是一个对象，需要观看者了解的对象，因此关于长城的外观与背景都以信息方式呈现出来。《万里长城》强调从某个特定视点观看长城时看到的具体形态、空间位置，它试图再现某个时刻的一次具体的观看行为的结果。因此，整个画面采用透视的观看、构图方式，强调长城作为一个观看客体的实在特点。同时，画面当中的文字详细地介绍长城的历史沿革、功能、地理位置、长度等细节，完

图 1.2 万里长城

资料来源：载《图画旬报》第 1 期，第 1 页，见《清末民初报刊图画集成》第 18 册，全国图书馆文献复制中心，国家图书馆缩微中心 2003 年版，第 7872 页。

全采用平白、客观的叙述方式。《万里长城》的直接目的是，要让每一位观看者都能够通过观看这张图以及阅读图上的文字来了解长城这个对象。为了让信息最容易理解，信息的呈现方式是描述性和介绍性的，试图完全客观的。显然，这样的表现方式与文人山水画的"首重精神，不贵形式"[1]所强调的主观精神大相径庭。举例来说，文人山水画中的空白叫作"留白"，是画家为了特定目的、表达特定内容而专门留出来的空间，这些空白不仅构成整个画面的一部分，而且可以表示云、气等没有固定形态的对象，从而承担甚至比有笔触的部分更重要的表意功能。然而万里长城图中的空白则不表示任何内容，完全可以用作其他具体的用途，例如文字说明等。

可见，石印画报《图画旬报》中的《万里长城》，虽然采用国画线描的手法，其内容也是典型的中国景观——长城，但在风格上，它已经与传统文人画中的山水风景有了本质的区别。它实际上更接近摄影作品的写实

---

[1] 陈衡恪：《文人画之价值》，见俞安澜编《画论丛刊》，人民美术出版社 1989 年版，第 693 页。

风格，可以视为中国早期具有现代意义的石印图像。

这种建立在光学、化学基础上的现代观看和图像生成技术，不仅代表着现代画报的发展方向，也为兴盛于西方的现代科学技术传入中国提供了与之内在匹配的图像表征方式。可以说，画报风格的变化说明图像的生产者正在思想上准备着与外来的科学相遇。

二 科学作为观看的对象

晚清是一个压抑的时代，它"一方面被叙述为由腐朽、堕落的封建王朝和愚昧、麻木的民众组成的没落帝国，另一方面又被叙述为西学东渐获得新知的时期，是抵达五四的'未完成'状态，是从'近代'到'现代'的过渡时期"①。正是在这种纠结的状态中，中国开始了"现代性"启蒙，科学图像在其中发挥了重要的作用。

如前所述，科学（格致）对于晚清的中国思想界与统治者而言更像是一根救命稻草，拿来为我所用而已。此时对于科学的接受主要不是在思想层面，而是在实用、功用层面。因此，不难发现当时的"格致"的主要所指是物理、化学这类实用性更强的学科门类。图1.3是创办于1906年的《北洋学报》的目录。比较其内容可以看出，在"格致学说"一栏下都是于电学、力学等相关的知识，而动物学、植物学等后来被认为属于科学范畴的学科在当时并未被纳入"格致学说"之下。一方面，风雨飘摇中的清政府急于应用科学技术，"师夷长技以制夷"的现实需求显得非常紧迫；另一方面，封闭保守的民众因为外来"奇技淫巧"所带来的种种奇观趋之若鹜。

即使晚清时期科学的传入只是为了"自强"，并未与西方的现代观念同步，但这并不妨碍人们对西方"科学"的"景仰"。面对"科学"这一外来物，无论是政府还是民众，都表现出了足够的好奇与惊叹。在早期的出版物中我们所看到的"科学"都是被当作围观的对象。不管是在大众刊物（如《点石斋画报》《小孩月报》，这类刊物主要是刊载趣闻以娱乐民众），还是在专业期刊中（以《北洋学报》《格致汇编》为代表，这类刊物主要刊登针对专业读者的科学知识），科学都是被展示、表征的对象，只是大众期刊和专业学术期刊对"科学"展示的方式略有不同。

---

① 张慧瑜：《视觉现代性：20世纪中国的主体呈现》，人民出版社2012年版，第21页。

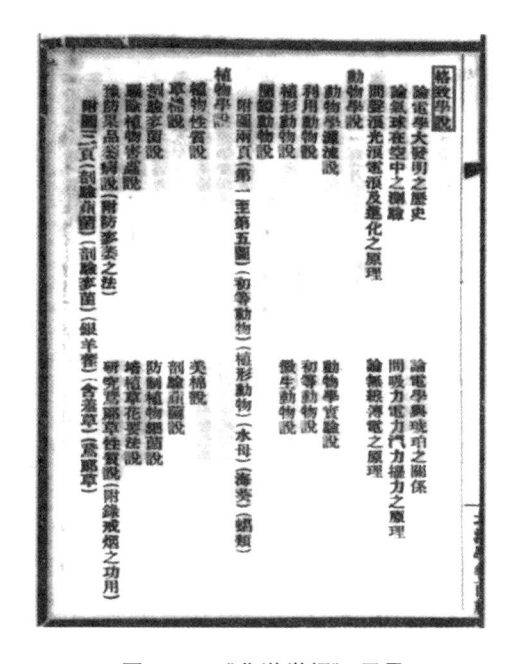

图 1.3 《北洋学报》目录

资料来源：载《北洋学报》丙编《科学丛录：附补科学丛录目录》。

在大众类期刊中，"科学"更多的是被当作"怪物"围观，从画面中可以看到很多有趣的东西以及大量围观的看客，这与大众期刊以趣味为主的宗旨有关。这类图像往往需要一个具有可读性的故事和一个场景，图像的重点不是展示科学，而在于观看的行为。

《点石斋画报》曾经不止一次刊登报道关于气球的图像和故事（如图1.4 所示）。图中可见一只在空中飞行的气球，以及无数围观的民众，标题中使用了一个"奇"字，人们纷纷仰头观看飘飞的气球，而绘图者为图像配了这样一段文字：

> 西人范达山精格致之学，出其新法制一气球，大可五六丈，高约八丈多，全以布为之，上圆下方。于杨树浦大花园验放，鼓气完后直上扶摇，树下紧以绳索，使西女名华利者拽之而上，直薄云霄，列子御风亦无以过，并能于半空中作种种戏剧以显其奇。迨升至四里之遥，将绳一抽，继持巨徽而下，此其神妙为何如也？当将升时，先遍告诸人，深防误至其球下，有一小工不及避让，竟致撞扑尘埃中，可

图1.4 气球奇观
资料来源：载《点石斋画报》戌卷。

谓无妄之灾矣。是日观者蜂拥，无不翘首跂足一饱眼界，诚大观也，不可以不志。①

这段文字记录了中国人在观看西人放演气球时的场景，描述的是在放演气球的过程中发生的种种趣事，如西方女子在天空中所做的各种戏剧性动作，来不及避让的小工被撞倒在地上。而画面描绘的是文字中的一个瞬间，即人们翘首看半空中的气球。在这里，画面要表现的重点是观众与放演气球者的关系，而不是气球本身。换句话说，画面中的观众观看的是科学带来的一场表演，而我们透过画面看到的是观看表演的这一观看行为，图像只是整个事件的片段再现，只是截图整个故事的一部分。然而，无论在画面中，还是画面外，都存在着一群内心充满矛盾的观看者，他们无法完全把控观看对象。类似这样的图像在晚清的大众画报中经常出现，成为早期大众画报表征科学的重要方式——绘画者往往会为表现科学的图像添加一些在场的人物，或者描绘一个场景从而将科学作为故事的焦点呈现出来。通过这些图像中的观看者或者场景，来证明自己的"在场"，而在选择对象的过程中，飞行器往往是观看的重点。在当时的中国，热气球在国人眼中意味着广阔的视野，热气球上的人有着一般人没有的机会去放眼世

---

① 载《点石斋画报》戌卷。

界,"气球使中国人看得到,它自己却是吸引人们目光的奇观性客体"[①]。

与《点石斋画报》这类大众类刊物不同,专业类期刊在描述科学时,更多的只是对科学本身的展示,并不需要一个具有可读性的故事,甚至不需要展示的场景。专业类期刊可以分为两类,第一类指的是目标受众为科技人员的科技刊物,如为顺应洋务运动的发展而创办的《格致汇编》;第二类是专为开启民智之用的专业期刊,如1906年创办的《北洋学报》。这类期刊的目的是帮助民众了解西方事物,涵盖政治、经济、地理、教育、科学等。在当时的专业期刊中,文字占大部分,图像大多是作为插图存在。在这些图像中,科学被清晰地展示出来,如图1.5所示,我们从图中可以看到一台揉茶的机器,在这两幅图中没有观看机器的人,整幅画面被机器所覆盖,机器的部件和结构清晰地展示在观众眼前,使人们的视线落在科技本身上,而不是如《点石斋画报》一样,画面总是将人们的视线引向观看的行为。在展示揉茶机器时,《北洋学报》也配有文字:

> 近来通用之机器以新式揉茶器及焙茶器为最良,中国亟宜仿行也。如后揉茶机器上下两图,上图为全体,下图乙,见图……甲为大齿轮,乙为小齿轮。取柄而转大齿轮,则小齿轮反向旋转,丁为寸滑车,丙为大滑车,同一方向旋转……用法:于炉中生火,开覆,盖及筒中投入茶叶,然后闭之,以柄转圆筒及轴,如前所述……干燥后开覆盖及圆筒取出,茶叶遂干。[②]

这是一段介绍揉茶机构造和使用方法的文字,这段文字行文讲究平实准确,纯粹是对"科技"的白描,其功能就和图像一样,只是对器物及其工作原理的客观呈现、解释。晚清专业类刊物中,科学图像主要是对科技(特别是特定工具或者技法)的再现,文字配合图像说明其工作原理。

虽然专业类期刊和大众类画报在展示西方科学时采取了不一样的方式,但科学对它们来说都是展示、表现的对象。在展示科学的过程中,科学图像与读者互动,民众通过观看这些图像在不知不觉中开启接触现代思想的旅程。被置于凝视之下的西方科学在与中国人的视觉交锋中是强有力

---

① 彭丽君:《哈哈镜:中国视觉现代性》,张春田、黄芷敏译,上海书店出版社2013年版,第63页。
② 载《北洋学报》第35期乙编。

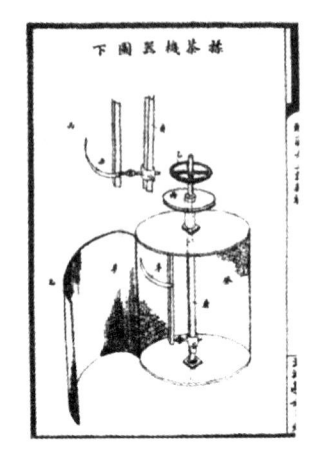

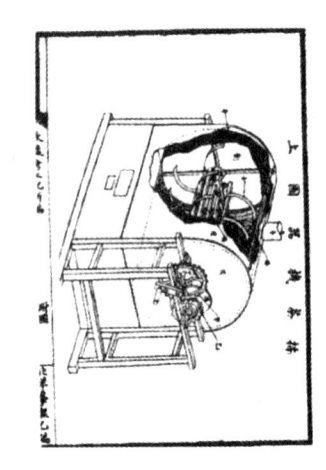

图 1.5　揉茶机器

资料来源：载《北洋学报》第 35 期乙编。

的，中国人的思想被晚清画报上的各种科学图像所影响、触动。但是这种影响存在着明显的局限性。"相比五四的清晰与泾渭分明，晚清则多了几分暧昧与挣扎。"① 此时的观看模式中，主体仍然是中国的、传统的、前现代的。无论是普通读者，还是制作画报的文人以及精英阶层，中国社会上上下下普遍接受的仍然是"中学为体，西学为用"的正统观念。来自西方国家的科学作为一种奇技淫巧虽然被接受为一种解燃眉之急的手段，甚至可以因为其怪异的外表、复杂的结构、高深的原理、神奇的效果而被大众作为猎奇的对象而追捧……但是，科学还没有进入中国人思想的内核，科学的思维方式仍然没有获得它后来在中国所具有的正统、权威地位。

这种内在的、根本性的思想变革正在不知不觉中酝酿、发展，中国社会的现代转型作为千年未有之大变局，是近代中国的主旋律。大众媒体在报道、记录、反映这一历史潮流的同时，也作为一股重要的社会力量推动这一进程。画报中的科学图像是大众传媒文本的一种具体形态。它们既是时代的表征，也通过其表征在思想上促进科学思想的普及与扩散。

第二节　科学地观看：科技带来的"视界"变革

经过"五四"运动的洗礼，"赛先生"逐步深入人心。科学成为热点

---

① 张慧瑜：《视觉现代性：20 世纪中国的主体呈现》，人民出版社 2012 年版，第 22 页。

议题的同时，日常生活正因为科技的发展与应用而发生惊人的变化。包括摄影术、电影、显微镜、望远镜在内的观看装置为20世纪二三十年代的中国人带来全新的"视界"。特别是像上海这样发达而现代的大都市，令人眼花缭乱、目不暇接的新奇影像、景观更是层出不穷。1926年创刊于上海的《良友》画报便是典型的例子，它生动地记录了这段历史并且为后来者一窥当时的盛况提供了宝贵的图像、文字资料。

随着高速摄影、显微摄影、X光摄影等高科技拍摄的图像在刊物中的出现，中国人的观看方式被现代视觉技术改变：不再如之前一样仅仅观看科技带来的趣闻或者科技"器物"，而是通过科技观看世界。本雅明所谓"技术化观视"成为20世纪二三十年代的中国人现代性体验的重要来源。这时候的科学已经不再仅仅是国人视觉欲望的对象，而是内化为主体的一部分，观看者借助科学去把握一个从未见过的世界，在探索"新视界"的过程中走向现代化。正如彭丽君所说："现代性提供、培育了促使中国人重新审视事物的文化情境，而观看的行为也反过来定义了现代性。"[①]

那么，国人借助科学的方式都看到了一个什么样的"新视界"？世界在国人的眼中究竟呈现出怎样的景观？

一 科技带来"媒介奇观"

摄影术盛行于20世纪二三十年代的中国，用本雅明的话来说，这是一个"机械复制"的时代。但对于此时的中国人来说，摄影技术不仅仅是复制这么简单，而是"与现代话语相辅相成，步调高度一致，既是现代知识生产的基本形式，又是现代制度的强力辩护"[②]。摄影术的出现使得人们的视觉延伸，创造出视觉的新前沿，人们仿佛获得了一个新的感觉器官，"肉眼局限将由机械之眼补偿，眼睛借此伸向各个角落，因此万物均为被看之物，并以机械复制的方式，揭示现实，把握现实，占有现实以致终究改造事实"[③]。于是，人们熟悉的日常事务呈现异态，在大众媒体上作为"奇观"供人们欣赏。大众媒体使用摄影术将平常之事纳入"景观"之列，通过展示具有视觉冲击感的事物，或者猎奇世界新闻，将人们带入

[①] 彭丽君：《哈哈镜：中国视觉现代性》，张春田、黄芷敏译，上海书店出版社2013年版，第2页。
[②] 谢宏声：《图像与观看》，广西师范大学出版社2012年版，第133页。
[③] 同上书，第84页。

一个奇妙的"新视界",吴友如等画家主导的"温和"的"画"报时代已经一去不复返。

图 1.6 世界第一长人

资料来源:载《良友》1931 年第 56 期。

如图 1.6 所示,这是《良友》画报 1931 年第 56 期中的一张照片,照片的标题是"世界第一长人"。从图中我们可以看出,为了对比"长人",摄影者为这一"长人"配备了一个身高正常的人,以此来显示"长人"的高,而在使用照片时,又故意使"长人"的头突破画框,进入到另一栏中,用这样的版面编辑手法来强调被摄对象的确是很高。这类照片在20 世纪二三十年代的画报中经常出现,不仅在《良友》中可以看到,与它同时代的《北洋画报》中也经常出现使用这种方式拍摄的照片,这些摄影作品之所以能给人视觉冲击感,是因为摄影者往往会将具有视觉差的事物放在一起,摄影者常常以高/矮、大/小来制造视觉差,达到一种"视觉奇观"的效果,观众在观看照片时,不自觉会被这样的视觉差所吸引。而大众媒体的广泛传播,又使这样的事物更加具有奇异性,满足人们的猎奇心理。

除了对视觉差的偏爱,20 世纪二三十年代画报中的图像世界还有一大特征——制造世界景观。这里的制造并非指打造真实的世界图景,而是指在图像的世界为世界"画像",从而制造一幅关于世界的"景观",彻底实现"从占有向显现的普遍转向"①。在20世纪二三十年代的中国，世界即以一种图像的形式展现在画报中，当时的画报中经常会有名为"世界奇闻""新奇之事物""世界见闻录"的栏目，在这些图像中，世界各国奇异的事物都会一并被展演：从美国的摔跤手到英国大文豪萧伯纳，从靠四肢行走的非洲土著到法国的节日化装游行……世界的图景在画面中一一被展开，不同空间的事物被定格在同一时间、同一幅画面上，大卫·哈维曾说："现代性就是创造性地破坏。"② 这种破坏不仅仅是对物质世界的破坏，还有对空间、时间的破坏，而这种破坏往往又伴随着创造性的重构。发生在世界不同地点的事件被选择性拍摄下来，然后再被画报以一种新的方式重组、再现，构成新的世界景观，瓦格纳所谓"进入全球想象图景"在20世纪二三十年代的中国画报上被表现得淋漓尽致。

二 科学新视界

见所未见、闻所未闻的科学图像在提供令人惊奇的媒介奇观的同时，也在潜移默化中担负着为科学争取合法地位的使命。一般认为，科学话语的流行依赖科学共同体、国家教育体制和印刷文化的社会活动。③ 清末民初的各种画报从这个意义上作为科学获得其合法地位的重要推动力量被大众所阅读。画报上刊登的科学图像通过其表征方式的变化为科学的合法化提供路径与平台，在读者因注视科学图像而感到震惊的同时让科学的思想为人所接受。科学在人类社会的地位变化与社会其他领域的深刻变化类似，都是社会演进的一个方面。科学图像中关于人类身体的图像在现代医学的发生、发展过程即扮演这样一个从"引人注目"到"深入人心"的关键角色。

福柯认为在关于人的科学体制中，医学占据了十分重要的地位。因为"这种重要性不仅仅是方法论方面的，而且因为它把人的存在当作实证知识的对象"④。而科学观看方式的使用又使得现代医学进入到一个新的阶段，一个使用科学图像诊断病症的时代，"人们终于掌握了一种关于个人的、具有科学结构的话语"⑤。以科学的方式观看身体所带来的新奇感、

---

① 居伊·德波：《景观社会》，王昭凤译，南京大学出版社2007年版，第6页。
② David Harvey: *Paris, capital of modernity*. London: Routledge Press, 2003, p.1
③ 汪晖：《现代中国思想的兴起》，生活·读书·新知三联书店2004年版，第1136页。
④ 米歇尔·福柯：《临床医学的诞生》，刘北成译，译林出版社2001年版，第220页。
⑤ 同上书，第7页。

权威感，为科学获得其合法地位地提供了一种可能性。按照汪晖的说法，科学知识的合法性问题的建立也是一种新的判断标准的建立，现代世界中的一切似乎都需要经过她的检验，从而科学知识以一种"客观的"方式对世界进行编排：正确与错误，正常与反常，先进与落后，文明与愚昧，合理与不合理，等等。[①] 国人在观看、研究人体图像的过程中，接受了一场现代科学的洗礼。

19世纪90年代发现的X光更是很快被应用于医学。在X光的照射下，人体骨骼清晰呈现出来，成为医学研究的知识基础、医疗诊断的重要依据。《良友》画报在20世纪二三十年代刊登的X光摄影作品可以看作中国人以科学的方式进行观看的开始。这些X光摄影的拍摄对象都是人的身体，且大多被应用在医学领域中。

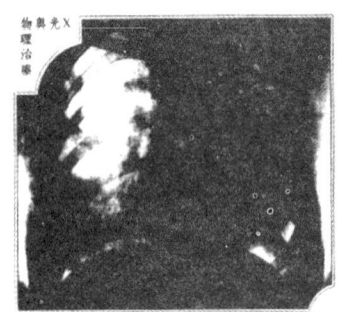

图 1.7　接受物理治疗前 X 光摄影图
资料来源：《良友》1931 年第 55 期。

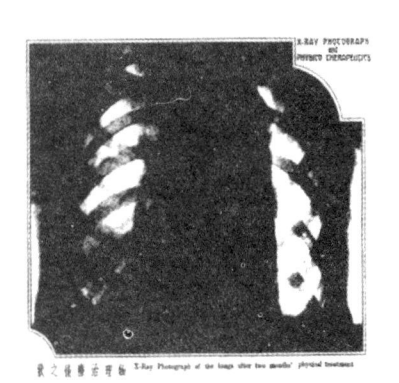

图 1.8　接受物理治疗后 X 光摄影
资料来源：《良友》1931 年第 55 期。

图 1.7 和图 1.8 是《良友》画报 1931 年刊载的两幅 X 光摄影照片。其中，图 1.7 显示的是一位得肺结核的病人在接受物理治疗之前 X 光摄下的肺部图，从图中可以看出，病人的左肺有一片阴影，这是肺结核导致的。接受物理治疗两个月后，该病人又照了一张 X 片（图 1.8），从这张图中可以看到病人左肺阴影基本已经消失。对于医生而言，X 光摄影图像中的变化有助于做出对病情的判断；对于画报的普通读者而言，X 光摄影图像则主要代表着科学与生俱来的复杂与精确，以及由此生成的普通人无法解读的专业话语。"摄影术甫一上市，即构成科学话语或意识形态的盟

[①] 汪晖：《现代中国思想的兴起》，生活·读书·新知三联书店 2004 年版，第 1134 页。

友兼助手，二者通力合作，累累肉体流于身体图像，自动呈为供词。"①科学图像成为这类专业话语有它天生的优势：一方面，图像在症状与现象之间建立起关联，让专业人员能够用图像中某些形式的变化来解释病人的经验；另一方面，图像又如此直观，无论读者是否具备专业知识都能够在感官的层面对专业的数据进行解读。虽然多数的解读可能仅仅停留在好奇的层面。而这些科学图像所带来的不同于以往的观看方式使读者有可能通过视觉对自己的身体进行再认识。这种新的认识基于科学技术对于肉眼观看能力的拓展：这些科学图像使得肉眼能够看见以前不能看见的新事物。摄影术成了收集事实的工具，在当时医学治疗中，医生开始采用摄影来帮助治疗、为医学手册和精神分析留下资料。

在福柯看来，这种目视既推动了医学的现代化，也是医学转型的表征。在《临床医学的诞生》一书中，福柯以18—19世纪众多著名的临床医学家的著作和各种相关领域的文献为依据，提出现代医学诞生于18世纪末的观点。他认为，之所以18世纪末医学能够走向现代，是因为"目视"之法在治疗中的盛行。之前医生判断病症主要是依据病人的叙述和之前的病例。到18世纪末，随着医疗制度的改革以及医学人士的努力，临床医学在医学实践中逐渐形成，"目视"变得比经验更重要，医院开始对病人症状的观察、记录。而分类医学的发展，对疾病"特质"的关注又将人们的视线引向人的身体，为了掌握疾病，人们必须"关注那些出现干燥、发烧、亢奋的部位，那些出现潮湿、肿胀、衰微的部位"②。在这里，"看病"就是根据外部的征候来判断病情的方式，是医生目视与一个面孔或者一具沉默的躯体之间的简单对质。真正将人们视线引向人类躯体的是解剖临床医学的合法化，人体的构成成为研究、目视的对象，人的身体开始在医生面前被展现为观看的对象。由此现代临床医学的体制才得以最终建立。

摄影术在医学领域的应用是它作为一种全新的视觉技术对于人类社会产生影响的一个方面。显微摄影、X光摄影、高速摄影等技术的逐步推广，打破了内部与外部的界限，重塑了微观与宏观的概念，拓展了人类的视野。这个从"看不见"到"看见"的过程给观看主体所带来的冲击可

---

① 谢宏声：《图像与观看》，广西师范大学出版社2012年版，第125页。
② 米歇尔·福柯：《临床医学的诞生》，刘北成译，译林出版社2001年版，第14页。

以被视作科学获得其合法地位，进而取得绝对主导地位的有效手段。

对于现代性而言，看得更远、更清晰，超越人的视力的想法形成巨大的潮流；而摄影作为典型的现代媒介有效地促进了这一进程。[1] 正如《良友》曾经刊登一组名为《科学的眼睛》的图片专题（图1.9），在文字部分写道："摄影术之发达，不但美术方面，已获显著之进步，而对于自然科学之研究，其辅助效力之大，亦具出人意外成绩。……"[2] 视觉图像的不断增加以及图像和文本的结合使用不仅改变了我们"如何"了解，也改变了我们了解"什么"。换句话说，当知识以前所未有的图像形式来到我们面前的时候，它本身也随着其传播方式的变化而发生改变。科学图像因此被认为能够提供看见"真理"的能力，而这是人的肉眼所无法实现的。[3]

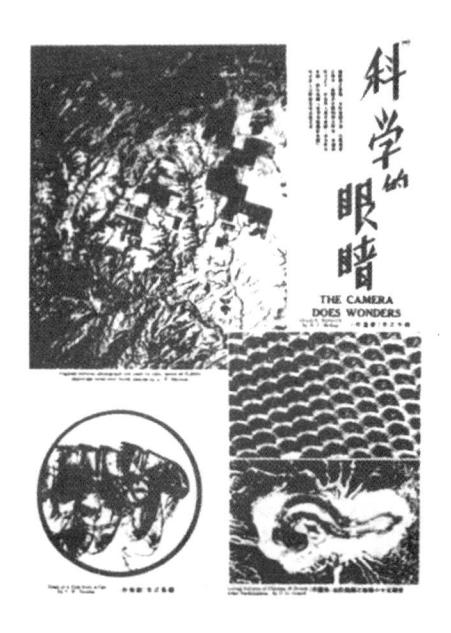

图1.9 科学的眼睛

资料来源：《良友》1937年第124期。

---

[1] Marita Sturken, Lisa Cartwright: *Practices of looking: An introduction to visual culture*. Oxford: Oxford University Press, 2001, p.280.

[2] 参见《良友》1937年第124期。

[3] Marita Sturken, Lisa Cartwright: *Practices of looking: An introduction to visual culture*. Oxford: Oxford University Press, 2001, pp.280-281.

小 结

伴随着近代画报对于科学表征方式的演变，中国读者从《点石斋画报》上猎奇地观看科学，到在《良友》等画报注视新科技带来的新图像、新视界的过程正是科学从最开始的被观看、展示的对象，到后来成为观看手段的过程。这一过程，不仅呈现了科学在近代中国由表及里、由外至内的扩散过程，也是近代中国人在传统与现代之间挣扎，最终向现代性转型的一次生动展演。可以说以 X 光摄影为代表的科学图像带来的不仅是前所未有的新景观，更是一种全新的观看世界、理解世界、改造世界的"世界观"。这个画报领域的变化趋势与社会其他层面的变化汇合而成为中国现代转型的历史潮流。

第二章

清末民初儿童画报的图像表征与现代想象

19世纪末《申报》刊登社论指出:"方今西法最重画图,每制一器,需先画图。图有未工,器必不精。此皆实事求是之功,非挥洒烟云之仅供玩好也。将来图画之工,人才奋起,不难驾西人而上,虽未必系乎此,亦未始不系乎此也。然则启蒙之道,不当以画报为急务哉!"[①]

晚清报人意识到图像区别于文字,具有直观的特性,非常有利于在当时社会教育水平有限的条件下传播新知,启蒙大众,改良社会。在这段时间创办的画报中出现了一批以儿童为目标读者的画报,如《启蒙画报》《儿童教育画》《少年杂志》等。事实上从中国画报事业的鼻祖《小孩月报》开始,画报就被公认为开启童蒙的有效手段。同时,清末民初教育事业的巨变,带动了教育相关产业的发展。许多著名的出版机构,如商务印书馆、中华书局参与到教科书、教辅、儿童读物的巨大市场当中来,形成针对儿童读者的画报出版热潮。

第一节 图像的价值与儿童画报在清末民初的发展

一 图说传统与写实主义

中国的画报源自于西方画报,是新闻纸的一种,以图说的形式报道新闻、新知。中国本土第一份画报《点石斋画报》,在出版伊始,就追溯着画报的传统:"画报盛行泰西,盖取各馆新闻事迹之颖异者,或新出一

[①]《论画报可以启蒙》,《申报》1895年(光绪二十一年)七月初十。

器,乍见一物,皆为绘图缀说,以征阅者之信,而中国则未之前闻。"①虽然儿童画报并不是严格意义上的新闻纸,更像教辅或科普读物,但儿童画报的发展,仍处于画报的"图说"传统之中,受到了早期画报,尤其是《点石斋画报》的影响。

"图说"指的是画报这种以图像传播知识的方式。事实上,在画报进入中国之初面临着一个文化问题,图像阅读缺乏一定的认同度,文字才是知识传播的正统之道。以至于范约翰、美查在引入画报时都做了大量的舆论工作。如美查推广《瀛寰画报》时提出,"左图右史,古有明训"②。他试图借助古人的言论,将图像与文字提升到同一文化高度,并且指出了这一传统的古老渊源。而范约翰早在创办《画图新报》时,就在刊首语中详细追溯了中国的图说传统:

"且夫图画之与肇自伏羲之八卦,而天文则言舜璇玑,地舆则夏禹象鼎,下迨商周,文教日新,绘事日盛,秦汉以降,踵事增华,上而朝廷……,下而闾阎耕织,靡不供施左右,触目惊心。"③

他们将图像定位为与文字同等地位的知识传递方式,并且通过与古代帝王、大儒的关联来包装图像作为知识载体的重要性。正如瓦格纳在研究《点石斋画报》时指出的,这种行为意在"呼吁在文化等级制度中给予图像与文字、书法平等的地位"④。与洋人追溯图说传统不同,来自国内的言论区别了画报与传统插图读物的不同。如《论画报可以启蒙》指出"自来淫书有干例禁者,因无论识字不识字之人,皆得败坏风俗,沉溺心态也;而今画报之可以畅销者,因无论识字不识字之人,皆得增其见识,阔其心胸。"⑤ 淫书在此处可能指晚明时期的插图版情色小说,当时插图出版物无论从绘制雕版的技艺,还是出版数量上都达到了一个高峰。作者在此处对淫书与画报的论述与区分,从侧面体现了国人对图像出版物的某种偏见。

值得玩味的是,画报与淫书在图像绘制方面存在的联系可能比社论作

---

① 美查:《点石斋画报缘起》,转引自鲁道夫·G. 瓦格纳《进入全球想象图景——上海的〈点石斋画报〉》,《中国学术》第 8 辑,第 57 页。

② 同上书,第 20 页。

③ 张梅:《另一种现代性诉求——1875—1937 儿童文学中的图像叙事》,博士学位论文,山东师范大学,2011 年。

④ 鲁道夫·G. 瓦格纳:《进入全球想象图景——上海的〈点石斋画报〉》。

⑤ 《论画报可以启蒙》,《申报》1895 年(光绪二十一年)七月初十。

者所认为的要多。虽然在《点石斋画报缘起》中,美查写到"西画以能肖者为上,中画以能工者为贵,肖者真,工者不必真也"①。并指出画报沿袭的是来自西方的绘画传统,以写实为特色。但据王尔敏的研究,《点石斋画报》的画师,在图像绘制方面承袭了明朝以来的版画家的画风,"点石斋画报绘画家多为苏人,画风应系直承吴派",吴派便是明朝版画家三大流派之一。②

事实上,《点石斋画报》结合了西画与传统绘画的特点,形成了一种独特的画风,彭丽君称之为"写实主义"。她指出"写实主义"源自西方的一种绘画风格,强调写实,"使人们有可视化细节的倾向",以表述"真实"的欲望推动着。③ 与此同时,写实主义的背后,是"由强烈的想象力和主观维度支撑着"。《点石斋画报》对新闻事件的写实描绘,是试图通过表征现代性,从而去碰触、理解现代性。④ "写实主义"的风格,也被后来的画报所承袭,成为晚清印刷图像的一种特征。

当时的知识分子认为写实主义是一种"有效的政治中立工具,可以反映世界的外观而非它的精神"。⑤ 也有一些知识分子,看到写实主义与科学的亲缘关系,认为它"是一种更高级的再现"。这种矛盾的态度,显示了国人对写实主义所代表的西方文化,或者现代文明既崇拜又恐惧的心理,既将观看世界的希望寄托于它,又害怕它改变了传统精神的核心。而它并非如当时的知识分子所认为的那样"中立"。与负载着传统典籍与文化的语言文字相比,写实主义图像更多的体现现代社会的精神。写实主义图像在晚清画报中的大量使用,使图像成为文字之外的,表征世界的另一种方式:

在进入现代时,以印刷形式出现的图画不再仅仅引发情感,而是发挥了传统上由文字产生的作用,变成了信息传递的工具,好像新时代只可以透过一个全新的图像"语言"来传达。⑥

---

① 鲁道夫·G. 瓦格纳:《进入全球想象图景——上海的〈点石斋画报〉》。
② 参见王尔敏《中国近代知识普及化传播之图说形式——以点石斋画报为例》,《近代史研究所集刊》1991年第19期。
③ 彭丽君:《哈哈镜:中国视觉现代性》,上海书店出版社2013年版,第61页。
④ 同上。
⑤ 同上书,第32页。
⑥ 同上。

同时，这种新的把握世界的方式，造成了传统在"图像"层面的断裂，被改良的传统得以在图像中找到位置，而不符合现代精神的传统则被摒弃在图像之外，这也意味着不再被展示和观看，不再进入人们的集体想象，从而变得破碎或者被遗忘。而现代事物与观念，同样经过选择与改良，被写实主义图像所表征，通过大众传播网络，进入人们的集体想象，从而被构建。这一对传统或现代的选择与改良，是传统文化、现代化程度、政府政策等因素共同作用的结果。对儿童画报的研究，反映了这些因素是如何影响现代性构建的。儿童画报虽然严格上并不像一般画报的"新闻纸"定位，更像是教辅与科普读物，但它始终处于画报的"图说传统"之中，受写实主义风格的支配，是现代性构建的重要途径。

二 清末民初教育界对图像的使用

洋务运动促进了工商业的繁荣，工业制图、商业包装设计等领域需求大量西画人才。在此形势下，洋务派在制造局、新式学堂中几乎都设置了图画课程，教授西画。这一时期西画的教授主要是出自实用目的，如1867年福州船政学堂"绘事院"的课程包括："算术、平面几何、画法几何、绘画、轮机设计等。"[①] 洋务派对西画的教授要早于画报采用西式风格的图像，并且从此将西画引入了教育体系，西画承载了除传播新知之外的更多使命，并日渐提升了自身的文化地位，成为一种官方提倡的再现世界的方式。

鉴于西画对工商业发展的重要性，1904年清政府癸卯学制将图画课程作为高等小学以上的必修科目。这次教育改革对图画课的规定为"先就实物模型、图谱教自在画，俾得练习意匠，兼讲用器画之大要，以备他日绘画地图、机器，及讲求各项实业之初基"[②]。此时的图画教育仍然注重实用目的，但也包括铅笔画、水彩画、油画等艺术绘画的学习。1912年民国政府的教育改革，在蔡元培"美育"方针的指导下，将图画、唱歌作为审美教育的重要内容，列入课程目录。蔡元培在解释教育方针时说道："图画，美育也，而其内容得包括各种主义：如实物画之于实利主

[①] 孔令伟：《近代中国的视觉启蒙》，《文艺研究》2009年第8期。
[②] 同上。

义，历史画之于德育是也。其至美丽至尊严之对象，则可以得世界观。"①蔡元培的美育理念，将图画教育从实用目的，提升至审美、世界观等层面。

图画除了作为课程内容出现外，还是一种教育的手段，即认为图像可以辅助文字进行知识的传授。如在师范学堂教授绘画，令教师能够掌握相关科目的图像绘制，如几何、物理、博物等教学用图。在1904年商务印书馆出版的"最新教科书"大获成功，它大量采用图像的做法也被后来的教科书所模仿。此时"有无图像，在当时除了是衡量一个出版社的经济实力和印刷水平的标准之外，还是衡量一本读物是否属于'新学''新知'，是否有现代色彩的标志"②。一些出版社还推出理科挂图、修身挂图等，如《修身做法图》的广告中指出："是图悬挂教室，足备训练之用，家庭中若用此图随时指示，足使儿童易于习练，获益尤大。"总而言之，图像在当时被认为是帮助儿童学习、生活的重要手段。

除此之外，图像还成了政府评估新式学堂教育成果的重要手段。从1908年开始，各地教育会、劝学所等政府教育机构举办成绩展览会，以图画的形成展示与评估新式学堂的教学成果。到1933年为止，全国共举办了50多次成绩展览会。1916年《京师教育画报》甚至描绘了一种固定成绩展览室，长期对外展示。这幅名为《换新成绩》的图画，描绘了成绩展览会时的情况。图中文字提供了展览的参观时间，热情地邀约大家前去参观：

> 西四牌楼大街迤北路西京师中小学校成绩展览室，所有各校成绩现均一律更换。近日前往参观的人很是不少。入场券由各学区发给。快到就近学区要一张券前去看看罢。
>
> 注意入览时间：每日上午九时至下午五时，星期一休息。每月除第二星期日以外各星期一三五招待男宾，余日招待女宾。③

从图像上看，这是一个小型的展览会，房间里布满了图画和模型，其

---

① 蔡元培：《对于教育方针之意见》，《东方杂志》第八卷第10号，1912年4月，转引自《中国近现代美育论文选（1840—1949）》，上海教育出版社2011年版，第27页。
② 张梅：《另一种现代性诉求——1875—1937年儿童文学中的图像叙事》。
③ 见《京师教育画报》第257期。

图 2.1　换新成绩

中图画类展品占据了近 3/4 的空间。值得注意是这些图画的性质。成绩展览会上的图画并非仅供欣赏的美术作品，1909 年江苏省学堂成绩展览会对图画类作品的定义为："图画（如铅、炭、水彩、油画等之实物或实景摹写，以及精制彩色地图、各种机器图、建筑样图）"[1] 以及其他学科可以符合"一览即知"要求的图画。成绩展览会上的图画成为知识的载体，被用来展示地理、博物、物理、机械、建筑、算术，甚至历史、修身等科目中的知识。

这在传统中国是不可想象的，传统文化以文字为知识载体，左图右史的传统早已湮没，即使在插图读物出版繁荣的明代，图像也更多地用来渲染情感而不是传播知识，熟读经书才是知识学习的正统之道。因此，成绩展览会也引起了一些媒体的质疑，《申报》记者在报道中评论到，"本届之展览会，仅足以邀庸夫凡子之顾盼，而不足以挑个中人之洞鉴"[2]。指出以图画展示教育成果，仅能让凡夫俗子感受到表面的视觉冲击，并不能真实反映知识的学习情况。

成绩展览会名为展示现代教育之成果，实际上是以"展示"的形式，

---

[1] 吴方正：《中国近代初期的展览会——从成绩展到美术展览会》，《中国史新论——美术考古分册》。

[2] 《观江苏全省学堂成绩展览会感言》，《申报》1909 年 7 月 26 日。转引自吴方正《中国近代初期的展览会——从成绩展到美术展览会》。

宣传现代教育理念。这种展示，如1909年江苏省学堂成绩展览会对参选作品的要求，展品要达到令人一览而知的程度。然而"一览而知"并不是一件容易的事情。观看是一种文化行为，并不存在"自然的眼光"。约翰·伯格说过："我们观看事物的方式，受知识与信仰的影响。"① 观者如果想要看懂展品，必须具备一定的知识与文化根基，并与展品处于同一种文化语境下。然而，"一览而知"意味着既不需要复杂的逻辑推理，也不需要多少知识背景，老弱妇孺皆可看懂。以《申报》记者的评论看来，"邀庸夫凡子之顾盼"难以看懂图像所承载的现代知识。因此，值得考虑的是，展览会到底在展示什么？按照"一览而知"的要求来说，展览会展示的与其说是知识，不如说是知识的表面，即图像表征知识的方式。它既指以图像来表征知识这一形式本身，也指表征知识所采用的西式的、写实主义的方式。

这种图像表征知识的方式一直被画报的创办者所宣扬，而通过与教育领域结合，被赋予了更重要的意义。它不再是个别知识分子的诉求，而是政府强力推动的制度性规则。这意味着它更具权威性，拥有更广泛的传播对象，以及一个相对完善的传播策略。政府对其的推动，主要是通过新式教育体系进行的。1906年，清政府在各省州县一级设立劝学所，改良私塾，兴办新学堂。劝学所作为清末地方教育现代转型的重要机构，深入到全国各地。据统计，截至1909年全国仅1/5的州县没有劝学所。"各类小学已达51439所，小学生1522793人。"② 可以说政府编织了一个全国性的现代教育网络。这样的网络是《点石斋画报》建立的图像印刷物出版市场无法比拟的，它深入乡村与都市，接触每一个进入学堂的儿童。通过与教育系统的结合，图像表征知识的方式，被传播给全国各地的受教育群体。这一群体既是庞大的，又是面向现代与未来的，对图像表征知识方式的传播产生了不可低估的影响。

总体来说，教育领域对图像的使用存在几个层面：为了掌握绘制技巧，以使用图像；图像浅显生动的特点，可以吸引和辅助儿童完成对知识的学习；图像本身成为知识的表征方式；利用图像培养儿童的审美观。这些层面在《儿童教育画》对图像的使用中几乎是同时存在的，如设置"图画"栏目，教授西式绘画；通过地理、博物绘图，传播新知；画报对

---

① 约翰·伯格：《观看之道》，戴行钺译，广西师范大学出版社2007年版，第2页。
② 王笛：《清末新政与近代学堂的兴起》，《近代史研究》1987年第3期。

图像的重视,既是为了引起儿童向学的兴趣;也通过对现代事物的描绘,对儿童进行现代式的审美观教育。值得注意的是,这里的图像都源自西方的传统,采用了写实主义的风格。这种风格与近代儿童画报图像风格呼应,使图像在近代启蒙运动发挥了不可替代的作用。

三 清末民初儿童画报概况

近代儿童画报是出版于清末至民国时期,专门供儿童阅读的画报。早期针对儿童的画报中,比较著名、影响较大的有《小孩月报》《蒙学报》《启蒙画报》等几种。

中国最早的儿童刊物是由传教士范约翰于1874年在上海创办的《小孩月报》。启蒙与传教成为刊物的主要目标,传教位居其首。刊物通过圣经古法、教事近闻、游历笔记等栏目介绍宗教故事、宗教人物、宗教遗址等。除此之外,《小孩月报》还致力于介绍西学,推广小孩见闻。他曾这样描述自己的刊物宗旨,"俾童子观之,一可渐悟天道,二可推广见闻,三可辟其机灵,四可长其文学"[1]。省身指掌、保身良法等医学养生类栏目,运用人体解剖学知识对内脏进行讲解与图示,另有天文、地理、博物类的栏目介绍了电报、轮船、火车、飞艇、潮汐、鸵鸟等各类新知。[2]《小孩月报》对儿童群体的关注及其刊物定位对后世儿童画报影响甚深。

《蒙学报》于1897年诞生于上海,是第一份中国人自办的儿童刊物,也是维新派中蒙学公会的机关刊物。1895年甲午战争失败后,维新救亡成为时代主题,梁启超提出"教小学教愚民,实为今日救中国第一义"[3]。蒙学公会即为其中的一个社团,蒙学公会抱着"务欲童幼男女,均沾教化"的宗旨,创办了《蒙学报》,梁启超曾为之作序。《蒙学报》前后共刊发约72期,关注儿童生活教育的各个方面,并且注重对西方与日本儿童读物内容的引介,体现出中体西用的特色,是传统与现代内容的

---

[1] 张梅:《另一种现代性诉求——1875—1937儿童文学中的图像叙事》,博士学位论文,山东师范大学,2011年。
[2] 郭舒然、吴潮:《〈小孩月报〉史料考辨及特色探析》,《浙江学刊》2010年第4期。
[3] 梁启超:《中国积弱溯源论》,《饮冰室合集》(1),中华书局1989年版,转引自吴果中《图说近代中国知识普及化传播——以〈启蒙画报〉为中心的视觉解读》,《新闻与传播研究》2010年第4期。

混合。①

1902年创刊于北京的《启蒙画报》也带有强烈的政治诉求。支持维新运动的彭翼仲与人"痛论时局,悲怆咨叹。……苦思多日,欲从根本上解决,辟教育儿童之捷径,遂有《启蒙画报》之举"②。这份画报以"教人爱国""开启蒙智"为宗旨,在华北,特别是北京形成较大影响。

近代儿童画报虽有不同的诉求(例如传教、维新、救亡等),但往往都侧重于传播知识而非新闻,时效性不强,不是传统意义上的新闻纸。它们都以大量篇幅传播西方现代科学知识,并且从零星逐渐走向系统,更具科普读物的性质,带有鲜明的启蒙色彩,体现出独特的办刊风格、图像特征。这与面对普通大众的画报(以《点石斋画报》为代表)中的猎奇报道模式明显不同。后来的两种著名儿童画报《儿童教育画》和《京师教育画报》从总体上说也继承了这种体例与精神。

四 《儿童教育画》与《京师教育画报》

1909年商务印书馆推出了自己的第一份儿童画报——《儿童教育画》。这份月刊秉承着《最新教科书》对关注图像的传统,选取了大量精美的图画。不同于早期儿童刊物的白描手法,《儿童教育画》采用五彩石印,图像色彩丰富、精美生动,对儿童极富吸引力。画报在内容上也重视图像本身的表现力与信息量,大大缩减了文字的所占比例。每期16版内页被图画布满,每页图画上端标明科目,图中则配以极简单的文字说明,力求"凡四五岁之儿童略解图画者即可阅之"③。画报共有二十多项固定栏目,画报每期包含十个左右的栏目。其中修身、国文、物理、算术、地理、历史、图画、体操、卫生、手工等与中小学课程相关的栏目占了过半的比例;除此之外还有谜语、游戏、悬赏画、寓言、时事、风俗等课余学习娱乐的补充材料。可以说这是一份带有教辅性质的、符合儿童心智特点的儿童画报。

由商务印书馆出版的《儿童教育画》可谓系出名门,同时也受惠于

---

① 李艳利:《〈蒙学报〉与晚清中国儿童文学的觉醒》,硕士学位论文,华东师范大学,2011年。
② 吴果中:《图说近代中国知识普及化传播——以〈启蒙画报〉为中心的视觉解读》,《新闻与传播研究》2010年第4期。
③ 刘兰:《商务印书馆的期刊群》,《出版史料》2012年第3期。

其诞生地——上海。上海的报刊出版业有着优秀的传统，最早的儿童报刊《小孩月报》、最早的本土画报《点石斋画报》、早期儿童画报《蒙学报》等都出版自上海。画报出版业的优秀传统，在印刷技术、图像绘制、编辑理念等方面为《儿童教育画》积累了丰富的经验。同时，上海作为当时中国最发达的摩登都市，也为《儿童教育画》带来了浓郁的现代特色。尤其是其采用彩色石印的封面，很好地展示了现代都市的氛围与情趣。这些封面内容多以儿童为主体，大部分儿童身着整洁的制服，或鲜艳的服装，有的打台球、乒乓球，有的演奏手风琴和小号，有的用望远镜观看轮船，有的拿照相机记录风景，有的聚在留声机旁听音乐。无论是图画中的新鲜事物，还是儿童脸上自信适宜的神态，都展示着都市的摩登生活与现代文化的浸润。

与此同时，这份画报也得到了市场的认可。《儿童教育画》通过《东方杂志》《京师教育画报》等出版物做了大量广告，自称发行量高达到两万份。有学者指出这份刊物发行远至美国、东南亚等地区，杂志中的读者来稿也可以证明其覆盖范围之广。如第 23 期的《植物》，由"保定育德学校钱启岱绘"，第 22 期的《外国故事》，由"南洋爪哇茄田中华学堂学生杨招全来稿"，还有来自"吧达斐亚"[①]、西南腹地"四川西昌"、中原乡镇的"南阳赊镇"等地的稿件。稿件主要以江浙一带为主，覆盖内陆，甚至远达东南亚诸国。由此可见《儿童教育画》的覆盖范围不可谓不广，不仅在都市畅销，也深入乡镇的新式学堂。

与诞生于上海的商业期刊《儿童教育画》不同，《京师教育画报》是一份由政府教育机构主办的儿童画报，1914 年由京师学务局创办于北京。京师学务局是北洋政府时期京师地区的教育主管机构，相当于现在的北京市教育局。该局设于 1912 年，负责管理京师各项中等以下学校事务。实际负责画报编辑发行的是学务局下设的劝学办，画报的中缝位置标明"编辑发行处在劝学办公处内"。"劝学办"的前身是清政府在地方兴办新学的重要机构——劝学所，民国成立后经重组后归入学务局。其职责涉及劝导儿童入学，宣扬教育理念，对治内所有私塾、学堂的改造，兴办新式学校、举办过中小学成绩展览会、定期举办宣讲会等。京师劝学所的职责总体来说是宣传教育理念、普及现代教育。

[①] 又译作巴达维亚，即印度尼西亚首都雅加达。

从内容上来看，《京师教育画报》更像一份机关报，画报中有 1/5 的内容，都涉及京师学务局与劝学办的工作职责。如纪事、女生特色等栏目，多用以表彰京师学务局辖区内各学堂勤奋的学子、热心办学的教师、拾金不昧、热心公益的道德楷模。这样的报道多以"京师公立（或私立）某某学堂"开头，很多稿件来自京师学务局辖区内的学校校长，用以展示学校教育的取得的成绩；开会纪盛类栏目，类似于新闻报道，侧重于介绍辖区内的文化教育活动，如讲演所的活动、各种教育类会议、周年庆典、成绩展览等。如第 273 期"纪事"栏目的《开幕志盛》，对郊外东区劝学员事务所的报道：

> 郊外东区劝学员事务所自成立以来，系借东郊公立第一国民学校内为临时办公处。日前该区觅定朝阳门外大街铺房一所，为本区事务所，已于二十八日迁移。是日并举办第一次临时讲演，先由赵劝学员贯一报告主旨。巡回教授于心泉君讲卫生，本地绅士赵鼎臣讲洁净，巡行韩关二讲员讲劝学，巡回讲演员傅锐实验大车机，时已四钟余，遂宣讲告停讲，计听讲的百余人，极为一时之盛。

此文刊登了郊外东区事务所改换地址的信息，并报道事务所换址后举办的一次讲演会，讲演内容涉及卫生、洁净、劝学、机械试验等，从报道的图片上看，百余听众基本为戴西式帽子的男士。除此之外，图画描绘了郊外东区劝学员事务所的大门，门上悬挂北洋政府的国旗五色旗，另有四面大旗写着："增进道德、灌输常识、鼓励爱国、劝勉守法"，应该为郊外东区劝学员事务所的宗旨。由于《京师教育画报》每逢星期一、三、五出版，时效性较强，画报中经常对这些由劝学事务所或其他教育机构举办的讲演会、成绩展览会等进行提前预告，会后则对会议内容进行报道。总体说来《京师教育画报》带有一种机关报的性质，获取经济利益并非其主要目的，它的主要职责在于传播地区文教信息，科学扫盲，与推广现代教育。

《京师教育画报》逢星期一、三、五出版，每期六版，由于出版周期较短，该画报在更偏向于新闻纸的定位，同时兼具教辅读物的性质。纪事、见闻录、社会琐闻等时事新闻占据了不小的分量，除了报道劝学所相关活动外，还报道了如"拍花子"即拐卖儿童这样的社会新闻。此外，还设有修身、渐近物理、手工、动物、植物、科学谈话、历史、图画等栏目作为教学内容的辅助读物。卫生、笑林、杂俎、历史、图画、故事、游戏、谜语等栏目则用于丰富儿童课余生活。从读者对象来看,《京师教育画报》主要面对的可能是在校学生、教师,甚至是市井民众。由于相关资料的缺乏,《京师教育画报》发行范围、发行数量均难以统计。第44期第4版有一篇"热心公益"的文章,可以借以窥看《京师教育画报》的发行与阅读情况:

> 公立第五小学校自本报出版以来每期必粘贴操场一张,校长及教员于每日早午上课前暨休息时于学生轮流讲说。初等各级主任教员均以本报为课外教授材料之一,对于本级学生每期均详为讲解,总期学生实受其益,诸君之热心真可敬也。

另外一篇文章中,指出京师私立第三十三小学校长包君,将画报张贴在学校门前,以方便邻居和路人阅报。《京师教育画报》中的读者来稿,也多来自京师各中小学堂、女校等校长、教员,据此判断画报应该以京师的学校为主要发行对象。这与《儿童教育画》的发行传播方式有些不同。《儿童教育画》有一幅图画展示了读者的阅报情境。图画中是两个男孩儿,一个女孩儿在灯下读《儿童教育画》。文字部分写道:"兄妹二人,日间至学校上课,夜则在家教其弟读《儿童教育画》。"[①] 可以猜想《儿童教育画》主要是由家庭用户订阅商业报刊。

有学者指出:中国"无论在气候还是在人文方面都存在着极大的南北地域的差异。从文化思想方面说,南方以老庄之学为主导,重个性张扬,注重形式美;北方以儒家思想为主导,重内敛,注重经世致用。就艺术表现而言,南方有尚文的传统,北方有尚质的传统;北方说理意味重,倾向于传统守旧;南方多以抒情见长,形式和风格也更倾向于求新求变。"[②] 这些地域之间的文化差异也体现在画报的内容与图像制作方面。与同样创办于北京的《启蒙画报》相比,《京师教育画报》采用石印技术印刷,可谓有所进步。但相比于同时代的《儿童教育画》所采用的五彩石印技术,《京师教育画报》在图像复制技术方面仍是落后的,这是由当时北京整个

---

① 参见《儿童教育画》1914年第46期,"修身"栏目。
② 施旭升:《从地域到场域:艺术文化的现代性转型》,《现代传播》2012年第2期。

的出版环境所决定,北京在1902年才诞生了第一份民办画报《启蒙画报》,而上海的画报创办历史可以追溯到1884年的《点石斋画报》,甚至更早的《小孩月报》。北京的画报出版业不仅在复制技术,在图像表征方面也比上海落后。纵览《京师教育画报》中原创度较高的"纪事"栏目,发现其图像的绘制水平也并不高明,人物形象刻板生硬,模式化严重。更关键的是,相比起构图简洁、突出儿童个体与事物局部的《儿童教育画》来说,《京师教育画报》更喜欢对场景的全景描绘,同时文字所占分量较多。两份画报图像在局部与全景侧重不同,也从目光与观看的角度,直接暗示着与现代性距离的远近。后文对图像表征的具体研究也在一定程度上印证了南北画报在内容与与风格上的这些差异。

总体来说,《京师教育画报》与《儿童教育画》同是教育改革的产物,带有教辅读物的色彩,反映国家教育方针政策的变化。这决定了儿童画报与其他更注重新闻价值的画报不同,其中刊登的图像主要是注重理性与演示的"教育图像"。但由于地域文化、创办机构的不同,两份画报在内容选择、图像表征等方面还是存在着很大的不同。下文将通过对画报内容与图像表征两方面的研究,来揭示蕴藏于两份画报背后的视觉文化以及图像在近代发挥的教化作用。

第二节　清末民初儿童画报中的文本生态与图像复制

通过对《儿童教育画》与《京师教育画报》图像的对比,可以发现这两份画报之间存在着大量的雷同或相同图像。笔者仅抽查了1914—1917年部分画报,就发现了重合的图画高达40幅。[①] 从重复图像的日期来看,以《儿童教育画》在先,《京师教育画报》在后,如一幅表现上海街景的图画,刊登于1913年第31期的《儿童教育画》上,而出现在《京师教育画报》上的时间则为1915年第135期。考虑到时间的先后顺序,以及大量图像皆与同一期刊相似,几乎能判断,《京师教育画报》可能大量复制了《儿童教育画》上的图像。

事实上,儿童画报和清末民初的其他画报中,复制其他刊物图像的传统由来已久,但主要是直接复制西方图像。如程美宝在研究《国粹学报》

---

① 因资料不全,笔者手头仅有1914—1916年第80期《京师教育画报》,第26期《儿童教育画》。

中博物图画资料来源时指出,图画的绘制人蔡守,在描绘许多外国动植物图像时是直接临摹自西方的博物书籍以及照片。这种临摹并非完全复制,他有时候会拆解原图像,选取自己想要的部分进行临摹与重新构图。更有意思的是,有时候蔡守还仿照原图署名方式,在图的右下角签上自己的英文名字简写。程宝美在分析之后指出:"清末国人引进西方知识最常见的方法——有选择的翻译文字,用临摹的方法复制图像。"① 并认为复制与临摹西方图像,对促进中国美术教育和激发新的艺术风格深有影响。

《京师教育画报》对《儿童教育画》的复制,显然并不属于直接复制西方图像,但其复制的图像是西式的,其内容也主要涉及现代生活与西学知识。《京师教育画报》对《儿童教育画》图像复制中,最常见的内容是动物、植物、物理以及儿童图像,这些图像或包含西学知识,或体现现代儿童的生活风貌,《京师教育画报》几乎原图照搬,改动很少。与之对比的是,两份画报上都讲述了宋朝欧阳修和张北成的修身故事,文字部分有少量改动,人物的衣着、姿势、位置几乎完全一样,却在背景与细节上有很大不同。《京师教育画报》的图像中多了松树、栏杆、瓷器、卷轴等中国元素的器物,并仔细描绘。可见《京师教育画报》对《儿童教育画》图像的复制是有选择的,一方面对关于现代题材的图像几乎原图照搬;另一方面对古代题材的图片则大胆改造。这种选择显示了《京师教育画报》的编者对表征传统的自信,与缺乏现代表征的经验。这既可能是由于某种图像类型的缺乏,也可能与编者缺乏现代生活的体验有关。

除此之外,《京师教育画报》还出现了读者将临摹图画投稿的现象。第267期(应为1916年8月)上刊登的读者来稿《好少年》与《儿童教育画》1915年第44期的封面图像是一样的,不同仅在于前者是白描,而后者是彩色的。事实上,在清末民初的美术教育中,临摹通常被当作图画课的入门之道。商务印书馆就出版过一种图画课的教辅书,称作《习画帖》。这一名称不难让人想到字帖。中国人在学习书法的时候,往往是先通过大量的描红与临帖,之后才能独自书写,进而琢磨出一种独属于自己的风格。对西画的学习显然也参照了对书法的学习,是由临摹而不是写生开始,这一点既是普遍的,也是被官方认证的:

---

① 程美宝:《复制知识——〈国粹学报〉博物图画的资料来源及其采用之印刷技术》,《中山大学学报》(社会科学版)2009年第3期。

1909年学部审定教科书中包括商务印书馆编辑中学铅笔习画贴六册，审查意见称："按图画分为自在画、用器画。而自在画又分为临帖、写生画、意匠画三者。以临帖为最易，就中学程度论，自应兼习之，而从临画入手，此贴可以为临画之样本。"①

对图画的临摹是一种被官方承认的行为。考虑到《京师教育画报》与《儿童教育画》大量相似的图像，《好少年》很有可能是一幅被读者临摹另行投稿的作品。《儿童教育画》对投稿被采用的作品是奖励当期画报三册，《京师教育画报》也有奖励。且读者姓名会出现在画报上。考虑到这些因素，读者将临摹作品投稿的可能性非常大，《儿童教育画》上的读者来稿也有可能是临摹作品。

临摹图像的现象除了出现在画报上，也出现在清末民初的中小学成绩展览会上。（参见本章第一节对相关内容的介绍以及图 2.1 的说明。）1909年的《教育杂志》曾这样评论成绩品展览会上的图画展品："今日小学堂之成绩，不出乎刻坊之习字帖、习画帖、图画范本之范围。"② 还有批评指出这些图画中存在临摹现象：一些理科图画临摹自高年级教科书；一些博物图画临摹自日本出版物，甚至连日文都一并临摹；也有临摹西洋画片的水彩风景画。总之，原创者少，临摹者多。对图画的临摹也已经超出了《习画帖》、画报的范围。插图书、画报、教科书、照片等，甚至包括版画、海报、广告等各种图像载体，都可能成为儿童的临摹对象。这些被复制与临摹的图像，除了国画之外，几乎都采用了写实主义的风格。儿童通过对这些图像的临摹，既对这种表征方式产生认同，也刺激了对图像所表征的现代性的想象。

教科书、儿童画报中的图像，不是蔡守所复制的来自西方的图像，其元图像大多是中国绘图者原创的。它以写实主义的风格，涵盖了对传统与现代、中国与西方的表征。这样的图像在当时是稀缺的，因此才会出现画报之间相互复制的现象。而这种复制又与机械复制一起产生意义，元图像的大量传播，形成了对某种图像编码解码规则的认同。这种编码规则不仅是关于如何表征现代事物的，也是关于如何表征中国情境下的现代事物，如何把握主体与现代性关系的。

---

① 吴方正：《中国近代初期的展览会——从成绩展到美术展览会》。
② 同上书，第537页。

总体来说，写实主义在图像风格上意味着传统与现代断裂，它刻画了新世界的外观与表象，"不鼓励读者去发掘或探索抽象和神秘的意义，却让他们掌握世界的外部特征，这方面的重视其实显示了对知识的欲望"[①]。这种对知识的欲望，最终也是通过写实主义的图像得到满足。这种表象从某种程度上来说也是新世界本身，因为"意象和风格并不一定进入深层思维，但它们必然召唤出一种集体'想象'"[②]。而这种想象又会塑造想象的主体，这种作用也就是视觉文化研究者所认同的，图像对文化的建构作用。

第三节 清末民初儿童画报中的知识普及与主体建构

画报在中国产生伊始就以启蒙为目的，新知的传播是画报中的一大重要题材。《小孩月报》《蒙学报》《启蒙画报》等早期的儿童刊物与儿童画报中，都传播了大量的地理、博物、物理、新器械等知识。《儿童教育画》与《京师教育画报》中，所传播的新知主要有物理、博物（动物、植物）、新器械三个方面。但这些新知的表征方式已经与《点石斋画报》不同，从引起情感震惊转向科学、理性的展示。

一 知识普及

博物，是近代画报上的一大题材，中国与西方都有大量的博物知识。不同的是中国的博物并非某种学科体系，它散见与各类历史、地理、杂学知识中，注重对物与人之间关系的探究。而西方博物学是一种现代学科体系，有明确的研究方法，注重收集、分类。西学东渐以来，中国学者按照西方博物学体系重建了中国传统博物学，使之成为一种科学门类。[③] 动物、植物是博物学知识中的两大类，也是儿童画报的一个常见题材。《儿童教育画》几乎每期都有动物、植物栏目，在《京师教育画报》也有，但其中多数都是复制自《儿童教育画》。

对《儿童教育画》57 幅动植物图像进行统计显示，有北极熊、椰树、

---

① 彭丽君：《哈哈镜：中国视觉现代性》，第 53 页。
② 李欧梵：《现代性的构建：流行出版业的作用与意义》，第 18 页。
③ 周远方：《中国传统博物学的变迁及其特征》，《科学技术哲学研究》2011 年第 28 卷第 5 期。

飞龙、猩猩、牛乳树、琴鸟、斑马七个标明了产地的海外物种，啄木鸟、七面鸟、水獭三个物种没有标明产地，但一般认为在外国更常见，其余物种在中国都能见到，桃、莲花、柿子、橘、大雁、牡丹、荔枝、鲤鱼更是中国的传统物种。仅从题材的选择上来看，《儿童教育画》更关注本国物种。

但对本国物种的描绘与传统的博物学不同。有学者研究指出近现代植物画与古代相比，出现了几个特征，如会对局部进行放大或缩小，出现解剖图，标明放大倍数，更注重科学性而非艺术性，立体性较强。①《儿童教育画》中的植物图像应属于近现代博物图像，即来自西方博物学传统。如对桃的描绘，展示了单瓣、双瓣两种桃花，以及桃实；向日葵图像中，对种子进行了局部放大；茄子的果实旁还附有解剖图；对玉米的描绘使用了投影，以突出其立体效果。再比较一下画报对东方与西方动物的文字描述，除了对东方物种更为熟悉、描述得更仔细外，在描述方式上没有什么不同：

第 37 期：雁为鹅之原种，生长与野。两翼甚大，飞力极强。虽行数十百里，不少休息。飞行之际，行列整齐，俨然成字。趾间有蹼，拙于步行，巧于水涉，夏季常居北方，入秋以后，相率南来，至春复去。

第 60 期：斑马生于亚非利加之南部地方，其体比驴略大，形状甚美，毛色黄白相间，居深山中，善奔走，非甚快之马追之不能及也。

值得注意的是，在某些描绘西方动物、植物的图像中，总是蕴含着某些东方的情调。如《儿童教育画》上的琴鸟，图像对琴鸟的描绘是写实的，但对琴鸟身后树的描绘方式是中国式的，尤其是树皮和树叶，就像出自《芥子园画谱》。但这种绘画方式，反而让琴鸟对中国读者更具亲和力，正如对桃的描绘使其具有某种陌生效果，进而进一步模糊了东西方之间的界限，只留下某种相似的表征风格。总体来说，《儿童教育画》中的动植物栏目，是以西学方式重新认识和展示本国物种。这不仅是一种新的

---

① 孙英宝、马履一、覃海宁：《中国植物科学画小史》，《植物分类学报》2008 年第 5 期。

博物学方式，也蕴含了以科学的方法认识身边万物的现代精神。

物理是《京师教育画报》与《儿童教育画》的重要题材。在《儿童教育画》中有许多读者来稿，鉴于儿童的知识水平，可以判断这些图画可能是从其他地方临摹的。《京师教育画报》中的物理图像，一部分复制自《儿童教育画》，一部分是自己绘制的。从内容上看，两者介绍的物理知识都偏重于有趣的、可以动手模仿的、日常生活常见的物理现象。这些实验与现象大多采用了生活中可见的材料，如蜡烛、煤油灯、纸片、盆、碗、镜子等，也有极少数使用了真正的物理实验器械。在室外进行的物理实验，则描摹了周围的环境，值得注意的是这些环境基本都是中国式的庭院，有盆景、栏杆、纸窗，以及中国式的插花与植物，在《京师教育画报》中也是如此，而进行实验的主角基本都是中国儿童。

两者在对知识的表征方式上都体现了一种相似的逻辑与风格，如都选取了生活中常见的材料作为实验器械，以中国式庭院为实验场地，以中国人为实验操作者。由于图像本身的特点，线性的、逻辑的物理知识无法得到表征，被表征的是知识的外观，而这种外观却是东方事物与西方写实主义的混合。这种表征方式模糊了知识的来源，仅从图像上看，中国儿童对物理实验的操作，仿佛是自然而然的，同庭院本身一样古老。

"今昔比较"是《儿童教育画》的一个特有栏目，虽然出现的频率较少，但其表征方式的奇特性，引起了笔者的关注。今昔比较，顾名思义就是将过去与现在放在一起比较。《儿童教育画》上进行比较的东西有伞、靴子、钟表、船、扇子。以第50期的今昔比较为例，以古至今的顺序，描绘了五只船：沙船、帆船、楼船、兵船、轮船。其中后两者是蒸汽船，显然来自西方。如果不看栏目名称的话，读者可能会以中国、外国的逻辑对每只船进行归类，而不是用古和今来进行。其他如洋伞与油纸伞、纸扇与电风扇、昔日军装与今日军装等的比较，也是以此种逻辑展开的。

今昔比较反映的逻辑是奇异的，将来自两种不同文化传统的事物，并置于同一个时间轴内，以古/今的区分方式，替换了中/西之别。并且这个图像本身是以"今"为出发点，将"昔"纳入"今"的观看体系中。"今"在图中指的是洋伞、洋靴子、电风扇、蒸汽船这些西方事物。这种逻辑置换是巧妙的，将古与今、中与西都放置在今人的注视下，仿佛拥有某种神秘的渊源。

以上的博物、物理、今昔比较栏目中的图像不约而同地采用古今、中

图 2.2　今昔比较

西、文图结合的表征方式，形成一种普及知识的模式：将现代知识从西方传统中置换到中国情境之下，从而在形式上为现代知识赢得某种合法性，在吸引读者的同时推进启蒙。

二　建构主体

在《儿童教育画中》有一个《新飞艇》栏目，由四幅连环画组成，描述了驾驶新飞艇，也就是热气球的步骤。其文字部分为：

1. 发火开气；
2. 球受气涨满；
3. 球受气已满将上腾，急以球缚于藤扁上；
4. 球与藤扁上腾空中，即成新飞艇。①

从文字上看，这是一个并不十分科学的简化版热气球驾驶指南，就像它之前的画报介绍新器械那样，没有新奇之处。但在图像表征层面，这幅图像

---

① 见《儿童教育画》1911 年第 14 期。

却是令人震惊的，尤其是将它放置于对飞艇进行描绘的图像传统中去观看时。

彭丽君曾研究过画报中对热气球的表征，她找到的第一幅热气球图像，是《述报》中的一幅石版印刷图像。这幅图像来自西方，如照片一样逼真地描绘了一个西洋人驾驶热气球在空中行进的情景。旁边的文字则介绍了法国热气球的历史、功能、结构和机械。这幅图像属于一种单纯的引介，引介的既是新飞艇这种器物，也是其中包含的知识。与之相比，《点石斋画报》描绘热气球的图像显示了十分迥异的风格。描绘热气球的典型图像，一般在画面上分为两个空间，一个是图画的左上角，远处天空中飞翔着热气球，而图画的右下方，也就是近处的地面，是一群伸头张望，带着兴奋、刺激甚至惊恐的观看者。彭丽君指出：

> 在这些图像中，飞行物体很明显是奇观而不是机器。图像以及旁边的文字已不再如《述报》一样阐释那个机器的功能和历史。反之，插图已转变为强调观看这一行为以及人们极欲看到那些机器的好奇心。[1]

再回过头来看《儿童教育画》中的图像，图画中的主体是热气球与三个中国儿童，两个穿着校服，一个穿着平日的衣服。与《述报》的图像不同的是，图像里的热气球的驾驶者不再是西洋人，而是三个中国儿童。与《点石斋画报》中好奇的旁观相比，儿童画报中的热气球，也已经从某种引人注目的奇观，变回了机器，中国人也已经从好奇与震惊的旁观者，转变为理性而自信的驾驶者。

虽然《儿童教育画》中也有如《点石斋画报》中观看新器物的图像，但这种观看已经变得更为自信与现代。如1914年第40期《儿童教育画》的封面，图像描绘的是母亲和一双儿女在临海的房间里，观看远处的舰队。画面的主体是近处的人物，是观看者，而非远处占画面空间很小的舰队。其中穿黄色制服的儿童，是通过手中的望远镜观看舰队的，这显示着他是近距离的、仔细的、带有某种科学意味的观看，而非如《点石斋画报》中的人群那种毫无章法的观看。这幅图像已不再强调新器械带来的震

---

[1] 彭丽君：《哈哈镜：中国视觉现代性》，第64页。

惊，而是突出主体的理性精神。

图 2.3　新飞艇

《儿童教育画》中还有一些图像，让新器物回归了机器本身，不再是画面的主体，变成了次要的、不具支配力的存在，如儿童手中的飞机模型、相机，儿童笔下的世界地图。图像主体的变换，意味着某种权力位置的改变。穿着现代制服的中国儿童，代替了新器物背后的西洋人，成为新器物所代表的现代性的主体。值得注意的是这些图像的想象特征，尤其是《新飞艇》栏目中的图像，这意味着图像表征的并非事实，更接近于一种建构。但这种觉醒的程度在《京师教育画报》与《儿童教育画》中是不同的，如图 2.4 两幅图像所示：左图出自《儿童教育画》，右图出自《京师教育画报》。注意右图左侧的两个示意图，与左图中的图像几乎是完全一致的，是复制自《儿童教育画》的图像。但《京师教育画报》在使用该图像时又增加了一幅实验全景图，描绘了三个中国儿童在做这次试验的情境。

《京师教育画报》在处理类似的物理图像时，往往重在叙事：以描绘实验本身、实验人物、实验场所的全景图像出现，如上图右边图像的右半部分。而《儿童教育画》则更倾向于展示：采用特写的方式呈现器物。二者的区别既说明观看者与观看对象距离差别；也在一定程度上说明观看者主体位置的区别。如果说《京师教育画报》在这个问题上与《点石斋画报》的

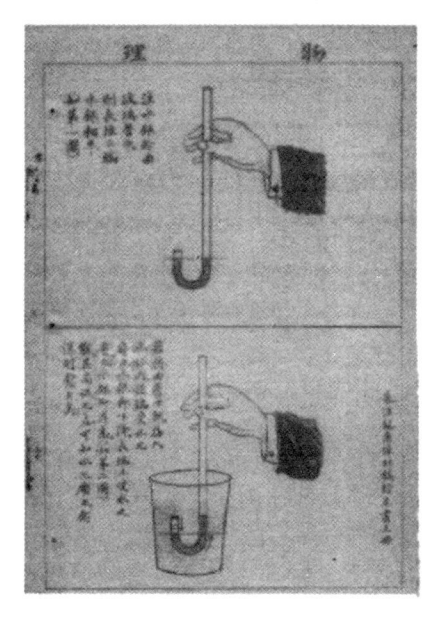

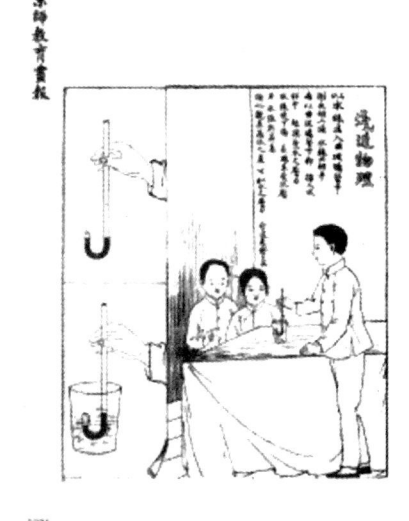

图 2.4　物理

表征方式更接近的话，那么《儿童教育画》则与《良友》画报有几分相像。实际上，《良友》画报与《儿童教育画》的确存在着事实上的重要联系：《良友》画报的创办者伍联德，曾主编过三年的《儿童教育画》，按时间推算应该是在 20 世纪 20 年代初期。伍联德在主编《儿童教育画》期间，曾提出了许多新方案，但多数都没有被采用。三年后，伍联德离开商务印书馆，创立了自己的"良友图书印刷公司"。他创办的第一份杂志被命名为《少年良友》，也是一份儿童画报，被认为是《良友》画报的前身，其英文名 The Young Companion 也一直被《良友》沿用下去。[①]

第四节　清末民初儿童画报中的"修身"栏目及其视觉表征

一　"修身"的内涵

除了科学知识，伦理道德也是近代画报图像的重要内容。"修身"源

---

① 郑瑜：《〈中国新闻学大系〉之传播学研究》，《南方文坛》2008 年第 3 期。

自儒家"修身齐家治国平天下"的传统理念,本意是指陶冶身心,涵养德性。1904年设置为中小学课程的重要科目,到1923年才被"公民科"取代。修身科的设置主要用来进行伦理道德教育。《京师教育画报》和《儿童教育画》也设有《修身》栏目。

晚清的小学修身教育要求讲解四书,各种蒙养图说,以及有益风化的古诗歌。通过"指示古人之嘉言懿行,动其欣慕效法之念,养成儿童德性"。中学的修身教育主要在于"坚其敦尚伦常之心","鼓其奋发有为之气","尤当示以一身与家族、朋类、国家、世界之关系"[1]。其中,以忠孝为本的伦理纲常,是修身教育的首位。1912年民国建立之后,"三纲五常"不再被提倡,但修身教育仍强调"以孔子之道为修身大本"。修身科的教学要"授以道德要领,渐及国家、社会、家族之责务,兼授伦理学大要,尤宜注意本国道德之特色"[2]。

总体来说,晚清以来随着政权的更迭与社会风气的变迁,修身教科书出现了很大的变化。但通常包含三个方面:以孝为首的纲常伦理观念;个人修养(我国古圣先贤道德之原理,加上东西伦理学大家之学说);国家社会观念的培养。[3] 早期的《蒙学报》中也有修身内容,从课文名称来看,"学问""幼慧""孝行""友爱""识见""才情""勤学""退让""文采""武略""度量""明智"等,基本上延续传统修身的要义,大多以古代名人故事为主。还有不少愚忠愚孝,以及反映迷信天命观的故事。也引入了一些西方故事,如哥伦布"发现"美洲大陆,表明做事需要用心,要学会坚持。[4]

《儿童教育画》与《京师教育画报》都有修身栏目,但在后者中占据了更大的比重。由于两份报刊主办机构的差异,在修身栏目的具体内容上,呈现出了巨大的不同。《京师教育画报》由京师学务局主办,里面的修身内容显得比较保守,基本上都以古代名人为主角,如苏秦、孔子等先

---

[1] 《奏定学堂章程》第3册,《中学堂章程》,第3页,转引自吴亚玲《论辛亥革命前后中小学修身教科书的演变》,《史学月刊》2011年第5期。

[2] 《北洋政府国会宪法草案》,转引自刘立德《儒家修身理论与近代修身课本》,《北京大学学报》(哲学社会科刊)1998年第6期。

[3] 毕苑:《从〈修身〉到〈公民〉:近代教科书中的国民塑形》,《教育学报》2005年第1期。

[4] 李艳利:《〈蒙学报〉与晚清中国儿童文学的觉醒》,硕士学位论文,华东师范大学,2011年。

秦人物，谢玄、王憨等魏晋名流，范仲淹、司马光、王阳明等宋明名儒重臣等。在内容上主要以表现儿童的机智、好学、良好品性等为主，传播儒家经典的价值观念。其典故出自《世说新语》《宋元学案》《宋书》《魏书》《闻见后录》《少仪外传》等史书及童蒙读物。《京师教育画》大多直接引用传统读物的文字，如：

第32期：后汉管宁、华歆少时共锄菜见金，管挥锄过之与瓦石无异，华拾而视之。人以是知其优劣。

第34期：晋时谢尚八岁神悟夙成，鲲尝携之送客，或此儿一座之颜回也，尚应声答曰，座无尼父，焉别颜回。众宾闻之莫不叹异。

第48期：魏程骏少孤贫，居丧以孝称。师事刘晒，性机敏好学，昼夜无倦。晒谓门人曰：举一隅而以三隅反者，此子亚之也。[①]

整体来说，《京师教育画报》的修身栏目虽然不再以三纲五常为根基，仍是晚清修身教育中"指示古人之嘉言懿行，动其欣慕效法之念"的路子，忽视了革命后新出现的国民教育。须知，1912年中华书局出版的高等小学修身教科书中，已经出现了自由平等、社会公德等内容，而中学的修身教科书里则专门宣讲纳税、服兵役、义务教育、选举权等公民义务与公民权利等。可见，在修身栏目的内容选择上《京师教育画报》可谓落后于时代。虽然从整个《京师教育画报》来看，"修身"与"历史"描绘的古代内容，所占比例仅为1/6，剩下的图像仍是关于现代知识与现代生活的。但在国人认为是学问根基的"修身"栏目上，仍然选取传统的视角，凸显了这份报纸的保守性，这可能与其身处传统风气较盛的北京有关。

与之相比《儿童教育画》中的修身栏目，则体现了鲜明的时代特色，这与商务印书馆一贯的现代姿态相吻合。摘录几则如下：

第41期：读书之时，不可他视；习字之时，必须端正；体操时，不可乱步；放学回家先谒父母。

第50期：孙儿年七岁，每晚为其祖父敲背，祖父甚喜之。

[①] 见《京师教育画报》。

第 51 期：王生以国旗拂地。兄诚之曰国旗所以代表国家，当知尊敬。

第 77 期：童子六七人演习招待宾客之礼。

仔细分析，可以发现《儿童教育画》的修身栏目，展示了对儿童更为适宜的期待与要求。与《京师教育画报》中以大量古代名人为主角不同，《儿童教育画》更多地展示平凡生活中的孩子，如兄弟俩、王生等，大多无真实姓名，指抽象的儿童群体。注重从日常生活小事中的是非判断，来对儿童进行行为的指导。如儿童该怎么写字，怎么读书，怎么向父母问好等。其次，《儿童教育画》还增加了社会公德、国家教育的内容，如尊敬国旗，不乱采花，将路上绊倒人的石子移至路旁等。

《儿童教育画》包含了少量的古代修身故事，但即使是这些故事也按照民国精神，经过筛选与重写。《京师教育画报》有一个《欧母画荻》的文章，文字内容为："欧阳修四岁而孤，母郑氏守节自誓亲诲之学。家贫，至以荻画地而学书。"这篇文字出自《宋史·欧阳修传》，几乎原文照搬。在《儿童教育画》中，有一篇修身文章，与之讲了同一个故事，文字表述却不相同："宋欧阳修四岁而孤，其母教之读书。家贫乏纸笔。命以荻草画地学书。"《儿童教育画》修改了来自传统经典的文字，将"守节自誓"等带有封建迷信色彩、摧残女性的内容删除，使之更符合新社会的要求。

二 对"修身"的图像表征

"修身"在最初是通过文字进行伦理道德的教化，而在儿童画报中，修身却同时以图像的方式出现。无论是在《京师教育画报》与《儿童教育画》中，图像都占据了较大的空间。但图像与文字在两份画报的表征方面却地位不同。在《京师教育画报》中，文字显然是首要的表征方式，由于图像本身不能有效表征孝悌、友爱、勇敢、机敏、好学等抽象概念，图像实际上依附于文字存在。除去文字，无法判断图像讲述的什么。而在《儿童教育画》中，图像发挥了更大的作用，有时候通过读图便能直接理解意思。如第 41 期，分为四幅图像，描绘了儿童读书、写字、做操、问候时的正确姿势，仅仅通过读图，儿童便能领悟该如何去做。

除此之外，两份画报的修身图像展示了一种通过"看与被看"关系进行的规训。通过将个体置入目光的监视中，使其意识到自身身处被观看的位置，从而将观看的目光内化，对自身进行自我规训。在这种规训方式中，"可视化"成为重要的一环。而儿童画报中的图像，正是通过图像的可视化，将这种目光关系展示出来，对儿童群体产生普遍作用。

《京师教育画报》中的修身图像，显示了对看与被看关系的可视化展示。图像中的故事主角往往被画面中的他人目光所注视，即画面视线的中心，有些图像甚至会添加故事中并没有出现的旁观者，使主角处于被观看的状态。如图2.5所示，右下角的旁观者在故事中并未出现，身份不明，唯一明晰的是他注视着故事主角的目光。这样身份不明的旁观者在很多修身图像中都出现过，这些图像与其说在表征着道德准则，不如说表征了一种看与被看的关系。值得注意的是，图像中被看的往往是儿童。而儿童正是这份画报的读者，通过对图像的阅读，儿童意识到自身所处在被观看的地位。

图 2.5 修身

《儿童教育画》中的图像，则并没有强调视线与目光，图像中一般不会出现身份不明的旁观者。《儿童教育画》修身栏目的主角与《京师教育画报》不同，并非某个特定人物，总是一些泛指的人物。画报通过展示这些匿名人物的行为，来说明、塑造、展示正确与错误。

与《京师教育画报》试图在图像中建构出看与被看的关系不同，《儿童教育画》更强调一种直接的展示。

第五节　清末民初儿童画报对新旧时间观念的表征

一　旧历民俗及其新式改良

时间是日常生活的一个重要维度，既意味着月升日落，春去秋来的自然变化，也是一种基于某种共同文化的社会规定。不同的文化共同体，有自己独特的时间概念。两千多年来，传统中国社会一直按照农历与二十四节气来组织生产生活。这种历法根植于中国的农业文化，如"立春"代表着气候转暖，适合作物生长，农民开始播种；"谷雨"意味着这一天会有谷物生长所需要的充沛雨量；"小满"意味着小麦的籽粒开始饱满。同时，这一历法承载着传统中国的宗教传说与历史记忆，如农历正月初四迎财神，四月初八浴佛节是佛教中释迦牟尼的诞辰，五月初五的端午节纪念大诗人屈原，七月初七的"七夕"纪念民间传说中的牛郎与织女。

传统历法及其负载的仪式与意义，不仅是中国人日常生活的重要内容，也是历来文学作品的重要题材。在中国本土最早的画报《点石斋画报》中也存在着大量的此类题材。王尔敏在研究《点石斋画报》时，特别关注的"国政要典"与"民俗节令"就属于此类题材。根据其研究"国政要典"主要包括：万寿节（皇帝生辰）、冬季郊祀、祭农、祀孔（祭祀孔子）、秋操（阅兵）、进贡、科举考试等，均与皇帝活动有关。而民俗节令则主要记录民间活动，主要有以下几个方面：

  农事类：祈雨、敬祀海神等；
  泛神宗教信仰：元旦、财神诞、上元节、花朝等；
  祭祀进香：娘娘庙庙会、祭祀伏羲、仓颉、皇帝等；
  古政古俗：端午、七夕、腊祭、送灶、抬神赛会、祭祀五帝、曹娥[①]等；
  宗教活动：浴佛节、盂兰盆会等。

王尔敏称赞了《点石斋画报》的社会史料价值，认为仅从要典与节

[①]　曹娥为东汉孝女，父亲溺江后数日不见尸体，14岁的曹娥在江边哭号7天，于五月五日投江，五天后抱出父亲尸体，作为孝女一直被后世称颂。

令的选择上来看，这也是一份对传统中国社会的记录。然而参照《京师教育画报》和《儿童教育画》对此类题材的描绘，会发现发生了很大的变化。这些题材常见于《儿童教育画》的"四月行事""八月行事""十二月行事""风俗"等栏目中，或者直接以"大成节""七夕""国庆""冬至祭天"等为名称。在《京师教育画报》中主要出现在"画历""风俗"等栏目中。值得注意的是，在《京师教育画报》中这种题材非常少，而在《儿童教育画》中这是一种常见的题材。

仅从《儿童教育画》来看，在国政要典题材选择上，与皇室相关的国政要典类活动没有得到反映，仅剩祭祀孔子的大成节、冬至祭天。在民俗节令的题材上，《儿童教育画》主要描绘了春节、重阳、清明、七夕、端午、中秋、中元、冬至、立春、立夏等，这些节日一直延续到现在，仍是中国人生活中的重要节庆。与《点石斋画报》相比，大量君主的、拜神的、祈祷类国政要典、民俗节庆都没有得到描绘。同时又增添了一些新内容：国庆与元旦，这是国民政府成立后制定的新节庆，按照民国官方采用的西历来计算。

新节庆都是由政府制定，按照新历法计算，是政府自上而下推广的，并不是根植于日常生活。因此，画报对元旦、国庆等新节庆的描绘，也略显单调：仅通过不同场合出现的五色旗来渲染节日气氛。北洋政府将五色旗定为国旗，每逢重要节庆都会悬挂五色旗以示庆祝。《儿童教育画》对这两个节日的描绘中出现了各种情景的五色旗：如学校大门上悬挂的五色旗、家庭室内悬挂五色旗、母亲怀中的婴儿手持五色旗；虎年的封面是一只阅读《儿童教育画》的老虎，它的背后悬挂着五色旗；甚至在"体操用具"栏目，用哑铃摆成五色旗的形状。到处出现的五色旗既显示了这一节日的政治性，又流露出民间庆祝方式的缺乏。

而对源自旧历的民俗节庆，《儿童教育画》的描绘则是丰富多彩，甚至富有温情的。为知其大概，现摘录《儿童教育画》中相关栏目的文字部分：

表 2.1　　　　　　　　　　传统节庆风俗

四月行事	清明扫墓、郊外旅行、汲水灌花、拔河游戏
六月行事	蒲剑、艾虎、竞渡、刈草
八月行事	乞巧穿针、斗蟋蟀、西瓜灯、中元祭祀
十月行事	祀孔、旅行、重阳、菊花会
十二月行事	送炭、弄冰、预备新年、冬至
立夏之行事	称人、烧野米饭、试旧衣

这些栏目通常出现在包含传统节庆的月份，用图像描绘了大量的传统节庆风俗，并以儿童为画面与风俗的主角。但即使是这些被保留的民俗节庆，也通过图像展示着新气象。在第37期"新年须知"中对应四幅图像分别列出四条新年要注意的事情：（1）赶先生家中贺年；（2）勿在电杆旁放纸鸢；（3）年糕橘子切勿多食；（4）长者给予之压岁钱宜储蓄。根据压岁钱来判断，这里的新年应该指农历新年。从图像上看，在对新年的描绘中出现了如下新气象：以国旗作为室内装饰、新式的拜年姿势、电线杆。电线杆是现代生活方式不可或缺的要素，在此处它已经闯入了传统的新年庆祝中去，这种闯入是侵入性的，也是强势的。放纸鸢的传统习俗，因为它的出现而被迫做出改变。

除此之外，《儿童教育画》在描绘其他内容时，也展示了对传统风俗的改良。如中秋赏月的图像出现地球仪，夏日赏荷的地点是在现代公园里，对孔子进行祭拜的是穿着现代制服与西装的老师和学生。《儿童教育画》虽然描绘了大量的传统内容，但却是一种经现代改良的传统。这与李孝悌对《点石斋画报》的评价是截然相反的，他指出《点石斋画报》是在一种传统的框架下来诠释现代事物。至少在国政要点与民俗节庆的内容上，儿童画报已经体现了在现代框架下诠释传统事物的精神。

事实上，王尔敏在研究《点石斋画报》时，就注意到传统节日中出现的一些新东西。如在光绪十二年，天后宫迎神赛会出现了由旅居海外的广东人请来的西洋乐队。但与《点石斋画报》对新风俗的纪实描绘不同，《儿童教育画》主要是通过图像表征来建构一种新的民俗节令。其中，1914年1月的"虎之新年"的形象（见图2.6）展示了这种建构的方式：

今年是虎年了，虎着华美之洋服，出外贺年。"呀，小官官，恭喜恭喜。牛老已去，今年是轮着我虎老来。与诸君结伴。恭喜今年身体强健，读书聪明。"

图像中的老虎像一个西方绅士，礼帽、领结、白衬衣、马甲、怀表、燕尾服、西裤、皮鞋，一身西洋打扮。无独有偶，在1915年的兔年，同样也可以看到穿着洋装兔子，如"兔寿千年"的图画中，几只小兔子穿着背带裤、衬衣、连衣裙等洋装，给一只穿着西装，戴着领结的大兔子拜

图 2.6 虎之新年

寿,大兔子身后是一个繁体"寿"字。这些穿着洋装的中国生肖,毫无疑问出自想象,而非对现实的记录。作为主体的虎和兔,依然象征着传统的中国生活,仅仅披上了一层西洋的外衣。这些图像既可以理解画报响应政府号召,为推广过节新风俗所做的努力。也可以从现实层面去理解,西洋的外衣可以视作对新日历与新风俗的暗示,而作为象征着传统生活的生肖虎和兔披上了这件外衣,变得面目模糊。

二 阳历与现代时间观念

《儿童教育画》对民俗节令的选择与表征是有其历史背景的。1912年中华民国成立后,改用阳历纪年,废除了一些封建迷信的风俗与仪式,同时增添了新的节日,如将阳历1月1日定为元旦,作为一年之始,将10月10日定为国庆节,以纪念武昌起义的胜利。虽然新政府提倡用新历、过新年,但数千年来按照农历生活的习俗难以立刻改掉。因此,政府出版的《中华民国元年新历书》,是新旧二历并存的,新历下附星期,旧历下附节气。新历书既反映了新政府的与世界接轨的欲求,又是对两千多年农历文化的折中。然而这样的新旧历并存:

形成了历法问题上的二元社会格局：社会上层（机关、学校、团体及报馆）主要用阳历，下层民众（商家、一般市民及广大农民）主要用阴历，阴历在整个社会上占主流，阳历仅为点缀。①

民间甚至有好事者用春联讽刺政府的新历法"男女平权，公说公有理，婆说婆有理；阴阳合历，你过你的年，我过我的年"②。就这样，以政府为主导的社会上层，在历法问题上与下层民众斗争，如阴历节日国家机关不放假，添设元旦等各种新历节日，在法律上不承认农历日期等。民国元年，政府大力提倡1月1日作为新年的正统地位，提前庆贺新年，结果1月15日，报纸上开始呼吁"大家都来闹新元宵"，街上同时出现了元宵节的花灯与新政府的国旗，上海的各个中学和一些机构放假一天以示庆祝。无独有偶，其他地方还出现过按照阳历过的新端午、新七夕等节日。③

这种历法问题上的二元社会格局，也反映在《儿童教育画》上。《儿童教育画》作为一份教育类报刊，响应政府的政策，按照西历时间出版，画报也描绘了国庆、新年等按照西历计算的新节庆。与此同时，儿童的学校生活是按照西历来进行的，某些地区的学校在农历新年都不放假。《儿童教育画》中也出现了一幅《儿童之时间》的图像，描绘了儿童该如何按照现代时间系统安排学习生活。其文字部分描绘道：

1. 呀六点钟了，快起快起。2. 八点钟已到，我欲赴校。3. 晚饭已毕，我将温课。4. 九点钟过了我欲就寝，父母亲我先睡了。

整个栏目由四幅小图构成，每幅小图的左上方都画着一个西洋时钟，是支配整个画面的时间线索。西洋钟代表的时间是按照时区划分的西方时间。这种时间既是教育制度所规定的，也是在全国通行的。图中儿童的制服值得关注，指示着儿童的新的身份。这种身份不仅提示着儿童现代教育接受者的身份，也在某种程度上暗示将儿童的身体从家庭的管理中分离，

---

① 左玉河：《评民初历法上的"二元社会"》，《近代史研究》2002年第3期。
② 左玉河：《从"改正朔"到"废旧历"——阳历及其节日在民国时期的演变》，《民间文化论坛》2005年第2期。
③ 颜浩：《民国元年——历史与文学中的日常生活》，陕西人民出版社2012年版，第13页。

图 2.7 儿童之时间

放置于国家社会的统一管理之下。而国家社会的这种管理又是通过西洋时间进行的,不仅是按照西方日历规定上课与放假的时间,也按照西洋时钟,精细至钟点。这是一种按照时间管理身体,而将身体时时刻刻置于监视之下的规训方式。除此之外,《儿童教育画》还通过"体操""修身"栏目,对儿童的身体进行规训。实际上,这种对身体的规训也是儿童从传统走向现代的一条重要途径。

与之相对的,儿童的身体除了接受现代时间的规训之外,还保留着传统生活的印记。如上文表格中所示,《儿童教育画》中存在着大量描绘传统民俗节庆的图像,这些图像以"某月行事"为题出现,显然是希望以栏目指导儿童每月的生活。这意味着画报对儿童生活的安排与规划,是按照传统时间,也就是农历进行的。虽然这些节令的风俗已经通过图像进行了改良,但其背后仍然是传统生活的精髓,即按照农历来组织生活。只是这种按照农历来组织的生活,已经退居到休闲领域,儿童的学习领域已经被现代时间占据了。

儿童的身体在生活、休闲两个时空中,分别被传统与现代的时间所支配。这不仅反映了民国初年因历法问题造成的二元社会格局,也体现了在

《儿童教育画》出版发行的年代，民众的时间观念还没有完全变更。旧历依附新历，只是某种在政府的主导下呈现的表象。事实上，当时的社会并存着传统与现代两套时间与生活方式。现代时间由政府为代表的国家机器来推进，开始逐渐主导着民众的工作、学习生活，但传统时间余威仍在，在体制之外丰富着民众的休闲生活。李欧梵在研究20世纪20年代的月份牌时，也注意到了这种新旧历并存的现象，他认为当时的旧历依附于新历存在，是用现代时间来表达传统时间：

> 我认为时间——以及日历系统——正是现代性所赖以构建的基础。这也是安德森书中的潜在命题，即民族主义只有在时间观念根本变更后才能被想象：民族的"想象性社区"起源于同构的、架空的时间观念，其同时性如其所显示的，即为横亘的交叉的时间，这时间不是由预计和满足，而是由时间和巧合来标记的，以钟表和日历来计算。①

因此，时间观念的变更，不仅意味着身体如何接受支配，还关系着现代性的想象。《儿童教育画》中的图像所做的，是在促成这种想象。这种促成不仅通过西历出版，描绘新节庆的内容，也通过将传统节令在图像层面的改良来实现。并通过其覆盖全国的发行网络，将如何想象现代性传授给全国各地的儿童。

小　结

通过对《儿童教育画》与《京师教育画报》的研究，可以发现其中存在着不同。在现代表征方面，后者无论在内容选择还是在图像表征层面都不如前者。上海历经数十年的发展，已经成为一个现代大都会，其现代文化根植于社会本身的发展，从某种意义上说是相对自然的，融入生活的，也是充满细节的，如它封面上大量的描绘现代儿童生活的图像。第37期"新年须知"中更是列出了一条："勿在电杆旁放纸鸢。"这种内容的出现，同儿童驾驶新飞艇出于刻意的建构是不同的，它出自于对生活的

---

① 李欧梵：《现代性的构建：流行出版业的作用与意义》，《开放时代》1999年第5期。

细节描绘，也无意识地流露出一种现代的生活方式。

而北京的现代文化，则源自于政治力量的强行推动，它既是保守的，浅层次的，又是生硬的。《京师教育画报》上对现代的表征，主要是通过物理、科学知识，以及对普及新知的宣讲会、教育成绩展览会的报道进行的，缺乏对现代生活方式的展示。与以知识为载体的现代性表征并存的，仍然是恪守传统的修身之道。《京师教育画报》后期大量复制《儿童教育画》中的图像，也说明了这份画报对如何表征现代缺乏经验与技巧。

文化是根植于集体的经验，当这种经验缺失时，只能通过间接的观看来完成对文化的共同想象。《儿童教育画》所属的上海大都市的现代文化，实际上滋养了北京以及内陆各地。无论是《点石斋画报》《儿童教育画》还是《良友》画报，都在源源不断地传播着现代文化。这一点，实际上也指出了想象现代的两种途径：一种是通过直接的经验，一种则是对经验的观看。后者在中国占到大多数，因此大众出版物对现代性的形成是重要的，而图像建构了对现代性的共同想象。彭丽君也对此有着较为全面的阐释：

> 19世纪的上海文化却鼓励各种各样的大众传统的融合，并提倡因与西方接触而带来的写实主义。换言之，这种新的绘画风格可被视为帝国主义的直接结果，它促进了中国与外国文化传统以及中国内部不同地区传统的融合。一个文化网络就这样被建立起来，沿海城市在其中首先接触和接受大量进入中国的西方文化商品，而置身在其他地区的都市人则希望透过再现——尤其是影像——来经验从港口而来的现代性的新感官。①

《儿童教育画》的那些来自全国各地的读者来稿，也证明了这点。他们通过观看，间接体验着现代生活，完成对现代性的想象。他们甚至通过投稿的图画表达对现代性的认同与想象，画报编辑的选择也对此表示了肯定。与此同时，不能忽视一个现代政府在其中的作用，政府建立了现代教育体系，使写实主义图像成为现代性表征与想象的重要载体。同时，政府引入了一套全新的现代时间体系，这也是现代民族想象得以进行的基础。

---

① 彭丽君：《哈哈镜：中国视觉现代性》，第42页。

第三章

从野蛮人图像看文明概念的演变

东西方文明在清末民初激烈碰撞为双方认识自己、理解世界提供了新的可能。作为他者出现的对手迫使双方在自愿或不自愿的情景下观看并接触对方，这个过程影响甚至动摇了文明的定义，也在不知不觉中改变了文明的主体。近代画报中关于野蛮人的图像正是记录这一时期思想演进与文化变迁的珍贵史料。本研究在细读清末民初画报的基础上，展开对于这一时期野蛮人图像功能演变的探索，并以此为契机进一步分析这种演变所体现出的不同文明观念。

第一节 华夷之辨与野蛮人概念的历史渊源

中国传统思想中将各个民族从总体上分为两个大的集团，一个是中原的汉族，谓之为"华"，即华夏；一个是周边的少数民族，谓之为"夷"。据学者考证，上古时期"华"与"夷"并没有后来在文化上的优劣区别，仅仅是两个表示地域和民族的观念。直到春秋时期，"夷夏"概念的使用开始突破之前单纯的地域和民族范畴，开始被赋予文化的意义和等级的观念，主要用于区别尊卑与上下，文明与野蛮。《说文解字》把这两个字解释为"夏，中国之人也""夷，东方之人也"[①]。"华夏"代表正宗、高贵、文明，"夷"则代表偏庶、卑下、野蛮。[②] 在此基础上，身处中原的中国人将其周边民族按其活动区域称为东夷、西戎、南蛮、北狄，即所谓

[①] （汉）许慎：《说文解字》，中华书局1963年版，第112、213页。
[②] 赵文静：《传统华夷观对中国现代化的滞阻》，《粤海风》2002年第6期。

"南方蛮闽，从虫；北方狄，从犬；东方貉，从豸；西方羌，从羊"①。这些生活空间位于外围且在文化形态上有所不同的人群开始被看作近于禽兽的下等、落后的民族。

冯客（Frank Dikotter）认为这种认识与中国人根深蒂固的人种观念密不可分："生理的构造和文化的状况在中国的古代是混淆的。人与动物的界限很模糊。'戎，禽兽也'。这并不是一个简单的伤及尊严的描述；它是将文明的概念与人性的思想相结合的思想的一部分，把生活在中国社会的格栅外的异在集团描画为遥远的徘徊于兽性边缘的野蛮人。"②冯客提到的这种人种观念的原型能够在一些古代中国神话中找到，如《山海经》往往将华夏文明外围的居民描述为各种奇异的半人半兽的形象。

中国古代对少数民族的另一个常用称谓是"番"。番与夷在泛指少数民族这个意义上的内涵基本相同，但是番更侧重于指涉西部的少数民族。《辞源》的解释是："旧指我国西部及西南部的少数民族。在唐代，常指藏族，即吐蕃。清时称我国西部各民族为西番。"③传统上又将番进一步分为生、熟两种：未被同化的称为"生番"；被文明社会同化的称为"熟番"。这种进一步的划分有助于将研究专门针对生活于比较偏远地区、文明程度相对较低的少数民族。本书所使用的"野蛮人"概念与"生番"的内涵基本一致。④

迄今为止，关于华夏文明与野蛮人关系的研究著作可谓汗牛充栋，但主要是从文字记载入手进行的历史学研究，从图像表征这一层面进行分析和研究的成果并不多见。经过对大量近代画报图像材料的细读和比较，作者发现从清末的石印画报到民国的摄影画报都有不少关于野蛮人的内容，其中尤以《点石斋画报》和《良友》的野蛮人图像最有代表性。通过分析近代中国的画报对野蛮人的"非人化"想象以及在野蛮人内涵的微妙变迁，对于理解"文明"概念的内涵和外延在近代中国发生的悄然变化

---

① （汉）许慎：《说文解字》，第78页。
② ［英］冯客：《近代中国之种族观念》，杨立华译，江苏人民出版社1999年版，第6页。
③ 《辞源》，商务印书馆1988年版，第2121页。
④ 本书专门选择使用"野蛮人"一词主要出于以下两点考虑。其一，本研究的对象刚好处于清末民初中国现代转型的关键时期，对少数民族的称谓前后变化较大，既有"生番""蛮夷"等传统称谓，也有"野人"等现代叫法。故统一为"野蛮人"，便于表述。其二，本研究包含的对象不仅是中国传统意义上的少数民族，还有后来常见于画报上的外国人，文明的主体并非一成不变，使用野蛮人一词便于与外来词Barbarian对应。

不无裨益。而这一变化体现了中国人在对世界文化秩序的再认识以及现代性身份认同问题上所经历的曲折历程。

第二节 传统"文明"概念在晚清受到冲击及其后果

野蛮与文明在思想文化层面形成二元对立的两极体系,二者的界定因为互补而密切相关。判断"谁是野蛮人"即判断"谁是文明人"。这个问题背后更包涵着谁有资格来做出判断的问题。而文明的概念在古今中外并不完全相同,在某些层面甚至可以说完全不同,这就导致相同的问题可能会出现不同的答案。历史学家基佐(François Pierre Guillaume Guizot)认为"文明这个词所包含的第一个事实……是进展、发展这个事实"[①]。这里所强调的文明概念中的运动、发展、变化和进步等维度与中国传统的文明概念可以说大相径庭:中国历史上的文明观更倾向于一种目光向后、尊崇古代、因循守旧的传统,将夏商周三代视为文明发展的黄金时代,经过儒家正统确立并世代沿袭,后世都只是在不同程度上去接近且无法超越这一文明源头的鼎盛局面而已。儒家在文化层面的绝对优势地位在中华文化内部牢牢地掌握了界定文明(野蛮)主体的话语权,从而在"华夷之辨"的二元对立结构中占据文明一端,同时赋予非儒家的外围少数民族文化以弱势、落后,甚至野蛮的历史地位和文化内涵。

虽然自明代以来,一些与传统文明观不同,甚至矛盾的思想和发现陆续被介绍到中国,例如"新大陆的发现""地圆说"等知识,但是这几乎完全没有影响"唯我独尊"思想在中国的统治地位。对于这种世界观的稳固程度,费正清深有感触:"中国人的坚定信念是,天子大智大德的神奇影响不仅恩泽海内,而且超越国界,进而惠及天下万民(天下万民被视作中华帝国体系的组成部分),给予他们秩序和和平,尽管这种施惠能力在日趋衰落。"[②]

然而,文明观念的冲突并不总是停留在观念层面。随着不同文明之间交往的增加,冲突在所难免。在冲突中逐渐处于不利地位的中国人并没有

[①] [法]基佐:《欧洲文明史》,程洪远、沅芷译,商务印书馆1998年版,第9、232—233页。

[②] 费正清:《中国的世界秩序》,参见[美]吉尔伯特·罗兹曼《中国的现代化》,国家社会科学基金"比较现代化"课题组译,江苏人民出版社2003年版,第19页。

及时接受西方现代文明迅速崛起这一历史事实,仍然因循守旧地回避问题与冲突,以一种夜郎自大的心态将西方人视作低人一等的野蛮人。冯客将这种心态总结为一种矛盾的心态:"中国人对于外来者的态度充满了矛盾。一方面,一种文化普济主义的主张使得精英们断言野蛮人能够被汉化……另一方面,当他们的文化优越感受到威胁时,精英们便诉诸人性类型的差异以驱逐野蛮人,并封闭国门,以免除外在世界的恶劣影响。……无论是包容还是被驱逐,他始终是无足轻重的。"[1] 用"无足轻重"能够非常准确地概括当时中国人对西方的态度,其严重后果很快便显露出来:中华文明不但没有在竞争中取得优势,从1840年鸦片战争开始,中国人在一系列与西方的军事冲突中连续溃败,显示出东西方文明间悬殊的实力对比,民族存亡甚至都成为一个问题。虽然令时人瞠目结舌,但清末思想家、政治家冯桂芬提出"四不如夷"论可谓实事求是、勇气可嘉。冯桂芬在思想上上接林则徐、魏源,下启康有为、梁启超,在《校邠庐抗议》一书中他指出,清朝的中国与西方国家相比,"人无弃材不如夷,地无遗利不如夷,君民不隔不如夷,名实必符不如夷"[2]。在这里,虽然仍沿用"夷"字指代西人,但已是今非昔比、此"夷"非彼"夷":"夷"字在这里的所指已不再是未开化的野蛮人,而是在文明程度上已领先中国的欧美列强。这种语言、符号层面变化的背后正是文明相遇、冲突交往的结果。正如刘禾在研究现代世界秩序形成过程中的中西冲突时用"衍指符号"来描述这种"异质文化之间产生的意义链……它引诱、迫使或者指示现存的符号穿越不同语言的疆界和不同的符号媒介进行移植和散播"[3]。

清朝驻英法公使郭嵩焘在游历西方以后向国人介绍有别于中国传统中的"文明"概念:

> 盖西洋言政教修明之国曰色维来意斯德(civilized),欧洲诸国皆名之。其余中国及土耳其及波斯,曰哈甫色维来意斯德(halfcivilized)。哈甫者,译言得半也;意谓一半有教化,一半无之。

---

[1] [英]冯客:《近代中国之种族观念》,杨立华译,江苏人民出版社1999年版,第28—29页。引文中着重号为笔者所加。

[2] 冯桂芬:《校邠庐抗议·制洋器议》,中州古籍出版社1998年版,第198页。

[3] 刘禾:《帝国的话语政治:从近代中西冲突看现代世界秩序的形成》,生活·读书·新知三联书店,第13页。

其名阿非利加诸回国曰巴尔比里安（barbarian），犹中国夷狄之称也，西洋谓之无教化。三代以前，独中国有教化耳，故有要服、荒服之名，一皆远之于中国而名曰夷狄。自汉以来，中国教化日益微灭；而政教风俗，欧洲各国乃独擅其胜。其视中国，亦犹三代盛时之视夷狄也。中国士大夫知此义者尚无其人，伤哉！①

郭嵩焘这一段介绍与阐释，虽然也怀念"三代盛时"的文化优越感，但是敏锐而且实事求是地提供了与传统华夷之辨迥异的文明序列，将中国等国划入"半开化"国家，落后于"开化"的欧洲诸国。然而，像郭嵩焘这样"识时务"的大臣在清政府上下都属于另类而弱势的边缘群体，他本人甚至因"崇洋卖国""有辱名节"的罪名而被口诛笔伐、官场失意，最后只落得凄凉的晚景。

如果说19世纪中叶开始的文明冲突以及继之而来的民族危机迫使中国人，特别是中国知识分子开始反思包括文明概念在内的中国传统文化。那么，随着19世纪末20世纪初一系列重大历史事件（如甲午战争）的影响和冲击，促使中国人自觉不自觉地、情愿不情愿地接受自身在包括文化在内的各个方面均落后于人的事实，彻底的变革逐渐成为社会共识，被上下所接受。正如严复所言："今之夷狄，非犹古之夷狄也。"② 西方列强无论是在物质生产，还是在政治组织和社会管理等方面，都比中国"精密广远"，而"救亡之道""自强之谋"便是以卧薪尝胆的精神痛定思痛、效法西学。③ 同为维新派的梁启超也明确指出："今所称识事务之俊杰，孰不曰泰西者文明之国也。欲进吾国，使与泰西各国相等，必先求进吾国之文明，使与泰西文明相等。"④

不仅如此，"文明"概念的现代内涵与源自西方的"现代性"概念之间也存在着某种密切的关系。正如黄兴涛所说："现代'文明'概念，与今人所谓'现代（性）'概念（modernity）在内涵上实很有相通之处，甚至可以说，它就是清末民初时历史地涵带现代性整体把握功能的另一宏

---

① 郭嵩焘：《伦敦与巴黎日记》，钟书河、杨坚整理，岳麓出版社1984年版，第491页。
② 严复：《论世变之亟》，《天演之声——严复文选》，百花文艺出版社2002年版，第3页。
③ 同上书，第77页。
④ 梁启超：《国民十大元气论》，《饮冰室合集》第1册，《饮冰室文集之三》，中华书局1989年版，第63页。

大概念形态。"[1] 沿着这个思路展开，现代"文明"概念的形成过程也是中国人的现代性主体建构的发端，通过它可以从一个侧面了解中国现代化转型的早期状况。

画报作为表征清末民初社会思潮的图文平台，对于华夏文明在世界格局中的位置变化必然有所反映，对于中国社会从思想到实务层面发生的深刻而剧烈的变革必然有所表现。这一点从近代画报对于野蛮人的描绘、塑造的方式中可以看出一些微妙而重要的变化。

第三节　野蛮人图像在早期石印画报中的使用

一　"非人化"的表征与猎奇的功能

在近代中国的画报中，野蛮人往往因为其异于汉人的生活方式与外貌特征而受到关注。以《点石斋画报》为代表的早期石印画报刊登了大量野蛮人图像，颇具代表性。

1890年出版的《点石斋画报》酉集中刊登了《生番风俗》一图（见图3.1），描绘台湾土著居民的生活。画面中的主要内容是参天高耸的树木，陡峭嶙峋的岩石，烟波浩渺的大海，生番则三三两两地生活在树林之中，一旁的文字描绘：他们有的"披发文身状同魔鬼"，有的"足趾槎枒与鸡距无异，善缘木上升，往来跳跃，捷若猿猱，食息皆在树间，非种植不下平地"，而官方的态度则认为"台湾生番自我朝收入版图征抚兼施、统驭驾驭，化外顽民已稍稍异其狉獉之习矣"[2]。类似的图画一方面着眼于野蛮人半人半兽的特征（姑且不论是否真的存在这些特征），强调其生活环境、生存方式中未开化、最原始的方面；另一方面，有意无意地将野蛮人至于"华夷"并列的二元结构中，对比其差异，讨论文明对野蛮的影响与教化。

不仅如此，清末画报还有对野蛮人更极端的刻画。《绿瓢》一图（图3.2）刊登于《点石斋画报》寅集，描绘了一种形似猿猴、名为"绿瓢"的生灵。据图中的文字介绍：

---

[1] 黄兴涛：《晚清民初现代"文明"和"文化"概念的形成及其历史实践》，《近代史研究》2006年第6期。

[2] 佚名：《点石斋画报》第七册，上海画报出版社2001年版，第146页。

图 3.1 生番风俗

资料来源：《点石斋画报》第七册，上海画报出版社 2001 年版，第 146 页。

图 3.2 绿瓢

资料来源：《点石斋画报》第五册，上海画报出版社 2001 年版，第 212 页。

第三章 从野蛮人图像看文明概念的演变

> 绿瓢者，蛮种也，为云南之猓猡所变。……越老越变，介乎不人不兽之间……若至二百岁外，则将食人，子孙不敢与居。异弃深谷中，体生绿毛，尻长修尾，金睛赤发，钩爪锯牙，越岩壁若履坦，攫鹿兔以充饥，是为绿瓢其命名之义。①

画面中的主角不是以个人的身份出现，而是以种群（绿瓢）为单位被描绘。文字部分与《点石斋画报》中最典型且常见的通过叙述来讲故事的方式也存在明显不同：这些野蛮人在此处没有处于一种前后相继的叙述逻辑当中，而是被简单、直白地描述与呈现。文字部分野蛮人这种人兽难辨、同类相食的描述与画面上似人非人、类猿非猿的生灵在深山老林中跳投腾挪、呼朋引伴的内容彼此呼应形成一套"非人化"的表征体系。对于画报而言，这些野蛮人的卖点不是他们的故事，而是他们本身。野蛮人的"食人"特征使这个群体在知识体系中被"非人化"的同时获得被描绘、被观看的另类传播价值。

这种以现代眼光看来有点荒谬的物种神话很可能因其口耳相传、道听途说的生成、传播路径而带有较强的主观臆想成分。但是，这一略显低俗、耸人听闻的趣味、手法恰恰与申报馆创办《点石斋画报》时"明确的商业目标"非常契合。② 为了吸引读者，画报将在时空上与画报读者距离遥远的野蛮人及其生活的世界纳入视野、刊登在版面上，显然是要利用这些野蛮人的神秘特征来制造卖点。与单纯的文字描述比较起来，画报的表征不失为一种活灵活现的图像呈现方式。这类野蛮人图像的频频出现，很大程度上满足了读者的猎奇心理，从而保证了画报的销量。从《点石斋画报》曾经的一纸风行来看，它的确能够被当时的读者广泛接受，甚至大受欢迎。

当然，这里讨论野蛮人图像的重点不是真实性的问题，而是这些图像说明画报如何表征、读者如何想象这些野蛮人的问题。从上文分析来看，将野蛮人通过"非人化"表征为半人半兽的物种用于消遣、猎奇正是近代画报使用野蛮人图像的方式之一。实际上，近代画报对野蛮人图像的使用还不止这一种方式。

---

① 佚名：《点石斋画报》第五册，上海画报出版社2001年版，第212页。
② [德] 瓦格纳：《进入全球想象图景：上海的〈点石斋画报〉》，《中国学术》第2卷第4期（总第八辑），商务印书馆2001年版，第11页。

二　石印画报野蛮人图像中的征服与被征服

儒家思想在古代中国长期处于主流核心位置，其主导的华夏文明在文化上充满自信，这让中国人在华夷关系的问题上颇有优越感。冯客发现中国古代对于非华夏文明普遍存在一种负面的描绘方式，即所谓对"外集团负面的典型化"，他认为这"说明中国人不愿去熟悉那些他所知甚少的民族，而是更多地进行想象"①。在冯客观点的基础上，有学者指出，中国古代对于各地少数民族基本上都以"文野"的标准来区分，即是否属于农耕文明、是否接受了儒家文化。②冯友兰也认为："从古代起，中国人的确十分强调中国（或华夏）与夷狄之分，但是，所着重的分野，不是种族的不同，而是文化的不同。"③ 处于华夏文明圈外的偏远之地的民族因为较少或者没有受到儒家文化的影响而被区别看待。"普天之下，莫非王土；率土之滨，莫非王臣"④ 的思想深入人心，面对种族、文化间的差异，儒家认为自己有教化野蛮人的责任。《礼记·王制》认为："中国戎夷，五方之民皆有性也，不可推移"，应该"修其教，不易其俗，齐其政，不易其宜"。⑤ 儒家倡导王道，子曰："盖均无贫，和无寡，安无倾，夫如是，故远人不服，则修文德以来之，既来之，则安之。"⑥

古代王朝的更迭并不影响儒家思想作为主导的意识形态长期影响中国。其强大的生命力使入主中原的少数民族政权无不需要通过对儒家思想的继承和对汉人知识分子的扶持来为自己的统治寻找合法性。对于实际上完成文明转化的少数民族政权，例如清代的满族统治者而言，其使命就转换为对于非华夏文明主体的教化和征服。其手段往往是恩威并用，正所谓"凡武之兴，为不服也。文化不改，然后加诛"⑦。近代画报对野蛮人的教化、征服也多有描绘。

图3.3所描绘的是当时台湾巡抚刘铭传招安台湾土著的情形。画面位

---

① ［英］冯客：《近代中国之种族观念》，杨立华译，江苏人民出版社1999年版，第50页。
② 谢维：《读冯客〈近代中国之种族观念〉》，《近代史研究》2007年第5期。
③ 冯友兰：《中国哲学简史》，天津社会科学院出版社2007年版，第309页。
④ 向熹译注：《诗经译注》，商务印书馆2013年版，第324页。
⑤ 朱彬：《礼记训纂》，中华书局1996年版，第191页。
⑥ 程树德：《论语集释》，中华书局2014年版，第1464页。
⑦ （汉）刘向：《说苑·指武篇》，据《儒藏》精华编，一八一册，北京大学出版社2014年版，第766页。

第三章　从野蛮人图像看文明概念的演变　　85

于右方表情肃穆，姿态庄严、正襟危坐的刘铭传，在其身后及侧面的将官、幕僚及兵士的簇拥之下接受当地土著跪拜。画面的左下角有若干野蛮人卑躬屈膝，双手合十，跪于地上，向刘铭传表示臣服归顺之意。画面中朝廷与土著的主从关系清晰，代表清政府的巡抚刘铭传征服土著的故事通过画面与文字结合的方式被叙述、呈现出来。

图 3.3　生番向化

资料来源：《点石斋画报》第三册，上海画报出版社 2001 年版，第 26 页。

作为叙述性图像的典型代表，此图画按照传统模式讲述了一个华夏文明对野蛮人的征服故事："刘省三中丞统兵一万名，深入山谷"，在"晓以大义，泽以皇仁"以后，兵不血刃，当地土著纷纷俯首归顺朝廷，招抚的任务得以圆满完成。[①] 征服与被征服的双方在这个叙事结构中缺一不可，共同构成一个完整的故事，供画报读者阅读、消费。代表文明的巡抚与代表野蛮的当地土著对于《点石斋画报》的商业模式——猎奇而言同等重要：画报绝大多数读者都身在中国最繁华的大都市，虽然他们不是直接征服者，但是他们在观看这些征服故事的过程中感受到优越感，进而获得满足。

---

① 佚名：《点石斋画报》第三册，上海画报出版社 2001 年版，第 26 页。关于"叙述性图像"的含义及其界定请参见绪论第三节相关部分。

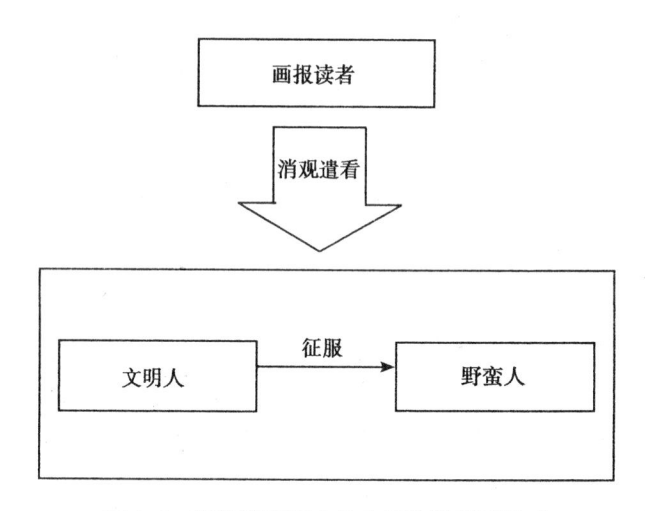

图 3.4 将征服野蛮人作为消遣的观看模式

无论是将野蛮人进行"非人化"的表征，还是在文明对野蛮的征服与被征服的叙述结构中作为消遣，清末石印画报中的野蛮人图像都是传统华夷观的直接体现。在心理上、空间上处于中原文化圈外围的野蛮人无不被塑造为"他者"的形象，而这种形象又反作用于读者，强化了他们眼中神秘、落后的野蛮人形象以及在此基础上形成的文化优越感。这种根深蒂固的华夷观念以及与之相辅相成的文明概念在西方列强的冲击下遭遇了严峻的考验，在中国人思想中引起文化认同和现代身份的激烈震荡。近代画报对于野蛮人的表征方式也与之对应，发生了显著的变化。

第四节 新的文明观与对野蛮人的重新认识

随着一些新技术，例如摄影、铜锌版印刷术等的引入和传播，摄影画报出现（中国第一份摄影画报《世界》于 1907 年创刊）并且逐步替代石印画报，成为近代传媒市场的新秀。摄影画报上野蛮人图像的表征方式在清末民初开始出现显著变化。

一 对传统文明观的怀疑

摄影画报《世界》于 1907 年出版的第一期中将野蛮人与今人的图像并列比较。将"今日仍有未进化之民族……粗观之略似猴"的"濠洲南

第三章　从野蛮人图像看文明概念的演变

部之土蛮"照片与衣冠完备、无丛毛蔽体的"今人"照片并列构成一页（图 3.5）。① 在这里，图像的内容仍然重复着传统华夷之辨的主题：身着清代服装的中国人在这里作为"文明"的代表与未开化的澳洲土著形成鲜明的对照。然而，《世界》在这一页上使用图像的方式与传统的叙述性图像明显不同。在这里，两张本身并无任何联系的照片被编辑并列在一起，成为一种有明显意义诉求的展示性图像。从这一页的文字内容可以看出，编辑的意图是要证明"进化论"的合理性。尤其值得注意的是文字部分对文明概念的阐述：

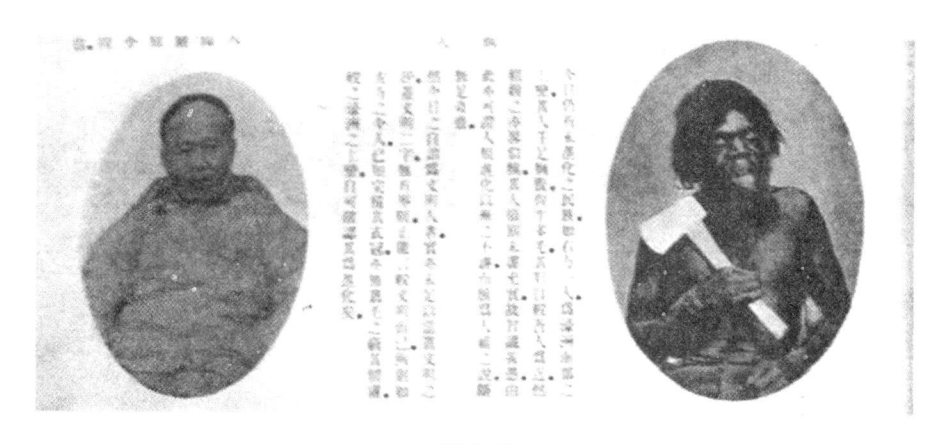

图 3.5
资料来源：《世界》1907 年第 1 期。

然今日之自谓为文明人者，实亦未足以当真文明之评。盖文明二字，无有界限，止能言较文明而已。②

这里对"文明"概念的理解是相对的、动态的、开放的，这与前文所述中国传统中绝对的、静止的、封闭的文明概念已经有所不同。字里行间已经看不到古代中国人在文化上的自信，代之以一种谦虚的语气与姿态。

---

① 佚名：《世界》1907 年第 1 期。
② 同上。

二　变化的文明主体

无独有偶，1926 年出版的《良友》在其第 1 期上也刊登了一组文明与野蛮并列的照片。如图 3.6 所示，四张照片构成一页，标题是"文野民族关于脸部颈部最时髦装饰的比较"。① 四张照片又各有小标题，从左至右、从上到下依次为"这是非洲酋长花面的新装饰""这是美国妇女脸上的新装饰""这是文明民族妇女颈饰新装""这是野蛮民族妇女颈饰新装"②。四张照片分布于版面四角，右上与左下是文明人的照片，左上与右下则是野蛮人的照片。这样无论横竖都形成"文明—野蛮"的直接对比。

图 3.6　文野民族关于脸部颈部最时髦装饰的比较
资料来源：《良友》1926 年第 1 期。

与早期石印画报中的叙述性图像不同，这些图像都是典型的展示性图像：图中每个形象均单独出现，画面专门突显出脸部、颈部等身体的局部，背景均被省略或者淡化，将人物从其日常生活背景中被剥离出来。照片中的人物除了与拍摄者（即拍摄与被拍摄的关系）以外，不与其他生

---

① 《良友》1926 年第 1 期。
② 同上。

活场景的人物产生任何关系。野蛮人的照片都是从略微俯视的角度拍摄，每个形象均身体僵硬、表情木然、目光凝滞，被动地成为被拍摄、观看的对象。与之完全不同的是两位文明女性的照片都采用平视或者略微仰视的角度拍摄，她们神态自若、表情轻松，左下图的女性甚至还侧脸面向照相机（也就是拍摄者）露齿微笑。这个微笑通过画报传递到每一个观看这张照片的读者那里，并通过其对视的眼神与读者建立起一种情绪的交流。这种照片中的形象与读者之间的交流是任何野蛮人图像所没有的。无论是之前石印画报，还是这里的摄影画报，野蛮人的形象都不会试图与读者产生任何关系，无论是眼神还是姿态。这种区别意味着观看者与被观看者之间相对位置的变化：被观看者（照片中被拍摄的对象）不仅作为一个没有自我意志的客体被展示，而是通过姿态、眼神等手段与读者形成一种更主动的关联。西方时髦女性在照相机面前所表现出来的主动与自信即来源于她们所属的西方文明在现代社会中所处的优势地位，也来源于这些女性对于被拍摄，进而被画报传播的意义及其后果的理解与把握。这里文明的被拍摄对象所表现出来的这种主体意识是野蛮人所不具有的。

进一步比较这些图像与《世界》上刊登的图 3.5，不难发现一个明显区别：在"文明—野蛮"这个常见的二元对立结构中，总是位于文明一方的主体由中国人变成了西方人，儒家文化的统治地位在这一组照片中已经被西方文明所取代。发展到这个时期，"文明"的概念已经不再固守华夷之辨中儒家文化的优越性，自觉不自觉地开眼看世界，纳入更加多元，也更明显西化的评判标准与价值体系。

另外，编辑将野蛮人与西方人（文明人）的共同之处并列加以比较，并不是试图强调文明与野蛮的差异和对立，而是体现出一种更为开放、平等的文明观念。

三 野蛮人图像的教化功能

近代画报上的野蛮人图像在作为猎奇的对象存在的同时，也在一定程度上通过读者的阅读影响这些变革时代的中国人，通过建构其现代身份来教化读者。

《良友》在 20 世纪二三十年代刊登了大量有关少数民族人文、地理的照片。图 3.7 中拍摄的猓猡族妇女是其中比较典型的一例。为了突出画面内容，这张照片被放大整页使用，尺寸超过 10 寸。画面中两位被拍摄对象是"川边未开化之人民"的马边猓猡族妇女,她们面对记者席地而坐。按照文字部分的介绍,这些"猓人日常生活极为简单,泰半穴居血食,冬夏仅衣一披肩,露顶跣足,习以为常。性尤凶悍,视杀戮如儿戏。以故边地居民,轻易不敢一履其境,视同夷族。……"① 由此看来,猓猡族对于多数内地城市居民而言只是偏僻落后山区的未开化野蛮人而已。照片中的猓猡族妇女身体僵硬,目光低垂,表情漠然,可以想象她们在面对一名外来的陌生男性(摄影者为当时著名记者王小亭)时所感受到的窘迫和紧张。

图 3.7 猓猡妇女

资料来源:《良友》1934 年第 85 期。

然而,引人注目的是这两位猓猡妇女不仅共同手持一份打开的《良友》画报,而且画报是朝向拍摄者,最终也就是朝向读者打开的。文字部分进一步介绍她们正在阅读该杂志。她们为什么要以这种别扭的方式阅读《良友》?更令人感到有趣的是猓猡妇女手持的画报版面左边刊登着几位

———————
① 佚名:《良友》1934 年第 85 期。

摩登女郎的图像。那么，猡猓妇女手中的摩登女郎图像意味着什么？对画报读者而言，它又意味着什么？

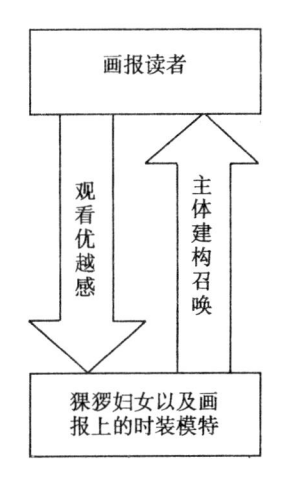

图 3.8　通过观看野蛮人进行主体建构的观看模式

如前文所述，近代石印画报中的野蛮人图像往往采用征服者（华夏文明的代表）与被征服者（野蛮人）的形象共同构成完整叙述结构的形式，同时辅之以文字，讲述一个文明对野蛮的征服故事。读者通过观看、阅读这些征服的故事、图像来猎奇、消遣。然而，图 3.7 则不同：画面中只有猡猓妇女单独出现，并没有代表文明的主体，征服与被征服的关系不完整；猡猓妇女面对读者展示手中的画报，而这些画报正是读者手中阅读的《良友》。

照片中猡猓妇女单独出现（没有征服者）且面对读者作展示状，在形式上更为开放，邀请观众在阅读过程中更多参与意义的建构，为读者与图像之间形成一种直接的主客体关系创造了有利条件。借用阿尔都塞的"召唤"（interpellation）概念，照片中的猡猓妇女及其手中的画报都是为召唤画报读者而准备的。如图 3.8 所示，读者在阅读照片过程中所感受到的优越感不同于消遣模式（图 3.4）中单纯的猎奇。在消遣模式中，读者外在于整个征服关系，从第三者的角度旁观文野民族的征服故事。然而，在这里的主体建构模式中，读者透过观看画报上的猡猓妇女（野蛮人）形象，直接参与到征服过程当中：画报通过猡猓妇女召唤读者，读者通过阅读回应画报的召唤。猡猓妇女手中的《良友》画报以及上面刊登的摩登女郎都可以看作召唤现代读者的工具。这些元素（《良友》画报和摩登女郎）是读者熟悉的线索：它既暗示了读者不同于偏远少数民族、作为现代社会成员的优越身份，也是读者在与陌生人（即这里的猓猡妇女）初次见面的接头暗号。① 如此这般，落后野蛮的猓猡妇女与画报读者之间通过符号元素建立起一个关联。这样也就不难理解画报中的猓猡妇女别扭地阅读画报以及画报上摩登女郎的用途：它们都不是为画面中的叙述结构服务，猓猡妇女并非真要阅读《良友》，它们都指向画面之外的画报读者，它们都被捕捉并呈现给不同时空的现代城市读者。

上文图 3.4 的"消遣"模式与这里主体建构的模式（图 3.8）不同。前者的征服发生在图像当中，阅读只是消遣，而后者将文野关系拓展到阅读环节，阅读即建构；前者的征服者往往是华夏文明及其代言人，而后者则演变成为读者自己即现代城市居民；前者在画报层面就是一个完整的叙述系统，后者则是开放的，将画报文本（图像）与读者纳入一个主体建构的体系当中。在类似图 3.7 的图像中，读者通过图像中的现代元素（猓猡妇女手中的《良友》画报），在观看野蛮人的过程中意识并确认到自己异于野蛮人的现代身份，强化其现代想象，获得一种油然而生的优越感、满足感的同时实现阿尔都塞所谓"大写主体与小写主体的相互承认"②。

如果说《点石斋画报》为代表的石印画报刊登的野蛮人图像表征的是一种曾经发生在特定时空当中的一次次征服的壮举，是处于优势的华夏文明通过武力镇压或文化收编，对处于劣势的野蛮人及其文化实现的征服，《良友》画报为代表的野蛮人图像则提供了一种通过对图像的阅读和消费实现的精神层面的征服，这种征服发生在读者在各自不同的时空之中阅读这些野蛮人图像的场景中。它是一种双向的征服过程：读者在征服野蛮人的过程中响应现代社会的召唤，接受其教化，进而被它所征服。

小 结

近代画报中野蛮人图像的表征方式体现出清末民初中国人思想中文明主体的变化：从华夏向西方转变。与变化的文明概念匹配的是在有关野蛮人的图像中存在的不同观看方式：读者观看、阅读野蛮人图像既可能是一

---

① 从市场营销的角度看，这当然是现代大众传媒自我营销的一个早期经典案例。
② ［法］阿尔都塞：《意识形态和意识形态国家机器（研究笔记）》，《哲学与政治：阿尔都塞读本》，陈越编，吉林人民出版社 2003 年版，第 371 页。

种消遣、一种猎奇，也可能是这个过程中的现代主体建构行为。这两种类型的观看模式也许并不能够穷尽近代画报上的野蛮人图像的表征方式，也并不应该认为两者之间没有重叠、相互包含的成分。但是通过研究近代画报中的野蛮人图像，显然有助于从观看方式的角度理解中国人现代身份认同形成过程。

第四章

体育图像中被展示的身体及其功能

自清末以降,在与西方文明碰撞中连续不断的失败使中国人的自信心受到巨大冲击,军事、政治、文化上处处不如人的窘境甚至扩展到对自身身体的怀疑:"东亚病夫"这顶帽子成为长期笼罩在国人心头挥之不去的梦魇。而现代体育精神与实践也在这个时候传入中国,为唤起并改造中国人提供了一种崭新而有效的途径,而大众媒体在其中扮演了引人注目的作用。

第一节 现代体育的内涵与国民政府对体育的认识

现代汉语中"体育"一词来自日语 tiiku,是近代日本用汉字结合英文 physical culture 意译的结果。[①]《辞海》中"体育"的解释是:"狭义指身体教育,即以强身健体、医疗保健、娱乐休息为目的的身体活动。……广义指体育运动,包括身体教育、竞技运动和身体锻炼三个方面。"[②] 由此可见,无论在其广义还是狭义的解释当中,"教育、教化"的内涵对于体育来说都非常重要。

民国时期,国民政府意识到体育在现代国民意识培养方面的重要作用,在不同时期、不同场合多次从政府的角度强调体育对于国民的教育功能。

全国体育大会(1932 年)制定了《国民体育实施方案》。该方案强

[①] 参见高铭凯、刘正埈《现代汉语外来词研究》,文字改革出版社 1958 年版,第 88、96 页。

[②] 《辞海》,上海辞书出版社 1999 年版,第 624 页。

调:"机体之发育与健康之促进,为身体活动必然之结果。体育不仅达此目的,尚有其他教育上之重要目标,如社会道德,基本生活技能,善用闲暇之方法,公民必具之态度与能力,无不能籍各种身体活动以训练培养之,故体育与教育不能分之为二。……因此,所有体育之设施,均须以能达到整个教育目的为标准……"[1]

1935 年(民国二十四年),蒋中正在成都发表演讲,认为:"……我们要做现代的国民,要从衰败危亡之中复兴我们的国家民族,就要矫正过去重文轻武的恶习,恢复古人'文武合一'的教育。"[2]

显然,国民政府上下对体育寄予厚望,很看重其在现代国民意识与民族精神培养方面的优势。而兴起于清末的画报作为一种更直观、更易于接受的大众媒体,有助于现代体育精神在中国的推广与普及。本章试图从画报图像的角度分析大众媒体如何呈现体育,体育图像如何通过表征健康、健美的身体来教化读者。这里所谓"体育图像"是一个广义的概念,指近代画报中有关体育运动的图像。这些图像不仅包括以现代体育为内容的图像,也包括关于传统武术等的图像。[3]

第二节 通过展示身体塑造体育明星

一 不同的图片报道方式

从 1932 年 11 月有关广东游泳运动会的报道至 1936 年 11 月有关柏林奥运会的报道,4 年时间里,一位来自广东省的女子游泳运动员——杨秀琼几乎在一夜之间成为《北洋画报》等媒体上最耀眼的明星之一,被时人称为"美人鱼"。1932—1936 年,《北洋画报》共刊登杨秀琼 35 张照片,其中单人照片 15 张,封面 2 张,另外相关漫画 3 幅。《良友》刊登她

---

[1] 全国体育大会第六次大会决议:《国民体育实施方案》见于《革命文献》第五十五辑,中国国民党中央委员会党史史料编纂委员会,中央文物供应社 1974 年版,第 537 页。

[2] 蒋中正:《实施文武合一术德兼修的教育》,《革命文献》第五十四辑,中国国民党中央委员会党史史料编纂委员会,中央文物供应社 1974 年版,第 357 页。

[3] 因为本书所面对的材料都处于清末民初,这个时期正好是武术试图从传统的技艺转变成为现代体育的重要时期,而这也正是本研究所关心的一个主要问题。所以,在这里将武术纳入关于现代体育的讨论之中。但这并不意味着武术(特别是传统武术)能够完全包含在体育的现代概念之中。

的照片 17 张，其中单人照 8 张，封面 1 张。当时有人评论她："……以游泳绝技，突起华南，纵横国内，已号无双；飞耀远东，亦称第一，且数年来保持游泳王座，更无后来居上之人，其兴也暴，其运也长，风头之盛，虽非绝后，敢曰空前。……"①

20 世纪二三十年代，类似杨秀琼的情况在体育界非常罕见，当时的画报对一名运动员如此关注也是绝无仅有的。因此，考察画报对这位曾经红极一时的女运动员的表征方式，对于理解观看方式以及大众传媒自身定位的变化很有好处，也有助于理解中国社会观念的转型。

图 4.1　1933 年《北洋画报》封面

图 4.1 是 1933 年《北洋画报》第 1001 期的封面。类似这样的版式，在《北洋画报》当中并不多见。整个封面上只有一张无论是从构图还是效果上都显普通的照片，是在比赛之前（或者之后）抓拍的一张杨秀琼的近照。从人物身后的景物判断，这张照片几乎没有做任何修饰、设计，直接在游泳池边拍摄完成。有趣的是，照片并没有被放大到整页使用，而

---

①　云若：《说美人鱼兼及六不将军》，《北洋画报》1935 年。

是安排在页面左下方,配以大面积的美工背景——水面的帆船与水鸟的图示在照片背后大量出现。这样做的目的非常明确——将岸上站立的杨秀琼的单人全身照片置于水面的图示背景之前,这种简单而直接的视觉表征方式意在强调她作为一名游泳运动员的身份。

1933年,上海的《良友》也使用杨秀琼的形象制作了一期封面。两个封面上,杨秀琼站立的姿态、表情都非常相似,不同的是,《良友》的封面将同一张照片处理为几乎占整页的半身像,并且模糊了人物身后的背景,以人工描绘着色、美化而成的彩色图像代替了原来的黑白照片。这说明《良友》采用了另外一种呈现"美人鱼"杨秀琼的表征方式——虚化、美化这一形象,力求为读者创造出一个供欣赏的偶像,人物的职业及活动背景已并不重要。这是当时《良友》在封面图像制作与使用上的一个重要手段。

图 4.2　1933 年《良友》封面

在刊登以上照片的第二年,即 1934 年,《北洋画报》和《良友》不约而同地刊登了民国政府主席林森与杨秀琼及其家人的合影(见图 4.3)。这张照片不同于之前封面照的地方在于杨秀琼不再穿着泳装,而是身着时装出现在镜头面前。这个变化无论是对于作为运动员的杨秀琼,还是对于

图 4.3　林森与杨秀琼家属全影

资料来源：《北洋画报》1934 年 8 月 21 日（2）。

画报本身而言都意味深长。泳装之于杨秀琼而言本是一个注脚，说明她的职业、身份以及她的价值。去掉这个注脚，对于杨秀琼而言，说明自己运动员的身份已经不再是画报以及读者关注的重点，这个时候她与其他美丽的女性一样，完全因为美貌和知名度而被关注。从画报的角度看，杨秀琼作为一个知名人物，已经为广大读者所熟知，其美丽容貌已成为与运动员这一特殊身份并存的个人资本。这种资本不仅吸引了广告商的关注，也使她得到社会名流，特别是政治人物的青睐。正因如此，与杨秀琼同时出现在照片中的人物大大超出了体育界的范畴。从民国政府主席到行政院秘书长，从著名画家到电影童星，与杨秀琼合影成为一种荣耀和身份的象征。不仅杨秀琼个人受到追捧，她的姐姐杨秀珍甚至其他家庭成员也纷纷出现在画报当中，成为读者观看的对象。杨秀琼参加的活动也不再限于游泳，而是扩展到剪彩、游玩、出席纪念会等各种重大场合。通过出现在各种各样不同的场合当中，一方面杨秀琼获得了一般运动员所没有的知名度，成为画报最乐意刊登的近代中国女性之一；另一方面，政客名流无一例外通过与杨秀琼的合影表明自己的开明姿态。而置身于杨秀琼与这些政客名流身后的画报，则通过将杨秀琼塑造成为一位家喻户晓的"明星"而求得公众的普遍关注。

从简单地呈现运动员的外貌到塑造一个体育明星,从纪实到商业包装,画报完成了自身定位的多元化过程,这一过程对于近代中国画报而言是前所未有的。在这一过程中,指示职业或者职业技能的视觉符号逐渐退出对杨秀琼的表征,让位于女性形象本身。

二 泳装与身体的消费

通过图像表征方式的变化,"美人鱼"杨秀琼完成了从运动员到明星的变化。值得注意的是,画报中杨秀琼的形象还存在另外一种表征模式。图4.4是《北洋画报》1934年9月18日第二版刊登的一张杨秀琼的照片。让人惊讶的是杨秀琼甚至在游览庐山的时候仍然穿着泳装,照片的文

图 4.4 杨秀琼游庐山

资料来源:《北洋画报》1934年9月18日(2)。

字说明写道:"美人鱼杨秀琼游庐山时留影。"穿泳衣与游庐山之间的逻辑关系在这里并不重要,重要的是画报刻意使用她着泳装的照片,而不考虑照片是否跟游泳有直接的关系。按理说,如果泳装只是指示杨秀琼游泳

运动员身份的符号，那么这里的泳装就是不合时宜的、多余的。然而，泳装在这里已经不再指向杨秀琼的职业，而是回到了它本来的用途上面——作为游泳时穿着的服装。杨秀琼泳装图像的所指由说明穿着者的职业转向一个新的对象——泳装下面的身体。经过这种转化，泳装作为适合于展示身体的服装这个特性重新得到彰显，从而让穿着者成为被众多男性读者欣赏的对象。正如劳拉·穆尔维（Laura Mulvey）所说："在一个由性的不平衡所安排的世界中，看的快感分裂为主动的/男性和被动的/女性。起决定作用的男人的眼光把他的幻想投射到照此风格化的女人形体上。女人在她们那传统的裸露癖角色中同时被人看和被展示，她们的外貌被编码成强烈的视觉和色情感染力，从而能够把她们说成是具有被看性的内涵。"[①] 如果说前面两幅封面照片中的泳装是用来指示杨秀琼的职业，那么这张照片的泳装就仅仅是为了呈现一位在当时环境下最大限度暴露身体的女性。

　　现代体育一个非常重要的特征在于对身体的解放与展示，这一点在中国传统的体育思想中并未受到强调。而游泳这个项目从一开始就面临如何着装的问题，泳装的设计在西方国家也经历了从保守到开放的演变过程。到了20世纪早期，难以被中国传统观念所接受的"暴露的"泳装在不知不觉之中进入了中国人的视线。这种扩散，主要借助的便是具有广泛影响力的大众传媒——画报。杨秀琼所穿着的泳装对于多数普通中国人而言仍然几乎是闻所未闻、见所未见的，暴露的身体所带来的冲击力已经完全超越了游泳运动本身成为画报读者关心的主要内容。在这样的背景下，杨秀琼穿着泳装游览庐山就变得不再奇怪了——她身着展现女性身体的泳装拍照本身就是目的，游泳已经不再重要。

　　有趣的是，有关杨秀琼泳装照片的文字评论并不都是正面的，恰恰相反，画报往往在大量使用杨秀琼的泳装照片之后，最终给予她负面的评价。例如《北洋画报》1934年8月9日有文章认为："前见某报载，谓杨秀琼游泳仅穿游泳衣，南昌新生活运动之条例，限制女子着衣不准露背，而杨在南昌竟大裸其腿，显与新生活运动条例不合。……"[②] 然而，作者的态度在第二篇同题文章中又发生了微妙的变化。文中写道："毛诗云：'汉有游女，不可求思，江之永矣，不可方思。'此诗可为杨秀琼咏

---

① ［英］劳拉·穆尔维：《视觉快感与叙事电影》，见张红军《电影与新方法》，中国广播电视出版社1992年版，第212页。
② 海影：《游泳漫话（一）》，《北洋画报》1934年。

也。……望知趣男儿，切记此语，勿恋爱不成，徒作无谓之牺牲也。"①

图 4.5 钓"鱼"

资料来源：《北洋画报》1934 年 9 月 18 日（2）。

1934 年 9 月《北洋画报》刊登一幅名为《钓"鱼"》的漫画（图 4.5），与图 4.4 杨秀琼游览庐山照片刊登在同一个版面上。这幅漫画的标题文字、画面内容、它们自身的构成方式以及与旁边照片（图 4.4）的相对关系，让漫画包含了非常丰富的意义，同时也能够很恰当地以一种隐喻而形象的方式呈现杨秀琼从一名普通的游泳运动员到"美人鱼"的过程。以下对图 4.5 中的构图要素及阐释角度作一分析（见表 4.1）。

表 4.1　　　　　　　　构图要素及阐释角度

构图要素	阐释角度
西装男性	暗示画报的主要读者，一般主张西化以实现民族复兴
泳装女性	被观看的对象，男性的猎物

---

① 海影：《游泳漫话（二）》，《北洋画报》1934 年。

续表

构图要素	阐释角度
滑落的泳裤	对女性暴露的身体的渴望
水面上看	喻示钓鱼（热心体育）是一种表面动机
水面下看	实质的欲望

以上漫画的标题是《钓"鱼"》，它包含了两层含义：一方面是对体育活动热心与推崇，这是几乎所有观看杨秀琼照片的读者或者与她合影的各色人物表面上的理由；另一方面则是对女性运动员身体的消遣和渴望，这是秘而不宣的含义。在这一意义上可以说，杨秀琼成为"美人鱼"这一造星运动的个案一方面由社会对体育运动的普遍崇尚而得到推动，另一方面也隐含着对身体，尤其是一度被遮蔽的女性身体的渴望，其引发的关注和争议是长期受到压抑的欲望的一次集体释放。

从杨秀琼成为明星及其引发的争议这一个案可以看出，民国画报对这位女性游泳运动员存在两种完全不同的视觉表征方式：一个是以运动员的形象加以呈现，一个是将其表征为供男性观看的女性，杨秀琼也正因为这一双重角色而成为家喻户晓的明星。她所遇到的争议从一定程度上体现了体育这一展示身体、解放身体的运动在近代中国引发的思想碰撞和对社会观念形成的冲击。现代体育通过与现代媒介的结合，将身体的解放提上中国现代化的议事日程。正如安德鲁·莫里斯（Andrew D. Morris）所说：体育在中国近代担负着教育民众，使之成为合格的"新公民"的使命。[1]而这样的使命是通过一种展示性的体育及其图像最终实现其教育目标的。也就是说，现代体育本身所具备的展示的性质不仅需要现场的观看者，更需要画报这种印刷媒体所提供的共时性阅读，从而将展示的效果扩大到更广阔的时间和空间中。杨秀琼成为被关注和讨论的对象本身便说明了社会文化及其价值观的悄然变迁，其最具代表性的一点就是身体已逐渐成为日常生活中的一种消费对象。正是借助了先进的摄影技术与印刷技术、国民对于身体解放的渴望以及杨秀琼作为一名美貌女游泳运动员的知名度，近代画报成就了对于这位体育明星视觉形象的塑造与使用。

---

[1] Andrew D. Morris: *Marrow of the Nation: A History of Sport and Physical Culture in Republic China*, University of California Press, 2004, p. 14.

第三节 讲述故事 VS 展示身体：
画报体育图像的演变

武术强调通过练习，使身体运动的力量、速度、姿态与内在意念达至协调，讲究身体与意念的统一，是中国传统文化的重要组成部分。从"身体运动"这一核心内容来看，武术是中国传统文化中最接近现代体育概念的技艺。武术也因此在21世纪被接纳成为奥运会特设项目。[①] 虽仍然不是奥运会的正式比赛项目，但武术是中国传统体育在现代体育系统中硕果仅存的一项。可见中国传统体育向现代体育的转型是如何艰难而漫长。

一 讲述故事

出版于清末的早期石印画报偶尔会刊登有关武术的图像，虽然数量不多，但其表征方式却存在一些共同特征。例如这幅题为《文坛演武》的图画（图4.6），出自《点石斋画报》，描绘了一名考生在县试考场上表演武术绝技，大显身手，结果从屋梁上落下头破血流的趣闻。画面旁边的文字写道：

> 松郡有汪姓文童，短小精悍，矫健绝伦。上月初十日应县试，门启题纸下，他人闭目凝思欲一试夺标乎，汪则酣嬉跳舞若忘其为锁院抡才也者，或讽之曰大丈夫当于长枪大戟中觅生活，谁能耐此覆酱瓿物乎。因折凳足，效公孙大娘舞剑器，取竹竿当绿沈枪，信手挥来人莫敢近，于是一片喝彩，声如疾雷之震耳。汪至此益觉兴高采烈，曰技不止此也。乃更褪长衣如猱之□（此处省略一字）木，握龙门悬灯索为演梨园之三上吊。正在顾盼得意间，砉然一声索断而坠头破血溢，襟袖皆红，客有问其痛楚与否，曰此正朱点头兆也。闻者虽窃笑其顽而亦未尝不服其敏。[②]

这些文字与画面构成一种相辅相成的关系。一方面，文字叙述考场上

[①] 孙建驹、曾令华：《中国武术将成为北京奥运会特设项目》，2007年10月2日，中国新闻网（http://chinanews.com.cn/）。

[②] 见《点石斋画报》己卷，广东人民出版社1983年版。

图 4.6　文坛演武

资料来源：《点石斋画报》己卷。

的趣闻；另一方面，画面（图 4.6）则表现故事当中的一个瞬间。画面中的多重视线及其所包含的关系值得注意。画面中，考场中的旁观者将目光投向汪姓考生；画面外，画家与读者通过手中的画报阅读、观看这个图像。如果说考场中的旁观者关注的中心是汪姓考生的表演的话，那么，读者通过观看故事中的一个瞬间：考场中的旁观者观看汪姓考生的表演这个瞬间所关注的至少包含两个层面：汪姓考生的表演以及考场中旁观者与他的关系。从文字部分来看，整个故事的重点不在汪姓考生的绝活，而是汪姓考生在考场中大展身手并发生意外这个趣闻。画面用一个截面表征了在一条时间线索上展开的趣闻故事。

晚清石印画报的体育图像几乎都采用这种文图结合完成故事叙述的表征方式。一方面，在这些体育图像中，作为趣味来源的武术通常与其他要素（例如趣闻所在的空间、旁观者以及故事情节等等，例如图 4.6 中考场趣闻的来龙去脉）共同构成"观看武术"的完整画面；另一方面，画面则捕捉整个故事（这里即"文坛演武"）中的一个瞬间来进行呈现。从这个意义上说，早期石印画报中多数体育图像都是叙述性图像：是包含武术因素的故事画，其内容涉及武术，但不是专门针对武术本身进行图像再现。

二 展示身体

摄影画报在石印画报之后出现,逐渐获得广泛的影响力。体育图像更直接地再现武术及其表演者。在这些图像中,武术表演者的身体而不是有关武术的故事成为观看的对象。

图4.7是《良友》关于华侨大力士陈国辉的报道,一共四幅照片。其中两张陈国辉为拍照特地摆出姿态,分别从正面与背面展示自己的肌肉与身体。对于来自西方的健美运动而言,肌肉的多少、形状是衡量运动员成绩的重要依据。而展示健美身体这个传统可以向上追溯到古希腊文明时期:肌肉发达的男性身体被认为是美的表征,天生应该接受来自大家欣赏的目光。这与中国传统的身体观念不太一样。近代画报使用较大篇幅刊登这种西化的健美照片,自有其道理。

图4.7 大力士陈国辉之表演
资料来源:《良友》1931年第56期。

"东亚病夫"的帽子是中国人自晚清以来挥之不去的心头之痛,无数人通过各种方式试图洗刷这个耻辱。这里陈国辉的照片作为一种图像符号,以肌肉和身体为能指,其所指除了健美体形在西方所包含的"美"以外,对于当时的中国人而言,更重要的是"健康""强壮"这样的内涵。健美图像在满足国人对于强健的强烈愿望的同时获得其商业价值,从而通过大量发行的摄影画报与广大读者见面。

照片中大力士身上肌肉的质感与线条即全部意义之所在，关于这些图像的其他背景信息并不重要：读者不必关心陈国辉如何通过锻炼得到这样的体魄，不需要了解这些照片的拍摄地点和拍摄时间，前因后果对于这些图像而言都不被涉及……与前文所述的叙述性图像比较起来，这些图像没有叙述的压力，时间的维度无足轻重。这类图像即所谓的展示性图像。①

同页其他两幅照片则呈现出另外一类展示性图像。位于下面的照片是陈国辉位于两辆汽车中间，徒手拉住发动的汽车。汽车上插着写有"飞飞团"（系南洋华侨体育组织）的旗帜，横向展开。上面的照片则拍摄了汽车压过大力士身躯的瞬间。汽车显然超载：不仅里面坐满了人，甚至连车辆外侧也挤满了人。整个画面无须解释，读者能够看出陈国辉所承受的巨大重量。它们的目的是要创造一种戏剧性的展示效果，以吸引读者的目光，让读者惊叹于陈国辉超乎常人的绝技。

近代画报在从晚清到民国的发展过程中，体育图像中的类似图4.6的叙述性图像逐渐减少，而类似图4.7的展示性图像逐渐增加。比较前后两者，可以发现两个显著的差别：其一，画面中的其他辅助因素（例如旁观者、故事发生的场所等等）逐渐变得不重要，甚至消失，代之以需要展示的内容（多数情况下就是健美的身体）的直接呈现。武术表演（或体育锻炼）或者武术表演者（或运动员）的身体越来越突出，逐渐成为画面的主要内容，有时甚至是唯一内容；其二，在叙述性图像中不可或缺的画面中的观众在展示型图像中消失了。图像中的内容逐渐变得直指画面之外的读者，要在画报读者中营造一种惊奇的氛围。相较而言，早期石印画报的读者则更多的是要以画报图像作为消遣。

以展示身体为主要内容的体育图像的出现与普及是民国时期画报中一个显著的变化。这一变化既是图像生成、复制、传播技术发展的直接后果，也体现出图像生产者对于图像表征方式及其功能的重新认识，同时也符合时代对于体育的教育功能的迫切需求。

第四节　在画报中实现体育的教育功能

包括体育在内的诸多领域，在辛亥革命以后的国民党看来都是帮助中

---

① "展示性图像"概念的界定请参见绪论第三节相关论述。

国完成现代化的手段。民国时期，国民政府上下试图寻求一种中西结合、新旧传承的新的体育形式，以满足其对于改造国民的目标。

武术是传统中国文化中被寄予厚望的一种。在国民政府看来，即不能全盘西化，简单采用西式体育锻炼方式，例如体操；又必须与来自西方的现代体育结合，使体育运动能够担负起教化民众的重担。很自然的，国民政府试图在传统与现代之间寻求平衡：即保留传统文化的代表（例如传统武术中的太极拳），又对其进行适当的修订（在吸取部分体操的动作、规范等要素的基础上设计出"太极操"）。时任国民党中央执行委员的褚民谊在所著《太极操》一书中指出："余因鉴于太极拳虽为运动之上乘，然其动作复杂，非人人能得而学习者；体操虽幼稚费力，然其动作简单而易明，一蹴即遂，爰两相渗合，去其糟粕，存其菁华，截长补短，冶为一炉。"① 由此可见，在类似褚民谊这样的国民党要员看来，中国传统体育（以太极拳为代表）在整体上并非不如西方体育（以体操为代表），只是因为太极拳过于复杂，不便于推广所以才有简化、改进的必要。作为国民党要员，褚民谊曾经担任国民政府行政院秘书长、中央教育行政委员会委员和检察院委员等重要职务，他的身份为太极操赋予了显著的民族主义色彩，使之在一定程度上成为民国政府借以建构民族身份认同、塑造中国人国民意识的一种手段，并在20世纪20—30年代产生了相当广泛的影响。②

褚民谊不仅自创，还在不同场合，利用各种手段，不遗余力地推广太极操。其编著的《太极操》一书既包括练习太极操的方法，也配有大量图片以辅助说明。其中一些图片被《良友》等摄影画报所刊登。例如图4.8右下方两张照片就是褚民谊在展示太极操的两个变种。

但是，令人略感尴尬的是在与来自西方的健美运动员肌肉发达、油光可鉴的身体并列的时候，褚民谊及其太极操显然毫无优势可言。至少在视觉层面上，图4.8上方的三张来自捷克斯洛伐克的体育家乃氏的照片更加引人注目。

虽然并列一页本身即说明中国传统武术改良者对现代体育的开放姿态。然而，比较二者不难发现他们之间仍然存在着一些显著的差异。为了便于直观比较，对图4.8当中褚民谊的太极操图像与欧洲健美教练图像的

---

① 褚民谊：《太极操》，大东书局1932年版，第10页。

② Andrew D. Morris: *Marrow of the Nation: A History of Sport and Physical Culture in Republic China*, University of California Press, 2004, p. 223.

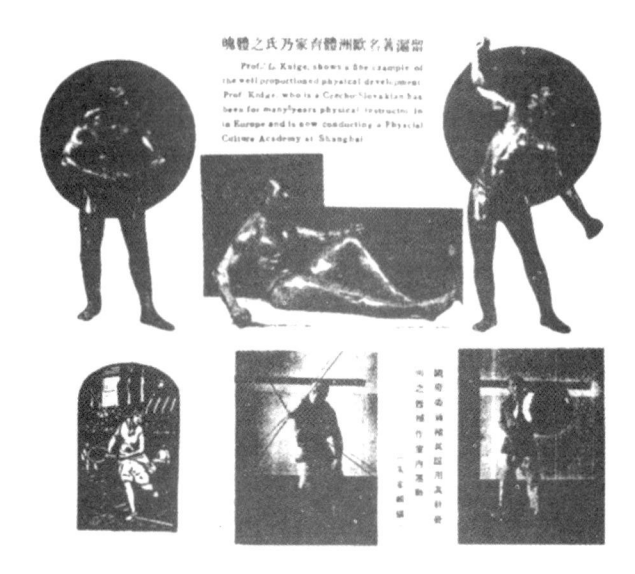

图 4.8　乃氏与褚民谊

资料来源：《良友》1929 年第 34 期。

图 4.9　《太极操》作者褚民谊

资料来源：褚民谊：《太极操》，大东书局 1932 年再版，封三。

内容分别进行比较，制成表 4.2。

表 4.2　《良友》画报中外体育图像内容对比

	乃氏的照片	褚民谊的照片
人物国籍	捷克斯洛伐克	中国
身份/头衔	体育家/教授	政客/国民党中央执行委员
外表	几乎裸体	着装（服装样式不清）
状态	固定姿态（pose）	运动（active）
画面的重点	皮肤的光泽与质感、肌肉的形状	动作
图像的功能	展示（作为一种证据）	教育（作为一种图示）

从表中分别列出的内容可以看出，两组照片的差异是明显的：作为健美教练，乃氏的主要目标是展示自己的身体，以证明体育锻炼能够带来发达的肌肉和强健的体魄。为了达到这个目标，固定姿态和裸露身体都是必要条件。相对而言，中国传统中的武术（当时称为"国术"）无论从练习的角度，还是从表演的角度都需要时间：从头到尾演练一遍即需要若干时间，更不用说那些强调内在修炼的项目即便外表静止不动也并不意味着没有练习。武术可以说是一项依赖时间的运动。这个适于叙述却不一定长于展示的本质特征让褚民谊等人面临一个无法回避的时空矛盾：如果无法用静止的姿态（健美的身体）替换运动的动作（武术的操演），如何在时间中截取一个瞬间并在二维的空间中展示？如果真的对武术进行这样的变革，变革之后的武术还能否称为武术？这个令人踟躇的问题既是中国传统体育在现代化浪潮中所面临的尴尬处境，也是中国社会在传统与现代之间所面临的两难境遇。

图像的功能隐藏在内容背后。褚民谊在《太极操》一书的序言中申明太极操的目的在于"洗东亚病夫之耻"[1]。可见作者对于太极操的期望绝不仅仅是强身健体那么简单。体育图像在西方并非没有教育的功能，但是对于经历晚清以来历次溃败的中国人与中国社会而言，体育的教育功能被寄予厚望，显得尤为重要。因此，与乃氏侧重展示身体不同，褚氏则立足于教育国民。为了达到这个目标，褚氏在图像中偏重于演示，而非展示。

为了让太极操及其所代表的改良的中国体育在与西方现代体育的对比中不落下风，褚民谊做出进一步尝试：在《太极操》一书封三上刊有体态健硕、

---

[1] 褚民谊：《太极操》，大东书局 1932 年再版，《自序》第 4 页。

肌肉发达的褚氏半裸像！① 为了向读者直观地证明太极操的价值，褚民谊的做法令人惊讶。在陌生人面前袒露身体对于普通中国人而言并非常见，更不用说对于受过教育的政府高官；太极拳及其文化所倡导的显然是一种内在的、含蓄的、道法自然的价值观，这与强调外观、崇尚力量的现代体育观念显然并不一致。然而在这个风云际会的社会转型大趋势面前，褚民谊等人显然采用了一种开明的折中态度。这些民国时期的体育图像正是中国现代体育倡导者游走于传统与现代、东方与西方之间所做出的艰难尝试的有力见证。

褚民谊的太极操在个人练习的基础上，还有进一步向更广大人群推广的计划。在西式体操锻炼模式的基础上，通过对太极拳进行标准化改造、简化动作、对太极拳进行分段分节等措施实际上都有助于让这种传统运动被更多人掌握并且展示出来。② 经过改良的传统体育项目逐渐适应现代国家对于教化国民的迫切需求，很快即被应用在大型运动会的开幕式表演当中，由数量庞大的练习者形成巨大的练习方阵，从而实现更大范围的展示，并且借助摄影画报为读者所观看。③

小　结

通过以上途径，画报在图像中展示身体并实现其教化的功能。与此同时，民国政府试图完成将传统体育从个人练习的技艺到现代体育运动进行集体操演的公共事件的转化。正如安德鲁·莫里斯所说："现代体育非常适合民族国家及其相关领域、过程和现代性。它接受规范，它为身体活动和行为设置限制、带有民族标志的制服、对成功的量化测量以及与战争图像密切相关的竞技都让这种联系在全世界范围内普遍化。强健的身体与强大的国家的价值在民国时期轻而易举地成为主流，与此同时，爱国的中国人试图让中国与自己又嫉又恨的帝国主义势力平起平坐。"④ 而这个从民国即展开的体育现代化的进程一直持续到21世纪，到2008年北京奥运会开幕式又再次上演集体操演太极拳的盛大场面。

---

① 褚民谊：《太极操》，封三。同一时期，《良友》亦刊登过类似照片。
② 褚民谊：《太极操》，大东书局1932年再版，第9—10页。
③ 1935年在上海举行的中华民国第六届全国运动会开幕式上，褚民谊带领三千学生表演太极操。《良友》使用大量篇幅，图文并茂地报道了这次运动会。
④ Andrew D. Morris: *Marrow of the Nation: A History of Sport and Physical Culture in Republic China*, University of California Press, 2004, pp. 3-4.

第五章

清末民初画报上的战争叙事与国家神话

从鸦片战争一声炮响翻开中国近代历史第一页开始，战争便是贯穿中国近代史的主题之一。清末到民国期间，各种冲突不断涌现，内忧与外患往往以战争的形式显露出来，以暴力血腥的方式寻求解决。这期间，中国与日本多次发生军事冲突甚至爆发战争，对中国历史产生了方向性的影响。[1] 激烈动荡的社会在大众媒体上留下鲜明的印记。由于这些图像牵涉国家、民族间的激烈冲突，对其内容和形式的考察有助于了解画报作为大众传媒在清末民国这个中国现代转型的关键时期所扮演的角色以及发挥的作用。研究大众媒体报道战争的方式，有助于揭示当时社会如何理解战争，交战双方如何利用媒体以及媒体的社会功能。

本章将"表征"概念置于画报图像研究的核心位置，从画报图像如何再现中日军事冲突的角度切入，侧重考察近代画报图像形式的变化脉络，关注画报图像再现战争的方式是否与画报的类型有关，并且在此基础上从大众媒介不同社会定位的角度进一步分析产生这种现象的原因。本书采用图像文本案例研究与内容分析两种方法，试图点面结合地分析两种主要画报对于中日军事冲突的图像表征。《点石斋画报》和《良友》画报分别是清末和民国时期最有代表性的两份画报，而它们分别使用较大篇幅报道了各自时期的中日冲突，形成一定影响，是本章主要面对的文本材料。另外，同期在日本或其殖民地（如伪满洲国）出版的部分画报或者其他出版物因为报道时间、报道内容相同相似，具有可比性，因此也纳入进来

---

[1] 主要指1894年的中日甲午战争、1931年"九一八"事变和1937年"七七"事变。

进行初步的对比研究。①

第一节　清末画报中的战争图像消费

叙事指对特定事件的叙述。② 本书中，叙事特指画报上用图像（通常要搭配文字）来对军事冲突展开的叙述（报道）。画报对于战争的报道与再现从这个意义上讲是一种视觉化的战争叙事。

一　画面与史实的冲突

《点石斋画报》对于甲午战争的报道篇幅可观，既有对大同江、牙山、平壤等地军事冲突、大小战役的正面描绘，也涉及后勤保障、抓捕间谍、兵民关系等侧面内容的再现。相关图画主要集中刊登在1894年出版的乐卷中。

1894年盛夏在牙山附近的冲突是甲午战争期间中日间的第一场陆战。虽然规模不大，但是日军的胜利使"日本完全切断了中国到达朝鲜西海岸的航道，日军便可以专力北顾，为后来发动平壤战役解除了后顾之忧"③。更重要的是让日本"全国城乡到处飘扬的太阳旗和庆祝帝国胜利的沸腾的欢呼声所淹没……"④，日军士气大振，为后来的战局奠定了基调。图5.1是《点石斋画报》乐卷上刊登的关于牙山战役的图画。它是对战斗宏大场面的全景再现。从人物的服装样式、军旗上的名号等诸多细节上可以辨认出画面中交战双方：清朝将领叶曙卿（叶志超）、聂功亭（聂士成）帅旗位于画面左下角，远处清军骑兵以及近处的步兵、火器营无不斗志高昂、奋勇杀敌。反观日军则丢盔弃甲、溃不成军。正如画中文字所言："鏖战良久，我军大获胜仗，斩获倭首二千余级，刃伤倭兵不计其数。"⑤

---

① 主要包括甲午战争时期的《日清战争画报》《日清幻灯画报》《日清交战画报》《支那征伐画谈》《日清肖像交战画报》《日清韩战况画报》《大激战画报》，"九一八"事变期间的《满洲日报》等几种。这些材料的具体信息请参见文后参考文献目录中"画报及其他第一手材料"的相关介绍。
② 罗岗：《叙事学导论》，云南人民出版社1994年版，第2页。
③ 戚其章：《甲午战争史》，人民出版社1990年版，第81页。
④ ［日］陆奥宗光：《蹇蹇录》，伊舍石译，商务印书馆1962年版，第70页。
⑤ 载《点石斋画报》第十一册，上海画报出版社2001年版，第191页。

实际上，这场战役中，包括牙山、成欢驿、安成渡等处日军总共战死三十一人。①

到此为止，若对晚清那段历史一无所知，还看不出《点石斋画报》的内容有什么破绽，无非是一些天朝无往不胜的陈词。然而，如果将同时期在日本出版的画报刊登的同一事件的图画与图5.1并列，问题便来了。

图 5.1　《牙山大胜》

资料来源：《点石斋画报》第十一册，上海画报出版社2001年版，第191页。

图5.2来自1894年在日本出版的《日清战争画报》。画报中恰好也有关于中日在牙山冲突的描绘与报道，标题为《牙山的激战》。画面的格局跟《点石斋画报》相似，只不过对交战双方的位置进行了对调：日军这次位于画面左下方，清军则在画面右上角。骑在马上的日军将领身先士卒，带领大队人马向右侧立于城头的清军发起冲锋。画面中两军之间云遮雾绕、杀气腾腾却没有交兵。很难从画面上判断胜负。但是图中上方矩形文字框中写道："大岛旅团的士兵英勇奋战，将牙山的清军驻兵打得溃不成军。"②

若交战双方都声称自己大获全胜，则至少有一方出了问题。稍微回顾

---

① 参见《日方记载的中日战争资料》，戚其章编《中日战争》第七册，中华书局1994年版，第572页。不同文献的记录略有出入，例如《日清战争实记》统计此役日军死亡三十四人（包括军官两人）。（《中日战争》第八册，中华书局1994年版，第26页）但无论如何，权威史料的记载与《点石斋画报》所载相差巨大。

② 载［日］山崎晓三郎编《日清战争画报》，国华堂，明治二十七年（1894），第3页。

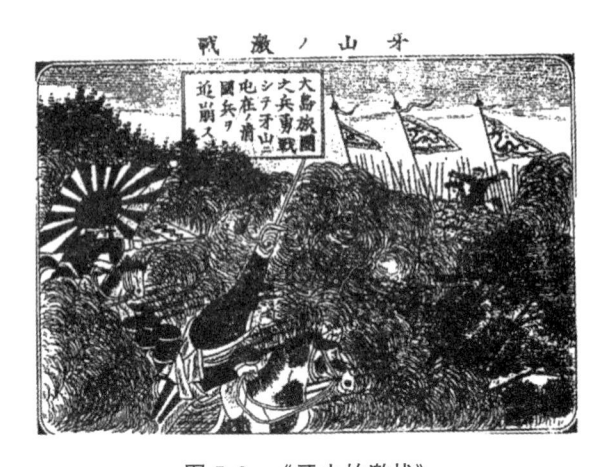

图 5.2 《牙山的激战》

资料来源：[日]山崎晓三郎编：《日清战争画报》，国华堂，明治二十七年（1894），第3页。

甲午战争清军惨败的史实，不难发现《点石斋画报》刊登的图画是无中生有的假新闻。画家以及画报对于自己所绘内容的真实性是否知情现在无从查考。但是从《点石斋画报》对甲午战争长期持续报道的内容与手法来看，包括《点石斋画报》在内的新闻媒体并没有派驻前线的记者，画家只能在前线传来的只言片语的基础上发挥想象，创造出一连串清军大胜的画面。① 如果抛开画面内容的真假不论，这正是清末石印画报再现战争的主要形式：对战争场景进行全景式的正面描绘。实际上，只在这样想象性的全景画面中，画家才有可能超越敌我双方的火力与武力，在兵戎相见、你死我活的血腥空间中从容获得观看位置，将敌对双方同时并列在同一个画面当中。史学，特别是传统史学，更关注历史事件种种细节真实性。从这个角度来看，《点石斋画报》的甲午战争图画的价值可能非常有限。但是，如果从视觉文化的角度来观照清末画报提供的图像文本，这些图像的表征方式而非它们的内容才是研究关注的重点。此时，研究的重点从图像是否忠实地还原了历史演变为图像再现战争的方式。而要理解这种再现方式，需要更全面地研究当时刊登在画报上的战争图像。

---

① 在《点石斋画报》同一时期对于甲午战争其他战役的报道中曾经交代消息来自北方天津的电报，例如乐卷第十二上有文字叙述："七月二十四日下午四点钟，接天津来电略云：'十七日华军至平壤大胜倭兵……'"

二 对伤亡的戏剧性描绘

战争总是伴随着死亡，而死亡往往包含新闻性而受到关注。但是现代媒体的相关图像对于死亡的再现却一直遵循相对谨慎、保守的传统。从罗杰·芬顿（Roger Fenton）用刚刚出现的摄影术拍摄克里米亚战争开始，战争图像就刻意避免拍摄残酷的战场画面，特别避免直接将尸体作为拍摄对象。① 而这种回避死亡的做法逐渐被大众媒体广泛采用，成为媒体战争图像广泛采纳的媒介伦理。人们普遍认为战争带来的血腥画面不但无助于当局获得战争的正义性，还很有可能对前线士气和后方舆论产生负面影响。因此，交战双方的新闻媒体对于战争带来的死亡图像的使用往往非常谨慎，甚至成为一种禁忌。有学者甚至认为日俄战争中，日本媒体回避死亡图像有利于本国，"恰是因为无法表现（军官广濑武夫的）死亡，'军神'的神话方才得以成立"②。

中日双方在甲午战争中均伤亡惨重，晚清画报对之进行了大量正面描绘。图 5.1 和图 5.3 即再现了甲午战争中两种主要的死亡原因：交战与疾病。正如上文所述，对战场的正面全景式描绘是《点石斋画报》战争图像的显著特征。像图 5.1 中这样戏剧性的描绘敌我双方在战场上你死我活地肉搏血战图像在《点石斋画报》中比较常见。也就是说，《点石斋画报》完全没有按照媒体一般会回避死亡内容这个传统去考虑问题：图 5.1 在近景中生动地呈现出日军士兵被清军士兵砍杀的瞬间，而图 5.3 中日军士兵或病死或剖腹，无不正面展示在画面当中。画师虽然不能在战场上观看，却采用全知全能的视角还原了战场杀戮的场景。这种看似写实，实际上没有事实基础的浪漫想象与事实没有必然联系，甚至可能出现失实的情况。然而，这种想象性的、浪漫的、戏剧化的再现死亡也说明读者与画面内容之间从空间到心理距离的遥远。

画报读者与发生在朝鲜半岛的战争之间的关系主要是消费与被消费的关系，而不是那种荣辱与共、唇亡齿寒的关系。换句话说，阅读者对这些伤亡图像的反应并不直接影响战局，而画报能否提供有料的谈资却要影响

---

① 曾恩波：《世界摄影史》，艺术图书公司，第 139 页。
② ［日］红野谦介：《明治三十年代的杂志〈太阳〉中新闻照片的变迁——如何导演"真实"》；陈平原、［日］山口守编著：《大众传媒与现代文学》，新世界出版社 2003 年版，第 28 页。

画报的发行量。提供故事自然比呈现事实更有市场。既然朝廷在与外国的冲突中的胜负并不会让市民读者从切身利益的角度去考虑利害关系,而只是从消遣、娱乐的角度去消费故事,那么,市场化导向的《点石斋画报》不关心其战争图像真实性的做法就并不奇怪了。

三 心理与现实的矛盾

除了直接描绘战争场景的图画以外,另一类甲午战争图像则主要再现与战争有关的侧面内容。

图5.3是《点石斋画报》乐卷上另一类甲午战争图片的代表:这类图画并不直接描绘战斗场面,而是针对战场以外的不同战争侧面。该图题为《倭兵无状》,在一个画面中分别描绘了三件事:日军霸占租界内的水井、寻衅英国领事夫妇以及剖腹自尽。这三件事发生在不同时空,画师将它们安排在同一画面中试图说明日军不仅士气低落,还无法无天,是危害一方的祸水。此图在形式上的有趣之处在于它突破了单幅静态图像通常只描绘一个瞬间的局限,通过将不同时空发生的具有类似所指的事情同时呈现在画面中,从而强化了日军士兵"无状"的具体内容和严重程度。类似的时空表征模式在中国美术史上早有先例。[①]

当时的读者在看到点石斋上刊登的这些图画时可能会产生一丝好奇:一方面清军大胜连连,日军溃不成军;另一方面日军的控制范围却不断扩大而且越来越频繁地出现在国内媒体的版面上,从以图5.3为代表的这类战争图像来看,似乎清军对于横行霸道的日本士兵完全束手无策。晚清画报及其画师对于战况无论是否知情,均会面对这样难以自圆其说的矛盾。中国人长期以来形成的在心理上对于日本的优越感在这里似乎扮演了关键角色,让人们宁愿置事实或逻辑于不顾也要做出明显自相矛盾的描绘。从附在《点石斋画报》图像上文字的遣词造句的方式即可见一斑,例如《牙山大胜》一图上有云:"……乃倭人不知利害,突于六月二十五六等日,有倭奴之名亚希玛者闻中国六军将到,深恐四面受敌,无处逃生,遂

[①] 例如五代南唐画家顾闳中所绘之《韩熙载夜宴图》,描绘画中主角韩熙载在不同时空中不同的夜生活。参见吕胜中《造型原本:看卷·讲卷》,生活·读书·新知三联书店2002年版,第81页。

率倭兵四千余人前来攻击。"①"然而倭兵不悟也,岂不可哀也兮。"②"倭人""倭奴"等带有强烈歧视内涵的称谓,"不知利害""岂不可哀"等表述都令叙述者自负、轻敌的心态跃然纸上。而正是这种心态让《点石斋画报》在当时中国城市市井文化中获得共鸣,从而赢得市场。

图 5.3 倭兵无状

资料来源:载《点石斋画报》第十一册,上海画报出版社 2001 年版,第 195 页。

虽然内容不同,但是以图 5.1 和图 5.3 为代表的晚清甲午战争图像存在一些共同之处:它们将战争想象为遥远时空中事不关己却令人好奇、供人品评的谈资,而不是与自己利益攸关、有切肤之痛的惨烈冲突。从这些战争图像的描绘中既看不出甲午战争的惨败直接导致中国失去对朝鲜半岛的实际控制,也看不出中日两国在 19 世纪中期同为受害者,经过几十年卧薪尝胆、发奋图强(晚清的洋务运动和日本的明治维新)以后已经逐渐清晰的角色变换:日本经此一战,从 19 世纪中叶被动挨打的落后民族国家摇身一变,逐渐崛起,成为称霸东亚的主要国家;反观中国,不但没有能够抓住洋务运动这最后一根救命稻草,扭转颓势,反而被有类似历史

---

① 载《点石斋画报》第十一册,上海画报出版社 2001 年版,第 191 页。
② 同上书,第 195 页。

传统、在与欧美列强较量中明显处于劣势的日本击败,几乎彻底坠入国家发展的深渊。

四 《点石斋画报》的办刊宗旨与晚清的社会文化需求

面对这样令人绝望的世纪困局,晚清画报还能以这种超然的、消遣的方式来描绘战争、观看失败,着实令人感到惊讶和好奇。要理解这个现象,画报办刊宗旨与时代的社会文化需求是非常重要的两个切入点。

对于前者,《申报》创始人美查在发刊词中曾经对于《点石斋画报》的定位有过专门论述:"……其好事者绘为战捷之图,市井购观,恣为谈助,于以知风气使然,不仅新闻,即画报亦从此可类推矣。……"① 显然,提供谈资是《点石斋画报》的核心定位。通过提供谈资,报社获取利润而读者得到消遣。此时的石印画报还没有如后来画报那样强调诸如社会责任等方面的使命。这一点被瓦格纳的研究部分的证实:"从新闻到娱乐性故事的转化正是《点石斋画报》报导的标准特征。"② 故事对于当时的《点石斋画报》而言是核心要素:无论是图画,还是画面中的文字,无不是要结合文图的优势,讲述故事的前因后果,来龙去脉。能够引发读者兴趣的故事是画报所期望刊登的,至于这些故事的真实性则不是画报特别在意的方面。

当大众媒体意在提供谈资、以消费为宗旨时,自然会避免与任何利益相关方产生交集,而是倾向于置身事外、选择一种超然的旁观者视角来观看并呈现事件。这种立场使图像制作者(画师、摄影者)更可能采取第三者视角来观察、描绘冲突,其结果是冲突双方被同时描绘在同一画面中的可能性大大增加。这与只有一方(无论中方还是日方)出现在画面中所体现出观察者位置存在明显的差异。后一种情况因为观察者与冲突双方的某一方持相同立场(例如中方或日方摄影记者),甚至就是某方成员(例如中方或日方军方宣传人员),而在主客观两方面都不太可能给予冲突双方同样的关照(主观上敌视对方、同情支持本方,客观上也无法获得同等观察双方的机会)。这一点在对两种画报上有关中日军事冲突的图像展开的内容分析也能够见出一二。

---

① 尊闻阁主人:《点石斋画报》甲卷,广东人民出版社1983年版,第1页。
② [德]瓦格纳:《进入全球想象图景:上海的〈点石斋画报〉》,《中国学术》第2卷第4期(总第八辑),商务印书馆2001年版,第62页。

比较表 5.1 数据可以发现：描绘中日军事冲突的图像中，《点石斋画报》上同时出现中日双方的比例（45.5%）比《良友》（6.2%）多得多；而中日单独出现在画面中的情况中，《良友》的比例（占 68.8%，11 页）则比《点石斋画报》（45.5%，15 页）多。而《良友》上唯一一幅中日同时出现的图像是讽喻时局的漫画（其中将中日双方分别描绘为母鸡和耗子①），这与其他有关图像基本都是照片的情形明显不同。

表 5.1　　　　中日军事冲突图像对当事双方的表征②

	《点石斋画报》 n = 33	《良友》 n = 16
中方或日方单独出现的页数 及在各自画报相关图像中其所占百分比	15 45.5%	11 68.8%
中日双方同时出现的页数 及其在各自画报相关图像中所占百分比	15 45.5%	1 6.2%
其他情况*的页数 及其在各自画报相关图像中所占百分比	4 9.1%	25%

说明：*"其他情况"指出现非中日的其他国家人物形象或者无人物形象出现。

至于后者，李孝悌在评价《点石斋画报》与上海都市文化的关系时认为："以《点石斋》而论，1880 年代，特别是甲午战争以后，上层思想的激烈变化，并没有在城市通俗文化中产生深刻的影响。除了一些新兴的'奇技淫巧'和少数介绍西方女性地位的图片外，《点石斋》基本上还停留在一个没有除魅的前现代世界。城市的外观和新式器物，固然将上海一步步导入现代国际社会，但在心态上，《点石斋》呈现的仍是一幅魔幻、诡奇的乡野图像。"③ 在这里，我们可以将"乡野图像"理解为与"现代城市图像"比较而言相对保守、未开化、正待启蒙的类型。类似甲午战争这样国际的，对民族、对国家产生影响的重大新闻不仅超越了画报读者的想象

---

① 参见《良友》1931 年第 62 期。
② 本表及下文表 5.3 的数据基于对《点石斋画报》礼、乐、射三集（即出版于甲午年即公元 1984 年 1 月至 1895 年 1 月）上所有关于甲午战争的图像、《良友》第六十二期（出版于 1931 年）上所有关于"九一八"事变和《良友》第一百三十一期（出版于 1937 年）上所有关于"七七"事变的图像的内容分析。虽然两种画报描绘、再现这些军事冲突的图像尺寸不同，但是均以整页编排出现，所以本研究的统计、编码也以描绘相关内容的页为单位。
③ 李孝悌：《恋恋红尘：中国的城市、欲望与生活》，一方出版有限公司 2002 年版，第 188 页。

范畴,也超越了画师的想象范畴。人们对于世界的想象主要的仍然以家庭、乡村为主要单位,人与事均在这样的框架范围基础上展开。人们无法也不可能站在现代国家的高度去关注战争。因此,这类图像所描绘的内容无论是身边的,还是远方的新闻,都会被纳入这种前现代的乡野风格之中,即便像战争这样伤亡惨重、影响深远的重大新闻也会按照一种传统的、戏剧化的方式被描绘、叙述,成为眼界有限的读者消费、谈论的对象。

第二节 民国画报战争图像展示的国家神话

甲午战争过去三十多年以后,中日两国再次大规模兵戎相见于中国东北:1931年"九一八"事变爆发。随后双方摩擦、冲突不断,直到1937年"七七"事变爆发,日本发动全面侵华战争,两国从此走向历时八年的全面战争。此时,清朝的天下已经改朝换代到了中华民国,而日本则从明治时代经过大正时代进入昭和时代。中国画报的形态也从石印为主变为以铜锌版、影写版画报为主。1926年创刊的《良友》画报为代表的摄影画报对这些军事冲突的报道和再现是否随着时代的变迁而发生了变化?带着这个问题,我们不妨对这些战争图像展开进一步研究。

一 触景生情与行动命令

"九一八"事变以后《良友》从第62期开始报道,用连续三页表达国难当头的焦虑与急迫心情。前两页分别是南宋将领岳飞手迹"还我河山"和一幅漫画。① 图5.4是《良友》画报刊登的第三页也是第一幅照片,标题为《还我河山》,文字说明在吉林省拍摄,画面的主要内容是辽阔的平原及连绵起伏的远山,没有可以辨认的人的形象。文字说明写道:"国难暴临,情形极为严重。左图刊布我疆土风景,不知吾国人观此锦绣山河,感慨如何!"② 如果没有上下文以及这一段文字说明,读者很难将图5.4这张风光照片与发生在东北的"九一八"事变联系起来,更无法想象国难当头这样的主题。这种"触景生情"的图像表征方式是《良友》画报在报道中日冲突时反复使用的手法。类似情况在《良友》报道"九

---

① 漫画将日本描绘为觊觎鸡蛋的老鼠,而中国则是力图保护鸡蛋的母鸡。
② 载《良友》1931年第62期。

一八"事变和"七七"事变的内容中占31.5%。①

图 5.4　还我河山

资料来源:《良友》1931 年第 62 期。

与图 5.4 不同,图 5.5 是 1931 年 10 月 20 日刊登在《满洲日报》封面上的整版图片。画面主要内容是火车站台上挤满的密密麻麻的人,既有军人,也有百姓,左上角是一列火车。画面上方一行大字:"图说满洲事变",右下角文字说明非常简短:"下达行动命令。"画面与文字都有非常具体的所指:人的行动。而这些人的行动则是构成"九一八"事变的实际上的主要内容:日军采取行动占领东三省,东北军坐视不管,东北民众的生活饱受战火影响,等等。

虽然《良友》对"九一八"事变的报道并不限于风光照片,但是其摄影报道的方式显然既不同于以往的石印画报,也不同于同期的伪满新闻出版物。时任主编梁得所在第 62 期编后语中如是说:

> 此次日本暴行发生时,本期原已在付印,临时把已编好的内容抽换数页,刊布最近真相。……唯有一点我们预料——而且希望不出我们所料的——人民同赴国难的热诚,有增无减。②

可见,在这里,画报的目标不仅是报道事实,还对读者有所期望。这

---

① 《良友》第 62 期(主要报道"九一八"事变)和第 130 期(主要报道"七七"事变)共有相关内容 5 页(即"包含抽象内涵的页码数量")。详见表 5.3 数据。

② 梁得所:《编后语》,《良友》1931 年第 62 期。

种期望不仅要靠文字来表达，也要通过画面的形式来传递。这在《良友》画报的中日冲突报道中是一种常见的手法。问题是期望的主体是谁？对象又是谁？

图 5.5　满洲事变（"九一八"事变）
资料来源：《满洲日报》，1931 年（昭和六年）10 月 20 日封面。

二　国家召唤青年

《良友》第 64 期开篇即刊登着上海青年义勇军第一区总（指）挥陈昺德（图 5.6）的大幅照片。画面中青年将领陈昺德正在行军礼，目光坚定、表情肃穆。陈的面部和手几乎占满整个画面，其身后中华民国的青天白日旗虽然大部分被遮挡，但基本还能够辨认，并且与陈军帽上的青天白日徽遥相呼应。

照片的标题是"号角吹响的时候"，画面上有饱含理想与诗意的文字如下：

> 正义的号角吹响了，是青年准备的时候。仰望的心期待着，期待责

任使命的来临。一旦责任说道:"你应该去。"青年回答:"我必定去。"①

很明显,这些文字与图像的重点不在于提供具体的信息,而是要文图结合地创造出一种义无反顾、共赴国难的氛围,期望青年在"责任""使命"的感召下投身抗日。用阿尔都塞的术语来分析就是国家机器对于个体的"召唤"(interpellation)。

图 5.6 号角吹响的时候

资料来源:《良友》1931 年第 64 期。

要了解召唤的主客体,可以从文本的分析入手。《良友》第 64 期上面这段文字中,"号角""心"和"责任"是主语。这里"号角"和"责任"的所指比较隐晦:"责任"的主体是谁?是谁吹响了"号角"?仅仅从文字部分无法回答这个问题,然而照片背景中的青天白日旗与军帽上的青天白日徽无疑提供了重要的线索。读者在两相对照之下,不难明白编辑

---

① 佚名:《良友》1931 年第 64 期。

的一片苦心：国民政府代表的中华民族（国家/民族①）就是吹响号角以及责任的主体。

从"仰望""期待"等词汇可以看出另一个主语"心"是指青年的心。国家/民族招呼的对象就是这里的"心"。青年的"心"响应"责任"的号召，回答"我必定去"。从图像上分析召唤的对象，最直接的，当然是陈禹德。陈的眼神、表情、姿态明确地表达了响应召唤的决心。从文字上看，召唤的对象不仅是陈禹德，而是泛指的"青年"。文字部分要青年来响应国家、民族的召唤。如果画报的读者在看到这些文字与图像的时候热血沸腾，感同身受，在精神或者行动上回应召唤，积极支持、参与抗日，那么，可以说画报的读者成为被召唤的第三类对象。

表5.2　《良友》战争图像召唤功能的主客体分析

召唤的主体1	召唤的主体2	召唤的对象
国家/民族	画报（大众媒体）	陈禹德
		青年
		读者

画报希望这种文图结合的传播方式能够感化读者，召唤青年，形成举国上下同仇敌忾、抗日救国的洪流。无论是陈禹德、青年还是读者，在响应国家/民族召唤的过程中都在想象的层面上与自己的民族、国家产生彼此认同，确认自己作为中华民族这个抽象集合体的成员身份，从而将国家、民族的兴亡与个人安危关联起来。

实际上，按照日本学者的观点，早在中日甲午战争时期，日本大众媒体就曾经有意识地通过对战争的报道和再现建构民族身份认同。以《太阳》为例，日本大众媒体尝试使用新闻照片推动平民向"国民"的转化。日本学者红野谦介认为："为了这一场战争（指甲午战争，笔者注），明治政府将迄今为止纳入在平民范畴之内的人，改而划到了'国民'概念之下，以政策的方式推进作为国民共同体的文化统和。但是，'国民国家'并非仅凭当权者的方针便能够成立的。必须经过一个被指定为'国

---

① 这里的国家/民族概念即英文的nation，是近现代历史经过历次民族主义浪潮以后建立起来的民族国家。本章使用的"国家""民族"均指向nation这个概念。

民'的过程，必然会有一个发生于各个层次的无数事件造成龟裂与不和，并将这龟裂与不和推向一个不可视领域的过程。并且在着手建立'国民'主体之际，可以认为在感性、美学、欲望、视线的行为这些前意识领域里也发生过改组。"①

这里的问题在于，民族/国家这样抽象的主体如何在战争图像中获得其展示空间？如何与截取自具体时空中某个瞬间的战争图像关联起来？下面将从神话生成的角度分析这些问题。

三 战争图像中的民族神话分析

1. 神话概念

这里的神话是符号学领域的神话概念，不同于一般意义上指从古代流传至今的故事。用罗兰·巴特的话讲，神话是"一种言谈"②。特伦斯·霍克斯（Terence Hawkes）对神话的定义比较具体，他认为神话"是指一个社会构造出来以维持和证实自身的存在的各种意象和信仰的复杂系统：即它的'意义'系统的结构"③。

根据罗兰·巴特（Roland Barthes）的符号学理论，神话是在完成两级意指作用以后出现的，也就是说，特定的能指与其一级所指结合生成一级符号，此后其意指（signification）关系没有结束：这个一级符号会成为新的能指与二级所指结合生成二级符号④（参见图5.7）。一级符号生成以后进一步获取新的能指，成为二级符号的过程就是生成神话的过程。而这个过程对于本研究而言则是图像再现"国家/民族"的主要手段。

巴特认为，可以将完成第一级图像意指作用生成的符号看作"外延"（denotation）。通过此过程，图像能指因为与它的所指（画面中的景物、人物及其关系）联系起来而变得"完满"。而将完成第二级意指作用生成

---

① [日]红野谦介：《明治三十年代的杂志〈太阳〉中新闻照片的变迁——如何导演"真实"》，载陈平原、[日]山口守编《大众传媒与现代文学》，新世界出版社2003年版，第4—5页。
② [法]罗兰·巴特：《神话——大众文化诠释》，许蔷蔷、许绮玲译，上海人民出版社1999年版，第167页。
③ [英]特伦斯·霍克斯：《结构主义和符号学》，瞿铁鹏译，上海译文出版社1987年版，第135页。
④ 参见[法]罗兰·巴特《神话——大众文化诠释》，第171—176页；[英]特伦斯·霍克斯《结构主义和符号学》，第134—139页。

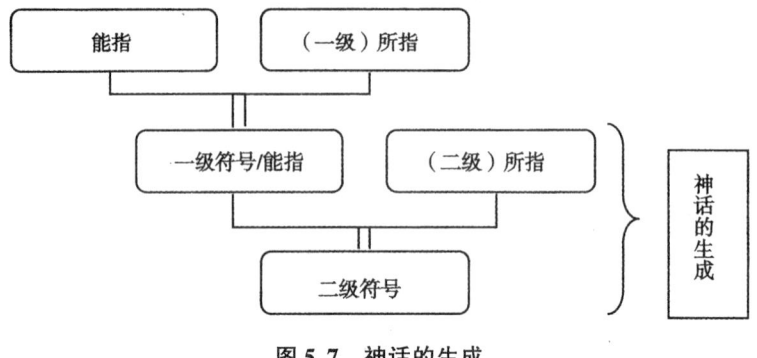

图 5.7 神话的生成

的符号看作"内涵"（connotation）。[①] 符号只有在完成两级意指，也就是被神话化以后，才能超越其外延（字面、画面或者其他形式）的含义，获得其抽象的内涵，所谓"言外之意"（或者"画外之意"等）。近代画报上刊登的一些战争图像之所以值得研究，正是因为它们在其具体的画面内容之外还有更抽象的内涵（即神话）。

对《点石斋画报》和《良友》上三次有关中日军事冲突图像的表征方式进行内容分析发现（表5.3）：《点石斋画报》对于甲午战争的描绘中没有在图像符号层面追求超越其外延的尝试（该类图像数量为零）。而《良友》上包含抽象内涵的页码数量明显增多（达到31.25%）。不仅如此，这些图像还以其迥异的表征以及引人注目的编辑手法（几乎所有这类图像都以单幅图像放大到整页篇幅出现在画报前三页，详见下文分析）让《良友》对中日军事冲突的报道带有显而易见的"画外之意"。

表 5.3　　图像是否包含两级意指作用后的抽象内涵

	《点石斋画报》 n=33	《良友》 n=16
不包含抽象内涵的页码数量及其在各自画报所占百分比	33 100%	11 68.75%
包含抽象内涵的页码数量及其在各自画报所占百分比	0 0	5 31.25%

[①] Roland Barthes: *Elements of Semiology*, translated by Annette Lavers and Colin Smith, New York: Hill and Wang, 1983, pp. 89-90.

2. 在历史维度上寻求意指的资源以拓展符号的内涵

1937 年 7 月的第 130 期是《良友》在抗战爆发以后出版的第一期，也是在上海出版的最后一期。① 图 5.8 是第 130 期上报道"七七"事变的第一页，画面中的主要内容是一位背对镜头、全副武装的士兵站在石狮旁边。士兵背对拍摄者，画面中看不到其面部，也无法确认其身份。画面略向右倾斜，石狮位于画面右上方，非常引人注目。照片上方有压图标题"卢沟桥事件"，标题下方小字说明"保卫卢沟桥之我二十九军战士"②。照片下方用中英文报道了卢沟桥事件大致经过以及当时局势。

图 5.8 卢沟桥事件

资料来源：《良友》1937 年第 130 期。

从生成神话的角度来看，图 5.8 在能指层面是"一位全副武装的士兵

---

① "八一三"事变以后，已经编好正在上海印刷的第 131 期连同原稿全部丧失。《良友》画报随后迁至香港于当年 11 月复刊，仍列为第 131 期，但内容不同。参见马国亮《良友忆旧：一家画报与一个时代》，生活·读书·新知三联书店 2002 年版，第 242—244 页。

② 载《良友》1937 年第 130 期。

站在石狮旁边",其所指分别是"二十九军战士"和"卢沟桥的石狮",它们的结合生成的一级符号所要传递的就是照片说明文字的大意"二十九军战士保卫卢沟桥"。如果要仔细分析,用"二十九军战士保卫卢沟桥"来指代文字标题和内容"卢沟桥事变",实际上还存在不止一次能指与所指的结合。为了简明,这里将这些结合全部纳入一级符号的范畴当中。而一级符号需要经过意指的环节才成为二级符号。

意指是让对象获得意义的过程。意义外在于对象。所以意指的过程总是让一级符号与其他所指结合的过程。这里的所指是不同于,且往往在范围上大于一级符号的所指,例如用"卢沟桥"指涉"整个卢沟桥事变的空间范围"时,后者的范围远大于前者。要让这样的指涉不突兀,能够被读者所理解,既需要摄影记者、图片编辑以特定方式呈现特定内容,又需要具有一定知识素养的读者。

所谓"特定方式"是指一般采用展示,而不是叙述的方式。展示是不强调或者没有时间维度的表征方式,而叙述则相反,时间是核心要素,在时间维度上前后展开的前因后果、人际关系是有限的画面之外还试图传递的内容。"特定内容"主要指:画面中包含有特定所指的抽象符号,例如石狮、国徽、国旗等。

画报选取这个场景作为报道卢沟桥事变的第一幅整页照片,与它具备上述特征有很大关系。正如日本学者在评论战争图像的生成时所说:"……在时间上空间上何处是战场的最前线、最富于戏剧性的瞬间何时到访完全是不透明的。"[①] 摄影记者只能从有限的视点去观看、拍摄战争,图片编辑只能选择更有限的图片来报道、还原战争。

士兵的身份不清晰、显眼的石狮,它们均被展示在画面中……这些因素都使图 5.8 更有条件在一级符号的基础上进一步与其他所指结合,获得更多、更大内涵。前提是读者具备特定知识素养:对特定抽象符号所包含的超越当下时空的内涵的背景知识。在这里就是石狮以及卢沟桥的石狮作为符号所必需的积累:有学者考证,狮子的形象早在公元 4 世纪,步佛教

---

① [日] 红野谦介:《明治三十年代的杂志〈太阳〉中新闻照片的变迁——如何导演"真实"》,载陈平原、[日] 山口守编《大众传媒与现代文学》,新世界出版社 2003 年版,第 21 页。

的后尘传入中国……被采用为佛教寺庙的守卫石像……①而卢沟桥及其上面的石狮则有更丰富的历史、文化内涵。②卢沟桥的石狮由此成为具有象征性的符号，可以用它来指代中国或者中华民族。看不到面部，身份不清晰的二十九军士兵有可能成为代表"中国军人"的一个符号。在此基础上，图5.8的内容能够与国家/民族的概念产生关联，它所传递的意义也就从"二十九军战士保卫卢沟桥"被极大地拓展，上升成为"（中国军人）保卫中国"的神话。

3. 新闻报道获得历史内涵的途径

与图5.8的情况稍有不同，图5.4拍摄了吉林省的自然景色，画面中没有类似石狮、国徽这样特别明显的抽象符号，其一级符号所指代的是"吉林的风光"或者最多如文字所言指代"锦绣山河"。这种战争图像如何被神话化，让它可以包含"还我河山"的内涵？毕竟单纯的风光景物并不包含"沦陷"与"收复"这样的动态结构，更无法涉及民族/国家的抽象议题。

这里不妨看一看同一时期《良友》画报的另外两页。

其中图5.9与图5.4刊登在同一期，影印了南宋抗金将领岳飞的笔迹，被置于该期画报第一页。虽然南宋时期宋金之间的矛盾在性质上与差不多八百年以后的中日矛盾并不相同：当时的还我河山中的"我"与日后中日矛盾中的"我"并非完全是同一个"我"。但是画报试图从历史维度上寻求抗日的正义性的用意却是明白无误的。这样做既明确了"河山"的历史归属，反证出日本觊觎东三省的野心；也在历史层面为寻求国家领土主权完整找到依据。由南宋时期的国土沦丧以及爱国将领收复失地的历史隐射眼前的危局，该图的标题也因此而直接命名为"还我河山"：用"我"指代"中华民族"，用"河山"指代"东三省"甚至"中国"。这都使图5.4从单纯指涉北国风光的一级符号有可能与国土的沦丧、民族的危亡等内涵结合起来。

除了从历史的角度晓之以理，画报也不忘动之以情。图5.4在文字部

---

① 詹姆斯·霍尔：《东西方图形艺术象征词典》，韩巍等译，中国青年出版社2000年版，第60页。

② 卢沟桥（亦称芦沟桥）始建于金大定十九年（1189），"卢沟晓月"从金章宗年间就被列为"燕京八景"之一。卢沟桥头立有清乾隆帝题写的"卢沟晓月"碑。北京有歇后语"卢沟桥的狮子——数不清"。参见曾勋、马良、王静编著《京西锁钥——卢沟桥》，吉林出版集团有限责任公司2011年版，第一、三、四章。

图 5.9　还我河山

资料来源：《良友》1931 年第 62 期。

分提及"暴日侵占之东北疆土……左图刊布我疆土风景，不知吾国人见此锦绣山河，感慨何如"！① 此情此景如何才能联系到救亡图存，特别是与抗日的主题相关联？《良友》的手法之一是"旧事重提"。

第 63 期第 11 页上，《良友》影印了甲午时期《点石斋画报》上有关中日甲午战争的时事画（见图 5.10），意在提醒读者以史为鉴，勿忘国耻。

> 本页各图，为光绪二十年之《点石斋画报》之时事画，甚有历史价值。今昔比较，见暴日野心数十年如一日。国难日亟，甲午惨剧重现目前。夫后之视今，亦犹今之视昔，国人当如何造成光荣之历史，供后世读史者之回忆乎！②

图 5.10 这一页以"旧事重提"为题，分别呈现了"大同江记战""鸭绿江战胜图""严鞫倭奸""倭奴无礼"四幅图画及其说明文字。虽然清末《点石斋画报》对于甲午战争的报道存在夸张、失实的问题，但在

---

① 佚名：《良友》1931 年第 62 期。
② 载《良友》1931 年第 63 期。

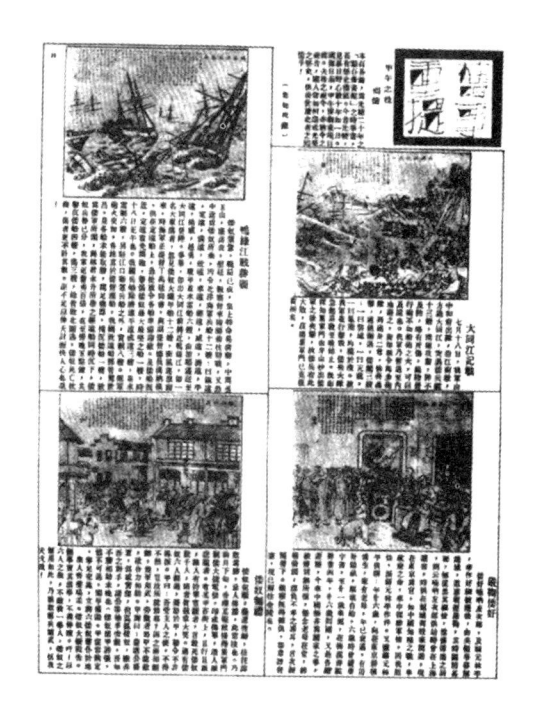

图 5.10　旧事重提

资料来源：《良友》1931 年第 63 期。

此处并不妨碍其内容成为一种警醒世人的手段。历史记忆是民族认同的主要来源，画报在眼前中日危机中重提三十多年前的旧事，为国人万众一心、同仇敌忾寻求历史依据。

类似《良友》这样直接复制其他媒体的原文原图来回顾历史的方式，在近代画报甚至近代传媒上都不多见。它创造了一种将叙述性图像纳入新的意指系统的策略，让历史上的图像因为其曾经被刊登、被阅读这个事实成为在新的语境下获得被重新阐释、重新理解的契机。晚清的石印战争图像在民国摄影画报上获得了新的内涵，从而有助于这些画报上民族神话的生成。

四　我们的国家，我们的战争

如果说本章第一节中分析的石印画报图像是一种乡野的、前现代的战争图像，那么，《良友》画报给读者呈现的则完全是另外一番景象。

显然，《良友》并不将读者视为与自己立场不同、利益无关的主体。

正相反，这些现代的城市画报无时无刻不将读者、自己（媒体）和国家民族视为一个巨大的共同体中的成员：在这个共同体中，无论是贩夫走卒，还是商贾政客；无论是城市居民，还是乡村野老；无论是高层领袖，还是下层百姓……都成为这个共同体中一损俱损、一荣俱荣的组成部分，自然也都为这个共同体的命运一齐开心、一齐悲伤……而这个共同体就是作为所有中国人想象中的归宿，也是作为现代民族/国家而存在的"中华民族"。

因为每个主体均是身在其中的一分子，所以画报采取一种带有强烈主观色彩的编辑方针来面对读者，言语间从来不避讳自己对读者抱有殷切的期望，希望自己能够对休戚与共的读者诸君产生积极的影响。这些都与晚清石印画报中将战争描述为一种遥远的、事不关己的、仅供消遣的故事的风格形成巨大的反差。

同样面对中日两国的民族矛盾，同样是敌强我弱的战争态势，同样是中国大都市商业化大众媒体的《点石斋画报》和《良友》，都采用图像作为主要的信息载体，但却采取了完全不同的图像表征方式来再现冲突。这一前一后的两种不同表征也是中国视觉文化逐渐从传统走向现代的不同发展阶段的表现，它既体现了也推动了中国社会的现代化进程。

晚清到民国不同时期画报上有关中日军事冲突的图像为读者提供观看、想象战争的平台与手段，画报上的战争图像对于战争的再现方式也在变化：从更注重内容的故事性和场面的宏大向通过图像生成民族神话的方向逐渐转变。同时，战争图像的定位也从人们茶余饭后的消遣谈资逐渐转变为召唤教育民众的手段。相应地，战争图像的读者也在不知不觉中从臣民逐渐向公民转变，个人与国家民族的关系也逐渐从"天高皇帝远"的疏离状态逐渐转变为"荣辱与共、休戚相关"的密切关系。

20世纪30年代，《良友》利用包括图像在内的各种符号建构神话，将一些看似没有关联的内涵赋予特定的图像符号，并且使之看上去不突兀，接受起来不困难，从而在不知不觉中强化读者对特定意识形态的接受。难怪有学者指出："神话化的最终目的不是化平淡为神奇，而是相反，化神奇为平淡。"[①] 这一点正是罗兰·巴特所描述的神话运作机制："神话并不否认事件，相反地，它的功能是谈论它们；它简直是纯化它

---

① 肖小蕙：《意识形态：权利关系的再现系统》，载陶东风、金元浦、高丙中（编）《文化研究》第3辑，天津社会科学院出版社2002年版，第197页。

们，它使它们无知，它给它们一种自然的和不朽的正当化，它给予它们一种清晰度，那不是解释的清晰，而是事实叙述的清晰。……在由历史进到自然时，神话经济地运作：它废除了人类行为的复杂性，它给予它们本质的简单，它远离了所有的论证，而回到任何立即可见的情况，它组织了一个没有矛盾的世界，因为它没有深度，这个开敞的世界沉迷于显明的现象中，它建设了一种极为幸福的明晰状况：事件似乎是自动意味着什么。"①

如果当读者在阅读《良友》画报相关中日战争内容的时候，认同画报的立场，感受到国家命运与个人命运不能分离并为日本一步步侵占中国领土而悲痛、焦虑，继而奋起反抗……那么，《良友》在唤起大众团结一致抗日救国这个问题上就发挥了积极的作用，同时，大众也在这个过程中不知不觉发展、清晰、坚定了自己的民族身份认同，使读者从一个与国家关系疏远的前现代社会成员转变成为一个对国家、对社会有担当、有责任的现代社会公民。正如马国亮所言："我们报道抗战……最大目的还是为唤起全国人民对暴日侵我的救亡意念，同仇敌忾，为保家卫国各尽所能。"②

小 结

《点石斋画报》与《良友》均为立足于上海的市场化大众媒体。考察二者在不同时代背景下对相似题材的图像表征，有助于了解清末民国时期画报影响读者的作用机制，有利于梳理近代中国视觉文化的流变，有助于理解近代大众传媒与中国社会现代转型之间的互动关系。虽然两种画报出版发行的时代不同，报道的内容也各有侧重，但是从视觉文化角度来看，图像对于军事冲突的再现方式从清末到民国时期却可能包含一种前后相继的演化过程。对于这一过程的考察、辨析，有可能从图像符号意指作用的层面了解晚清、民国时期媒介与受众（读者）关系的演进。

晚清到民国不同时期画报上有关中日军事冲突的图像为读者提供观看、想象战争的平台与手段，也经历了一个逐渐现代化的过程。在这个过

---

① ［法］罗兰·巴特：《神话——大众文化诠释》，许蔷蔷、许绮玲译，上海人民出版社1999年版，第203—204页。

② 马国亮：《良友忆旧：一家画报与一个时代》，生活·读书·新知三联书店2002年版，第248—249页。

程中，画报上的战争图像对于战争的再现方式也在变化：从更注重内容的故事性和场面的宏大向通过图像生成民族神话的方向逐渐转变。同时，战争图像的定位也从人们茶余饭后的消遣谈资逐渐转变为召唤教育民众的手段。相应地，战争图像的读者也在不知不觉中从臣民逐渐向公民转变，个人与国家民族的关系也逐渐从"天高皇帝远"的疏离状态逐渐转变为"荣辱与共、休戚相关"的密切关系。

下篇 清末民初画报教化功能的质性研究
——基于编辑按语和读者来信的分析

编辑按语在本研究中包括画报内页的编辑言论和每期开篇的卷首语。主要内容是编辑部对所刊登、报道内容的官方意见、评价或提示，绝大部分为文字材料，是编辑取舍、编排内容的权威说明。读者来信则是由编辑选择刊登在画报专门版面，主要表达读者对画报内容、形式的意见、建议，与其他读者交流等，后期也有直接提供报道。

除发刊词外，晚清画报的编辑很少在正文中直接对内容、编排或时事等内容发表意见，也很少直接刊登读者来信。所以，本研究在下篇的主要工作是针对 40 种民国时期的画报上所刊登的编辑按语和读者来信展开研究。①

根据现有资料，本研究涉及的编辑按语主要来自 39 种民国时期的画报，分别是《常识画报（高级儿童）》《常识画报（中级儿童）》《晨报星期画报》《慈航画报》《大晶画报》《大抗战画报》《大亚画报》《大众画报》《电影画报》《风月画报》《妇人画报》《工商画报》《华北画报》《滑稽画报》《解放画报》《精武画报》《竞乐画报》《卷筒纸画报》《联华画报》《良友》《玫瑰画报》《明星画报》《扫荡画报》《少年画报》《生命与健康画报》《时事画报》《世界军情画报》《双十画报》《苏州画报》《太平洋画报》《文艺画报》《西湖画报》《湘珂画报》《新华画报》《新天津画报》《星期画报》《游艺画报》《知识画报》《中华画报》。② 这些画报中的编辑按语（包括卷首语）总共有 361 篇文章。

本研究借助 Nvivo10 质性分析软件对数量巨大的编辑按语和读者来信进行分析，试图归纳出这些画报的编辑按语在表述上可能存在的潜在规律，并从读者的反馈意见中寻找可能存在与编辑按语相关的内容。

民国时期的画报中，《良友》是长期开辟专版刊登编辑按语且影响最大的画报。其刊登的编辑按语占总量的 36.8%（总共 361 篇，其中《良友》占 133 篇）。《良友》的编辑按语由不同时期的 4 位主编撰写，他们分别是伍联德（01—04 期）、周瘦鹃（05—12 期）、梁得所（13—79 期）、马国亮（80—138 期）。

---

① 其中 39 种画报上刊登有编辑按语，6 种画报上刊登有读者来信。因为有 5 种画报既有编辑按语也有读者来信，所以总共 40 种。
② 资料主要来源于影印本《良友》（参见下文参考资料部分说明）和全国报刊索引（民国时期期刊全文数据库，http://www.cnbksy.com/）上收录的相关画报资料，并通过该网站检索包含编辑按语的内容，从而得到研究对象。

其他画报上刊登的编辑按语共 228 篇。①

读者来信一般是读者对之前的报道内容或者编排形式的反馈意见，其后往往还会附上编辑部对读者意见的回应，也有部分读者来信直接为画报提供报道。《良友》是同期画报中最重视读者意见的画报之一。其刊登的读者来信的数量和篇幅在现有材料中拥有特殊的地位。② 根据现有画报资料的检索结果，读者来信来自 6 种画报，共 34 篇（其中《良友》发表 21 篇，其他五种画报共 13 篇）。③

基于以上情况，本研究的下篇将以民国时期的 40 种画报（也有个别地方涉及晚清画报的发刊词）为主要研究对象，其中又以《良友》为重点，对这一时期画报的编辑按语和读者来信中体现出的编读互动以及画报如何理解并实际执行其影响、教化的宗旨展开研究。

面对数量如此庞大的文本材料，课题组采用质性研究软件 Nvivo10 对文本进行多次、逐级编码，将近代画报上刊登的编辑按语从内容上归纳为四个方面：刊登的内容、刊登方式、表达观点以及自我意识与感知环境。其结构关系如上图所示。

Nvivo10 中的"节点"类似质性研究所指的范畴或类目（categories），是一种借由区分资料，形成初步资料类别的概念。专案中的原始资料必须

---

① 具体情况如下：《常识画报（高级儿童）》3 篇、《常识画报（中级儿童）》3 篇、《晨报星期画报》2 篇、《慈航画报》2 篇、《大晶画报》1 篇、《大抗战画报》1 篇、《大亚画报》3 篇、《大众画报》15 篇、《电影画报》11 篇、《风月画报》3 篇、《妇人画报》16 篇、《工商画报》3 篇、《华北画报》3 篇、《滑稽画报》8 篇、《精武画报》2 篇、《竞乐画报》11 篇、《卷筒纸画报》74 篇、《联华画报》8 篇、《玫瑰画报》1 篇、《明星画报》8 篇、《扫荡画报》1 篇、《少年画报》1 篇、《生命与健康画报》2 篇、《时事画报》2 篇、《世界军情画报》11 篇、《双十画报》2 篇、《苏州画报》2 篇、《太平洋画报》2 篇、《文艺画报》3 篇、《西湖画报》2 篇、《湘珂画报》4 篇、《新华画报》5 篇、《新天津画报》3 篇、《星期画报》1 篇、《游艺画报》4 篇、《知识画报》1 篇、《中华画报》4 篇，总共 228 篇。

② 同期出版发行的综合性画报中，《大众画报》也有刊登编辑按语和读者来信，但是其办刊周期较短（1933—1936），影响有限。而且《大众画报》是《良友》第三任主编梁得所离开《良友》以后创办的，风格与《良友》相似。而其他如《联华画报》《新华画报》虽然也专辟编读往来的栏目，但是它们都是内容相对专门化（例如以报道电影等为主）的画报。

③ 现有材料中，《良友》发表的读者来信占所有刊登的读者来信的大多数（61.8%），分别是《惭愧接受的一封信》（02 期）；《欢喜接受的一封信》（02 期、04 期）；《一个良友寄与〈良友〉的信》（07 期）；《良友编辑部列为先生大鉴阅》（10 期）；《读者通信》（25 期）；《读者广播站》（103—110 期、112 期）；《读者播音台》（111 期）；《良友茶座》（127—130 期、132 期）。其他画报的刊登情况如下：《国剧画报》2 篇、《电影画报》2 篇、《妇人画报》3 篇、《解放画报》2 篇、《联华画报》4 篇，总共 13 篇。

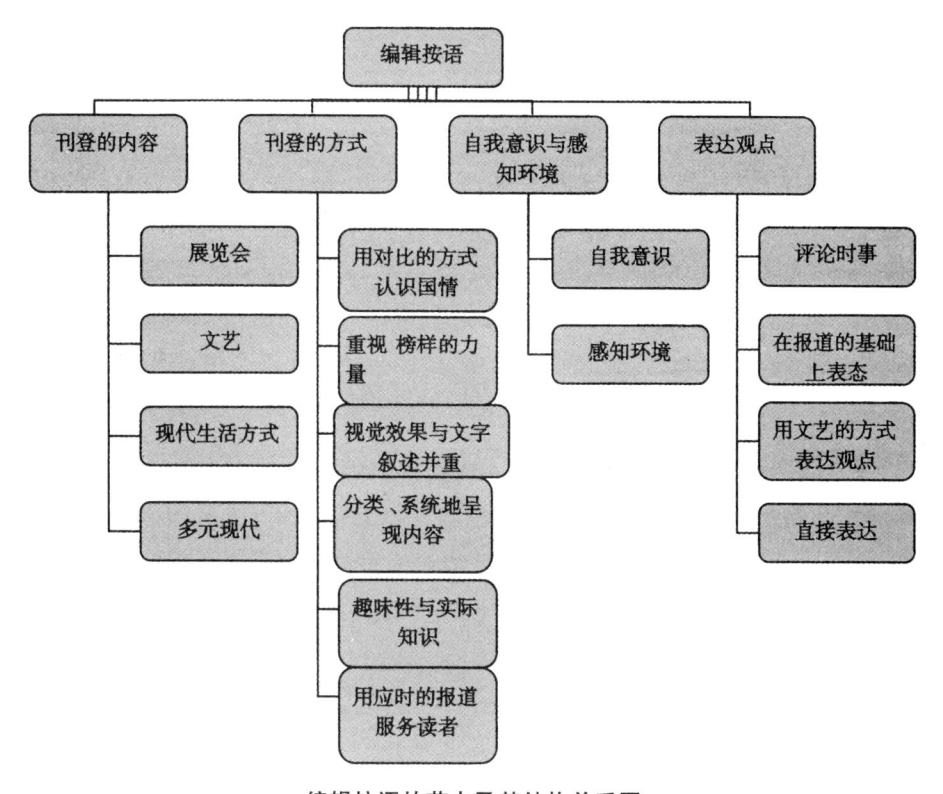

```
                        编辑按语
    ┌──────────┬──────────┼──────────┬──────────┐
 刊登的内容   刊登的方式  自我意识与    表达观点
                          感知环境
    │            │            │            │
  展览会    用对比的方式    自我意识     评论时事
            认识国情
    │            │            │            │
   文艺      重视 榜样的力   感知环境    在报道的基础
              量                          上表态
    │            │                         │
 现代生活方式  视觉效果与文字              用文艺的方式
              叙述并重                    表达观点
    │            │                         │
  多元现代    分类、系统地呈              直接表达
              现内容
                │
            趣味性与实际
              知识
                │
            用应时的报道
              服务读者
```

编辑按语的节点及其结构关系图

加以分解、比较及鉴别，运用概念化与范畴化来处理类似与异同的主题和事件，而节点即是关于某一特殊主题、地点、个人或其他关心领域集合的参照"[1]。

本篇即按照这个关系图展开对画报上刊登的编辑按语展开分析。并在此基础上将目光拓展到读者来信的材料。从编辑和读者两个方面探索画报如何实现教化读者的目标。

---

[1] 刘世闵：《执行研究电脑辅助软体常见词汇（二）：节点》，《教育研究月刊》2007年。转引自郭玉霞等《质性研究资料分析：Nvivo8 活用宝典》，高等教育出版社2009年版，第87页。

第六章

清末民初画报的办刊宗旨

在本研究所有涉及的画报中，在编辑按语或者创刊词中专门、直接表述自己办刊宗旨的刊物有 15 种，分别是《点石斋画报》《菊侪画报》《慈航画报》《华北画报》《联华画报》《精武画报》《太平洋画报》《竞乐画报》《玫瑰画报》《世界军情画报》《文艺画报》《知识画报》《中华画报》《大众画报》《良友》等。

通过分析这些画报中关于办刊宗旨的编辑言论，大致可以发现存在三种类型。它们分别是偏向实际内容的画报、偏向精神追求内容的画报以及综合性画报。虽然这些类型之间的边界并不十分清晰，有些甚至可能存在重叠，但是不失为一种了解、研究近代画报的有效途径。从办刊宗旨与内容特色角度对画报的分类有利于研究者全面、系统地掌握这一时期画报的总体情况，从而为理解具体画报中的具体内容提供相对可靠的框架。

第一节 偏向实际内容的画报

由于内忧外患，清末以降，中国社会普遍迫切期待能够找到立竿见影、药到病除的办法，解决社会问题，推进国家进步，造福芸芸众生。这在一定程度上刺激实用主义、功利主义的传播与兴起，在传媒内容方面体现为对实际内容的渴望与追求。在画报的内容设计与生产上则体现为对诸如电影、赛马、新闻、知识（科学知识、军事知识等）等内容的专门呈现。

一 电影推广

清末民初时期电影传入并逐渐在中国大行其道。特别是到20世纪30年代，电影业发展迅速：一方面，大小电影公司林立，不同内容、不同风格、不同立场的电影层出不穷，涌现出一大批影响巨大的编剧、导演、演员；另一方面，电影成为中国人，特别是大都市市民接触世界、体验现代的主要媒介之一，电影生产、放映、观看的各个环节共同作用，形成了民国时期都市大众文化一个非常重要的侧面。

由于电影与画报均天生具有倚重视觉、图像的特性，使出版业利用新兴的大众传播形态——画报来影响现有以及潜在电影观众的做法被各大影业公司所接受。由各大电影公司创办的，以介绍电影、演员、剧本为主要内容的画报在民国时期风行一时。据统计，仅仅在上海地区民国时期先后发行各种电影期刊多达207种。[1]

联华电影公司前身之一的华北电影有限公司是1930年以前主要的电影公司之一，其创办的《华北画报》也是早期由电影公司创办画报的代表。画报编辑明确了在《华北影报》基础上进一步创办《华北画报》的目的是"为电影智识之贡献与增进观众之兴趣"。

> 同人不知自量。已欲为电影智识之贡献与增进观众之兴趣。而创办华北影报。今更不知自量。又欲创华北画报。[2]

而1930年以后成立的联华影业公司更在创办画报这方面形成自己的特色：

> 除保持其一贯的格调，以严肃的精神对于电影艺术的理论与实际加以探讨与报道，并刊载严经净化的趣味文字……[3]

有研究认为"《联华画报》是一本对电影特刊的市场意识继承得最为

---

[1]《上海电影志》编纂委员会编：《上海电影志》，上海社会科学院出版社1999年版，第689页。
[2] 佚名：《编辑者言》，《华北画报》1928年第1期。
[3] 佚名：《编者的话》，《联华画报》1936年第7卷第4期。

彻底的附属性电影刊物，其文章内容和编排设置基本与联华公司的商业步伐保持一致……"①《联华画报》在一定程度上已经成为联华影业公司经营策略的组成部分。

> 我们这本杂志的"出版者"是新华影业公司，但是我们都没有打算到是在编辑某一个公司的机关杂志，我们正想借重这个助力努力于一切国产电影推动工作，而且在编辑方针方面，我们正在搜罗较有意义较有兴趣的各外国的电影上材料，来充实这个杂志。就是说，这是新华影业公司出品的杂志，不是新华影业公司所想占有的杂志。②

《新华画报》是20世纪30年代中后期上海最有代表性的电影画报，从创刊号上编辑的发言可以看出，这本画报虽然由新华影业公司创办，但是它的定位并不仅仅局限于公司电影的宣传，而是要用各国电影材料来推动与电影有关的工作。实际上，《新闻画报》通过"强调历史题材电影的民族意识，并且通过国外影坛影事的引介，来间接隐喻或有所指涉，从而启示和激发起国民大众的爱国情怀。……对大众起到了具有现代性意义的启蒙教育"③。

二 提供赛马信息

20世纪30年代中期出版的《竞乐画报》是上海地区颇有影响的专业体育类画报，专门刊登与赛马有关的各种信息。

> 吾人于前数期之本刊中，曾宣言此项刊物，固以提倡一切之运动为宗旨，然对于赛马，则尤愿力求详明。④

《竞乐画报》的编辑对该刊的定位非常清晰：主要针对赛马运动，发行范围限于上海市，目标读者是关心赛马的上海市民以及部分到上海的游

---

① 丁珊珊：《20世纪30年代上海"附属性电影刊物"初探——以〈联华画报〉、〈明星月报〉为例》，《南京艺术学院学报》2013年。
② 天衣：《编辑后记》，《新华画报》1936年第1卷第1期。
③ 游溪、徐晶晶、郭亚娟：《管窥〈新华画报〉中的孤岛电影与理论表达》，《美与时代》2014年。
④ 佚名：《编者片言》，《竞乐画报》1936年第2卷第2期。

客。这一方面可以见出上海作为近代中国第一大都市在发展水平上独步全国的绝对领先地位,也说明国内不同地区发展水平的巨大差异。这种目标清晰而针对特定群体的编辑方针虽然在综合类画报中不太常见,但是对于特定领域的专门类画报却相对最具有可操作性。

三 报道新闻

一般而言,画报因为内容和技术方面的原因,出版周期相对较长(一般为月刊、半月刊,少数为周刊、三日刊,日刊非常罕见)大多数不以新闻报道见长。但也有少数画报声称要将时效性放在首位,报道新近发生的事实。以文艺内容为主的《玫瑰画报》便是一例,其编辑认为:"此后本版编辑的目标,最高的原则是要有时间性……"[1]

《玫瑰画报》每周出版两期,时间间隔在画报中可算非常短,在一定程度上能够保证编辑想法的实现。这种颇具特色的编辑思路在近代画报中也可谓独树一帜了。

四 普及新知

在"科学"与"民主"这两大启蒙力量的影响下,科学知识是清末民初画报普遍关注的内容之一,其中一些画报的主要办刊宗旨即介绍科学知识,创刊于1936年的《知识画报》便是其中的代表。《知识画报》的编辑在创刊号上即表达了不同于多数同时期其他画报内容的想法,声称要利用图像来专门介绍科学知识:

> 文化两字包括一切的学问,但专为大众介绍世界科学知识的工作,以图片介绍实况的工作的,似乎还没人注意。也许有人以为这并不是什么了不起的事情,因而不屑去做。但我们的私衷,却颇觉得介绍实际知识比介绍什么抽象的学问还来得重要,既然没人愿要干,我们只好自己来了。结果就是这一本刊物的诞生。[2]

《知识画报》认为"理想中的读者的对象也不是什么专家,却是为一般渴求普通知识的大众。凡一切过于专门艰深的,我们都不要,虽则我们

---

[1] 佚名:《编者小言》,《玫瑰画报》1936年第3期。
[2] 佚名:《致读者》,《知识画报》1936年第1期。

也敢相信,当一个专家拿起了这一本刊物时,他未必会说是浅薄,因为他们所知的,也未必如这里所有的广博"①。对于《知识画报》而言,因为主要面向普通大众,画报的主要内容基本上并非什么"新事物",不过是在其他地方(西方发达国家)已经为人们所知,但还未在中国普及的知识。

五　介绍军事知识

20世纪30年代既是画报蓬勃发展的时期,也是全球各国战云密布、动荡不安的时期。到1935年《世界军情画报》创刊时,第二次世界大战已经局部开战。从欧洲大陆到远东各国或积极备战,或严阵以待,战争的阴影一步步笼罩全球。国内随着"九一八"事变爆发,中国面临生死存亡,战争不可避免逐渐被多数人所相信。在这样的背景下,《世界军情画报》从创刊号开始反复在编辑发言中声明创办军情画报的必要性和迫切性:

> 各国对军备刻意求进,新兵器日有发明,军队机械化,毒气死光,将为未来大战中之利器。各国举行军事操演,防空演习,已日有所闻。取鉴于人,借以求进,观他国攻取之方,谋自身防御之策,军人固将观摩研讨,民众亦应备为常识。因感于文字记载之不易普遍发生深切印象,爰有世界军情画报之发刊。②

画报当时设想不仅面向军人,也有益于普通民众,主张"纯为介绍事实,不参议论;取材皆有所本,文字仅具说明。事涉双方,决对居于中立地位;关系国交,尤当恪遵敦睦邦交明令"③。然而,这个中立的申明刚刚发表不久,即受到舆论怀疑。《申报·业余周刊》发表评论文章认为以当时的情形来看,不可能做到绝对中立。④从该画报后来刊登内容来看,该宗旨实际上也并没有贯彻执行。

---

① 佚名:《致读者》,《知识画报》1936年第1期。
② 明耀五:《为发刊世界军情画报致读者》,《世界军情画报》1935年第1期。
③ 同上。
④ 明耀五:《致读者》,《世界军情画报》1935年第2期。

第二节 偏向精神内容的画报

画报呈现图像辅之以文字，出版周期相对较长，内容丰富，便于读者仔细、深入、反复阅读……因此，除了上面诸种以呈现相对较"硬"内容的画报以外，近代出现了不少提供较"软"——偏向文艺、消遣内容的画报。实际上，20世纪二三十年代也有不少画报声称要在这个方面发挥所长，服务、教化读者。

一 普及艺术

与《良友》同年出版的《太平洋画报》从一开始便明确自己作为艺术类画报的定位，试图通过各种艺术内容的呈现感染、教化读者。

> 我们自己是这样立志着，绘画文字将尽力的艺术化，表现高尚的人生意味。我们努力的希望，非但跟着时代跑并将领着时代来。①

值得一提的是由上海精武会主办的《精武画报》也声称自己的宗旨是"提倡艺术"②且刊登了大量摄影艺术作品。

二 提供消遣

20世纪30年代由叶灵凤、穆时英主编的《文艺画报》在当时文艺类画报中颇有影响，内容涉及电影、漫画、木刻、书趣、游踪等内容。编者在创刊号上很委婉、文艺地表达了自己的宗旨。

虽然一开篇它并未承认其目标是提供消遣："假如一定有人要问：到底为什么要出这个杂志呢？我们的回答是：（为了建设中国文艺，为了教育大众，为了涵养性灵，为了提拔无名作家……我几乎要这样的写了。）实在什么都不为。只为几个人要发刊一个小杂志，恰巧有书店肯出版，同时也预料着或者有两三个同道的读者，于是这本《文艺画报》便诞生了。"③但很快便笔锋一转，声明无意发表沉重的文章，而志在提供轻松

---

① 佚名：《编者语》，《太平洋画报》1926年第1卷第4期。
② 佚名：《编辑者言》，《精武画报》1928年第11期。
③ 佚名：《编者随笔》，《文艺画报》，创刊号，1934年。

内容的想法："不够教育大众，也不敢指导（或者该说麻醉）青年，更不想歪曲事实，只是每期供给一些并不怎样沉重的文字和图画，使对于文艺有兴趣的读者能醒一醒被其他严重的问题所疲倦了的眼睛，或者破颜一笑，……我们的努力，只想贡献一点不过分吃力的读物而已。"①

这种旨在提供消遣的方针在民国画报中并不具普遍性，例如与《文艺画报》关系紧密的另一种画报《六艺》在风格上则有些不同。"《六艺》比《文艺画报》晚一年创刊……两刊主创中有多位重复，而比较起来，《六艺》在态度上则较为严肃。"②

三 宗教诉求

以宗教诉求为宗旨的画报在中国的出现可谓早有先例：中国最早的画报，由美国传教士范约翰于1875年所办的《小孩月报》中即包含大量宗教内容。"《小孩月报》有许多纯宗教内容的文章，如几乎每期必有的栏目'圣经古史'，以及经常出现的'教事近闻'、赞美诗、祷告文等。"③

在现存的宗教类画报中，直到20世纪30年代的《慈航画报》作为观音信仰的宗教画报在上海创刊，产生较大影响。主编刘仁航"是诗人、佛学家、哲学家、养生学家、素食主义者、女权主义者……"④使《慈航画报》在宣扬佛法、提倡慈悲救苦事业之外也广有涉猎：

> 应用最新美术卫生文化科学，提倡慈悲救苦事业。改造人心，锻炼身体，于家庭建设，报恩伦理，于社会试办工读合作新村，于海外提倡侨胞合群能力以弘法布道。⑤

有学者在有关《慈航画报》的文章中认为："图片众多且质量上乘，是该刊在众多民国佛教期刊中最显著之特点，立足国内，远涉海外……该刊不仅仅刊出佛教界的消息，对一些科技人文的介绍也屡屡得见"，甚至

---

① 佚名：《编者随笔》，《文艺画报》，创刊号，1934年。
② 侣伦：《〈六艺〉与〈文艺茶话图〉》，《书城》1998年。
③ 郭舒然、吴潮：《〈小孩月报〉史料考辨及特色探析》，《浙江学刊》2010年。
④ 郭汾阳：《刘仁航先生小记》，《博览群书》1999年。
⑤ 佚名：《慈航画报编辑例》，《慈航画报》1933年第1期。

"宣扬女性中心地位,以及养生的主张,都在该报里面出现……"①《慈航画报》包罗万象的办刊特点可见一斑。

第三节 综合性画报

清末民初画报中,影响最大的种类是综合性画报,例如《点石斋画报》《北洋画报》《良友》《中华画报》《大众画报》,等等。这些画报在发行量、发行范围、采编水平、印刷质量、社会影响等方面都在当时的中国画报中处于优势地位。近年兴起的画报研究也主要针对这些画报。②

从《点石斋画报》的发刊词可见其创刊既是图像作为一种相对直观的信息形态为时代所需的大势所趋,也因为微观层面的具体新闻(中法战争)所刺激,意在作为市井谈资而推出。编者设想读者阅读画报时"色舞眉飞"的场景。此时,画报作为消遣手段的想法尤为明显。

> 近以法越构仇,中朝决意用兵,敌忾之忱,薄海同具。其好事者绘为战捷之图,市井购观,恣为谈助,于以知风气使然,不仅新闻,即画报亦从此可类推矣。爰倩精于绘事者,择新奇可喜之事,摹而为图,月出三次,次凡八帧,俾乐观新闻者有以考证其事。而茗余酒后,展卷玩赏,亦足以增色舞眉飞之乐。③

晚清也有志在启蒙的综合性画报,例如《菊侪画报》。其发刊词明确宣称"论到菊侪出这种画报,虽说是种商业,内中可关乎着开通民智的意思,较比卖画儿为业差强"④。虽然其知名度有限,影响力也不如《点石斋画报》,但是《菊侪画报》编者的自我身份认同显然有别于《点石斋画报》以通过提供谈资牟利的定位。

另外,作为晚清综合性画报的代表,《点石斋画报》并未如后来在民

---

① 黄夏年:《民国时期的佛教报纸〈稀见民国佛教文献汇编(报纸)〉序言》,《法音》2008年。
② 参见绪论第二节第一点相关内容。
③ 尊闻阁主人:《点石斋画报》甲卷,广东人民出版社1983年版,第1页。标点本见阿英《中国画报发展之经过》,《晚清文艺报刊述略》,古典文学出版社1958年版,第99—100页。
④ 杨曼青:《菊侪画报》发刊词(演说),见《清末民初报刊图画集成续编》,全国图书馆文献复制中心、国家图书馆缩微中心2003年版,第7250页。

初画报中比较常见的方式教化或者说引导读者作为主要目标。

20世纪30年代在天津出版的《中华画报》声称自己的宗旨是"表现时代精神,介绍艺术结晶,暴露社会内幕,暗示人生片瑕"①。虽然《中华画报》因为得到军阀资助而影响到内容,但是在总体上,这份画报在内容选择上与晚清的石印画报比起来明显更有社会责任感,也明显更期望不仅吸引,而且引导读者。

同一时期在上海创刊的《大众画报》总编梁得所在编辑按语对办画报原因的解释则更为详尽:

> 这种刊物,我们认为可供消遣,但不止于消遣。这是一个时代的缩影,人间事像纷呈,我们发觉自己亦在其中。……让这样的一种刊物在我们当中生长着,在时间的行程中前进,像过去的一年一样。②
>
> 大众画报的内容,早就趋向综合的性质。……举其大致可说不外"知识,艺术,修养"。一篇文章一幅画,有时包含三方面。但显明的类别起来,可以说时事科学照片和专论文字等等,是输送知识的;小说绘画是艺术的;题材撮作小品文字就多涉及修养。这三方面都是我们生活所需要,正如吃饭给我们热力,喝水血液畅流,吸空气保持健康。这三方面是各司一职的吗?又不是。由此可以明白综合性质的刊物,既有分类,又不能分类。③

梁得所将画报比作食物、水、空气这样的生命必需的条件,实际上对于画报的定位已经迥异于晚清的消遣定位。更进一步,他对于画报功能的理解并非分裂的,而是综合的。给予读者综合而且平衡的营养以保持其健康是综合性画报在精神层面担负的使命。这种通过画报来影响读者的思路与更早创刊的综合性画报似乎存在某种内在的联系。民国时期影响最大的综合性画报《良友》在其创刊号的开篇语中充满诗意地写道:

> 《良友》得与世人相见。在我们没有什么奢望。也不敢说有什么极大的贡献和值得的欣赏。但只愿,像这个散花的春神。把那一片片

---

① 谏果梦人:《向读者致辞》,《中华画报》1931年第1卷第1期。
② 梁得所:《编辑后记》,《大众画报》1934年第12期。
③ 梁得所:《编辑后记》,《大众画报》1934年第6期。

的花儿。播散到人们的心坎里去。①

  将自己比作"春神"并将新知识、新思想比作播散到人们心坎里的"花儿",非常形象地描述了《良友》的编辑方针与宗旨。《良友》这个"春神"所要做的主要工作是"散播"。这种"润物细无声"的影响、教化、启蒙方式可以说是以《良友》为代表的民国综合性画报最普遍采用的方式。作为《良友》第三任主编,也是对其办刊风格产生过重大而深远影响的编辑,梁得所离开《良友》以后创办《大众画报》,其编辑方针与宗旨在一定程度上具有延续性。

---

① 佚名:《良友》1926 年第 1 期。

第七章

从编辑按语看画报的内容选择

民国画报上刊登的多数编辑按语都会用相当的篇幅来介绍该期的主要内容。这种介绍是有选择、有重点的,编辑在这里可以引导读者去关注自己认为重要的内容。

多数画报在内容选择上多少都具有些包罗万象的特点,民国早期的综合性画报《晨报星期画报》便是一例:"故本画报每期取材,必求各种具备,有关于美术者,有关于时事者,有为风景,有属游艺,虽无定额,各有一二,以备各界君子,星期日休暇,手此一纸,都可消遣也。"[①] 但是画报在提供消遣的同时,也行潜移默化之事。经过归纳整理,研究者发现在编辑所强调的内容当中有四方面内容特别值得重视:展览会、文艺、现代生活方式以及体现多元现代概念的报道。仔细分析编辑言说这些内容的方式,对了解画报在内容上的取舍标准非常有帮助,并有助于进一步洞察画报对自身教化功能的理解方式。

第一节 关注展览会

对展览会的关注可以说是《良友》的一大特色,也可以说是它在内容上区别于同时期其他画报的一个比较显著的特征。《良友》编辑按语中涉及"展览会"的节点有21处之多,而其他画报则几乎没有特别关注。这部分内容主要是介绍各种展览会的情况,如刊登展出的时间、地点和展出作品。根据展出地点可分为国内展出和国外展出两种。前者主要是在上

---

① 佚名:《晨报星期画报》1926年第1卷第28期。

海等地举办的展览会,展出内容丰富,包括摄影展、艺术品展、工业展等等;国外的展览会有在伦敦举行的中国美术展览会,在法国举办的美术展览会,在欧洲举办的"万国报类展览会",在日本举办的国际摄影展览会,以及在巴黎举办的玉器展等。这些展览多由相关组织举办,不过像"全国木刻流动展览会"则是由国内各地热心研究木刻的青年们发起的。

本雅明将19世纪出现的工业博览称为真正的现代性的节日,认为以公开、展示为主要内容的展览会是现代的标志。《良友》作为大众传媒,选取参展作品、展品的照片来刊登,相当于对展览会中的作品进行二次展示,画报也由此成为一种新的展览场所。

在以下这段编辑按语中,编者让读者将画报上的松景照片视为松景展览看,将自己设定为陈列展品的展览场所,而读者则是参观松景展的观众。编辑对画报作为新型的展览形式的强调可见一斑:

> 黄山松景,似乎平平,可是拍出来也并不容易。其中有一两张因角度关系,由作者,冒险攀涉而摄得的。读者可作名胜看,亦可作松景展览看。黄山的松树,是被公认为全国最美的松树的。①

正如《良友》第45期的《编者讲话》所说:"刊物出版仿佛展览会,成绩比较之后,出品者和观众的眼光程度也同时提高。"② 画报通过刊登各类展品,在一定程度上以读者在不同时空的阅读、观看行为代替了观看者必须在博物馆、展览馆等同一时空才能一睹为快的传统的展览方式,更大范围地提升了不同读者的"眼光程度",从而实现教化的功能。

作为另一种展览形式,《良友》对展出内容的筛选有其自身的标准。有些展品的价值来源于少见。例如"漫画展览,前所罕见,全国漫画展览,更属创文"③。有些是意在强化、宣传特定的意识形态。例如在"振兴国货"的口号下,呼吁中国人用国货以求发展经济、推进工商业:"今年上海有国货时装展览会,亦为国庆声中的一件有意思之举。"④ 通过展览国货来呈现国家进步、民族崛起的发展态势,培养读者的民族自豪感。

---

① 马国亮:《编辑室》,《良友》1934年第91期。
② 梁得所:《编者讲话》,《良友》1930年第45期。
③ 马国亮:《编辑室杂记》,《良友》1936年第122期。
④ 梁得所:《编后话》,《良友》1930年第52期。

还有一些则是为了整理庞杂的内容，为读者提供所谓的系统知识（这一点下文另有论述，参见第八章第四节相关内容）。如"今后取材一部分是不含时间性而有统系的照片，即如上海所见的车，本来平淡无奇，但搜集一起，就很有意味"①。通过这种方式，让读者在有规律地阅读画报的过程中，逐渐了解、熟悉、掌握现代知识。

第二节 重视文艺

文艺受到民国时期画报的普遍偏爱，这类内容被当时画报大量选择。许多画报在编辑按语中反复强调自己对文艺相关内容的偏好，例如《妇人画报》曾经声明"欢迎富于时代性的轻松而幽默的文字，或其他一切关于文艺之稿件"②。

《良友》的创办者伍联德更是将书籍报纸视为普及教育、传播文化的重要方式，希望通过在刊物中引入文学艺术内容达到提高国民知识水平，振兴国家的目的。《良友》中就有大量的篇幅介绍文艺，在已收集到《良友》刊登的编辑按语中共有86处也与文艺有关。可以说，文艺是《良友》刊登的内容中数量最多的一类。总体上来看，这部分内容可归纳为两种类型：介绍文艺作品和介绍与文艺作品相关的人和事。

一 介绍文艺作品

《良友》的编辑按语中介绍文艺作品有24类，具体分类和数量见图7.1。这部分内容主要是对登载于当期的文艺作品作简单的介绍，包括作品名字、主要内容、作者名字等。

如图所示，相关文艺作品以小说、美术作品、摄影作品为主。其中，编辑选择小说的标准主要包括篇幅、文笔、结构、题材等几个方面，而现实主义的题材经常被刊登。从以下按语可以看出，编辑比较看重这些作品的社会意义和道德内容：

> 卢梦殊君的《十三夜》，这篇文艺使人读了要作呕，然而这就是

---

① 梁得所：《编后话》，《良友》1931年第53期。
② 佚名：《编辑余谈》，《妇人画报》1935第27期。

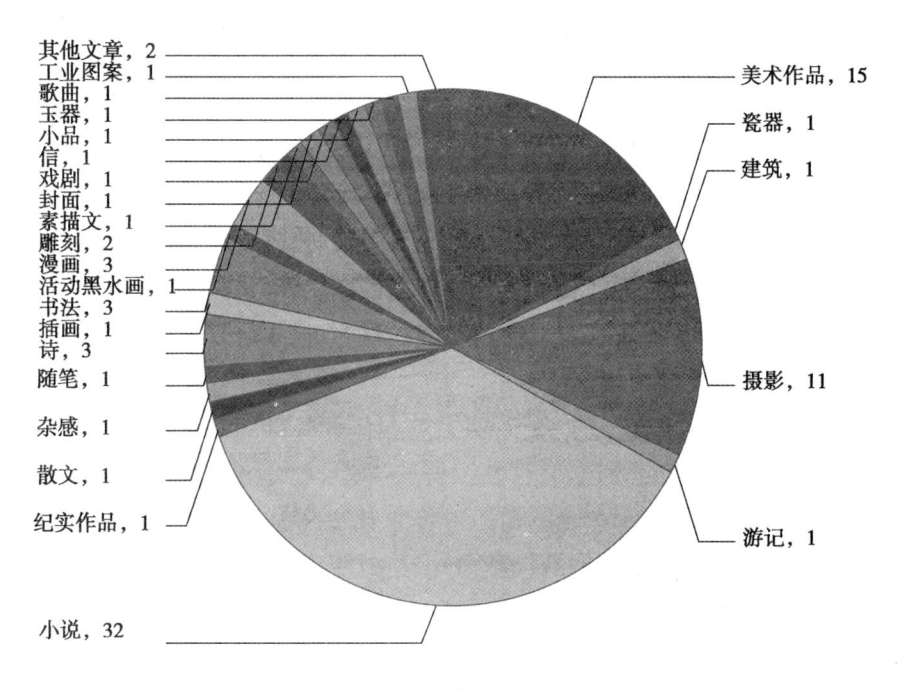

图7.1 文艺作品种类统计

美术作品,15; 瓷器,1; 建筑,1; 摄影,11; 游记,1; 小说,32; 纪实作品,1; 散文,1; 杂感,1; 随笔,1; 诗,3; 插画,1; 书法,3; 活动黑水画,1; 漫画,3; 雕刻,2; 素描文,1; 封面,1; 戏剧,1; 信,1; 小品,1; 玉器,1; 歌曲,1; 工业图案,1; 其他文章,2

伟大之点，卢君描写贫民窟里的状况，使作者仿佛能嗅着臭虫的气息一般。①

《归家》一篇小说中的主人是一个可怜妓女。描写妓院生活也许有人说是卑下，不过，照这篇来论，倘若我们以人类的同情心去看，我们就只有怜悯，我们就看见这黑暗污浊的人间，隐约还有人道与同情的呼声。②

这类小说选取现实题材作为主题，描写底层社会黑暗肮脏的场景，使读者在身临其境的同时激发起怜悯之心，进而引导读者关注黑暗的现实，谋求改变，具有重要的现实意义和社会意义。

除《良友》以外，还有许多画报也非常关注时代精神。与《良友》同时期的《太平洋画报》在编辑按语中声称："艺术是时代精神的表

---

① 梁得所：《编者言》，《良友》1928年第26期。
② 梁得所：《编辑余话》，《良友》1928年第27期。

现……我们很需要具有时代精神的照片画报和一切的文字……"①

编辑按语中介绍的美术作品主要包括绘画作品和绘画作品集。这些美术作品通常都因为少见而名贵。例如"就看第十八十九两页的中国美术品,我们见所罕见的杰作——高剑父君的雷峰夕照,将来到广州中山纪念堂里可参观原画"②。文中提到读者可以到广州中山纪念堂参观原画。一方面是意识到画报上的图像与原画毕竟在本质上不同;另一方面也反衬出原画珍贵的程度。《良友》对于自己通过现代印刷技术复制图像、文本来普及教育的优势了然于胸。在编辑看来,即便复制品与原作存在距离,但是让之前被束之高阁或者藏诸深山的艺术杰作通过媒体与普罗大众定期见面,用艺术品美育读者,显然是一件功德无量的善举。不仅如此,广义的艺术作品,例如书法、雕刻、玉器、瓷器、建筑,也在《良友》上拥有一席之地。如第10期的《至阅者》中编者介绍施德之珍藏的名贵瓷瓶时就说是把"稀罕之品共诸阅者同欣赏"③。在第21期的《编者讲话》中,编者提到刊登画家谢之光的国画书法作品也因为少见。

摄影作品主要刊登旅游风景照、新闻照片以及摄影展中优秀的作品。《良友》上刊登的摄影作品时常有多重用途。

旅游风景照涉及各地的风俗景色,例如南洋锡矿、北美风光等。在编辑看来:"这些照片既可做风景片看,又可增加我们工业上史地的见识。"④ 刊登这些旅游风景照不仅可使阅者陶冶情操,还能增长阅者见识,可谓一举两得。

画报编辑对刊登新闻照片往往也有多层考量。除了照片本身具备的新闻价值,还会从更宏观的层面来解读照片。

> ……中央步兵工兵学校军事的演习也是颇足珍贵的材料。世界备战的风云弥漫了全球,弱肉强食,中国既势不能不被卷入漩涡,则自己也应有相当的准备。这里的照片,看起来似乎颇足自慰。⑤

---

① 佚名:《编者语》,《太平洋画报》1926年第1卷第5期。
② 梁得所:《编者讲话》,《良友》1927年第19期。
③ 周瘦鹃:《至阅者》,《良友》1926年第10期。
④ 梁得所:《编辑余谈》,《良友》1927年第22期。
⑤ 马国亮:《编辑室》,《良友》1934年第91期。

这条新闻的主要内容是中央步兵工兵学校的军事演习,但是,从当时的国际形势来说,全球战云密布,中国身在其中,因此,提醒读者注意这样的大背景成为新闻之外的内容。

《良友》所登的另一些新闻照片则是因为其来之不易而显得珍贵。例如:

> 本期所搜集看出的南王被刺时的逼真情景,颇觉难得。摄影记者不避危险,于极大的纷扰中摄取当时情形,且有一记者竟因此而中流弹殒命,尤足使人感叹。新闻照片之价值在此,而画报之不可不读者亦在此。[1]

新闻摄影讲求抓拍的技巧,这需要记者眼疾手快,同时还要顾及周围的环境因素。南王被刺的照片便是记者在混乱的环境中不顾生命危险拍摄的,甚至还有一名记者因此丧命。对于出现时间不长,还处于发展初级阶段的中国新闻摄影而言,这些照片都可以像教科书中的案例一样影响后来的新闻摄影新锐。所以,无论从新闻本身的角度,还是从新闻摄影的专业角度,这些照片都可以说弥足珍贵。

二 介绍有关文艺的人和事

这部分内容大致可分为三类:艺术家、摄影家和演员。

艺术家主要有画家、雕刻家、书法家。艺术造诣是编辑选择介绍特定艺术家的主要原因。例如对雕刻家张充仁、画家黄宾虹等人的介绍。

早在辛亥革命时期,《时事画报》就对媒体刊登有关名人的图文发表过自己的看法:"就明星名妓言之、其价值在乎'明'与'名'、不明不名、观者实不感何种趣味、此亦'依稀为贵'之原则之结论也、若谓惟其不明不名、故借画报明而名之、则记者老实说、此非时事画报之任务。"[2] 由是观之,《时事画报》很清晰地意识到自己作为现代传媒的影响力,并且明确地认定自己不准备成为文艺人士获取知名度的手段。

经常为《良友》供稿的摄影家包括王小亭、庄学本等人。王小亭的

---

[1] 马国亮:《编辑室》,《良友》1934年第98期。
[2] 佚名:《编辑室》,《时事画报》1911年第1卷第2期。

作品包括在北平拍摄的学生步行到各处宣传的照片，以及历尽艰难险阻拍摄的五卅惨案的照片等等。庄学本的摄影作品也在画报上发表多次，多是关于西北边疆之地风景民俗农村风貌。

介绍电影及其相关人物是《良友》的一大特色，后来还专门创办《银星》等杂志刊登相关内容。在介绍国外或者从国外回国的演员时，《良友》往往会顺带涉及东西方文化异同、中外习俗的比较等背景知识的介绍，抓住机会为读者展示不同文化背景的生活、习俗的样貌，在娱乐内容中融入教化的因子。

在介绍留美电影演员黄柳霜时，强调她"如我们所理想到的一个久和世界人士周旋的电影女明星所应具的社交仪表"[①]。她既具有中国传统的特色的一面，有着一张东方女性的面孔，但也有受到西方文化影响的一面。正是这样，她成为中西结合的一个象征，而介绍她在西方生活的经历也帮助读者了解了国外的习俗文化：

> 宴刚从荷里活归国之电影明星黄柳霜女士及其介弟金树先生于新雅酒楼。黄女士这次是初次的返抵国门，对于中国的一切正重新起始认识。才坐下来便首先对本志赞美，她说在美洲或欧洲，唯一得到的祖国消息便是从我们这杂志。席中我们约她为本志撰述一篇投身美国电影界的经过。我们谈起许多成功人都是出身穷苦的时候，她便笑说看美国人对于穷苦出身的事多数讳莫如深。自己出身是在餐馆里做侍役的，他便告诉人说从前是餐馆的老板。英国人则比较老实。即使他出身是仆役的儿子，也无所隐讳，不以为辱。其实惟能于穷困中挣扎成功的更为可贵。美国人爱虚荣，英国人比较诚朴，两国的民族性可见一斑。[②]

《良友》的用意在这里也是显而易见的，通过介绍有西方生活背景的演员，引导读者了解异文化，并进一步认识到不同文化的差异以及中国在世界上所处的位置。

---

① 马国亮：《编辑室日记》，《良友》1936年第114期。
② 同上。

第三节　引介现代生活方式

《良友》编辑按语中关于现代生活方式的节点有 20 处。去掉一些零散、琐碎的内容，该部分基本上可以归纳为四个方面：体育与健康，现代妇女的生活方式，旅游以及公共设施。因为有关体育与健康、现代妇女生活方式的内容，编辑经常采用对比的方式展开介绍，所以在第八章第一节会专门涉及，这里不再赘述。

这些节点所强调的生活方式对于当时的《良友》读者而言仍然是新奇而令人羡慕的事物，更不用说对于大多数普通中国老百姓而言，这些内容更只是一种遥远，甚至虚幻的梦想。《良友》提供的这些内容对于当时中国的国情而言略显前卫，但画报正是利用这样超前的描述、介绍，为读者构造出了对现代生活方式的想象，客观上引领着国人迈向现代的步伐。

一　介绍旅游及其意义

作为一种典型的现代生活方式，旅游对于多数民国时期的中国人而言还很难理解。毕竟"父母在不远游"这样的传统观念在当时多数中国人头脑中仍然天经地义、难以撼动。社会成员以观光为目的的大规模远距离游历，是以现代社会让人们有机会脱离对土地、社群的依赖为前提，同时以对于更大空间、资源的内在需求为基础，也是与现代交通工具的不断发展、普及密不可分的。

《良友》编辑按语中介绍了不少关于中外景点的照片和游记。这类游记涉及日本、美国、南洋的国外旅行，也有对中国一些不为人知的景点介绍。国外的游记主要来源于《良友》编辑，日本的游记就是梁得所到日本旅行时所写，美国的游记多出自伍联德之手。介绍这些游记除了让读者感受国外的风俗景色外，同时也帮助读者增加地理知识和见闻。关于国内的游记和照片，画报注重对一些不为世人所知的景点进行介绍。《良友》第 85 期的编辑按语就谈到了这一点："中国版图辽阔，美丽可爱而不为世人所周知的地方实在不少，本杂志就是着意于这些地方的介绍。"[①] 中国土地辽阔，许多地方还未被国民所知，而《良友》通过游记这种有趣的

---

① 马国亮：《编者与读者》，《良友》1934 年第 85 期。

方式将这些地方呈现给阅者,从而构成了对国家领土更全面、更深入的认识,为进一步激发民族自豪感、培养民族认同感提供了条件。

二 介绍公共设施

公共(public)这个概念是现代社会的基石,但是在中国历史文化传统中并没有与之完全对应的概念。儒家思想中"家—国"体系对于个人与社会关系的描述更注重家庭、国家内部的私人领域,而个人与外部的关系除了亲朋好友的差序格局以外,就是皇帝与臣民的关系。因此,清末民初面临社会巨大转型,要推动并完成由"臣民"向"公民"的转型离不开"公共"概念的引介与普及。公共设施便是这些努力中非常重要的一环。

公园是为公民提供娱乐休闲的场所,交通是货物运输的基础设施,两者都是现代公共设施。"公园为一般民众游息之所,灌输普通常识,最宜利用。民众游园,日复一日,浸润既久,收效自大。"① 编者认为公园除了具有艺术之美可供欣赏之外,还有教育民众的功能。

在交通基础设施的问题上,《良友》编辑的评论颇有见地:"中国自来称为地大物博,但是交通不便,许多问题如原材料产品的运输,各地人民的隔膜不易团结等等,……许多货物从欧洲运到中国来,比在国内的互相运输更快和更省费,沿海诸省的人在几十年前已经接受到世界最新的思想文化,而国内内地还有多数人在过着原始时代式的生活,所以交通方面的建设若不切实努力,一切教育工业军事内政等问题皆无从谈起……"② 由交通运输联系到经济建设、思想文化的融合,进而涉及社会发展的所有方面。

第四节 呈现多元的现代内涵

在一般意义上,"现代"概念往往指向"新的、城市化、消费主义"等内涵,通常也在与"传统"的对比中获得"好的、进步的"的价值判断。但是,《良友》刊登的内容中所强调的关于"现代"的内涵以及切入现代的角度与方式都因为与通常所说的主流的、来自西方的单一现代概念

---

① 马国亮:《编辑室杂记》,《良友》1936年第122期。
② 马国亮:《编辑室》,《良友》1934年第95期。

不同而值得讨论与研究。在这里,"现代"并不仅仅指向"新的""时尚""都市""消费"等范畴,也包含"古老""传统""农村""启蒙"等复杂而多元的内涵。而且编辑对于现代和传统的呈现从数量到态度都不能简单地一概而论,而是只能针对具体情况展开分析。这一点也是《良友》异于,甚至可以说优于同期其他画报的重要特征。

《良友》编辑按语中与"现代"概念相关的内容经常出现,直接相关的节点有 20 处。基本上可以被归纳为三个方面:传统文化的现代呈现,对丑与恶的呈现以及对偏远地区的报道。

一 传统文化的现代呈现

在多数人心目中,《良友》代表着现代的、时尚的、西化的都市文化,其内容似乎给人一种国外重于国内、现代多于古代、城市强于乡村的倾向和特征。但是,经过对其编辑按语的质性研究,发现它对于中国历史文化传统的介绍并不弱于对西方文明的呈现。

传统书画是中国传统文化题材中比较典型的,被定期刊登、倍加推崇的一种艺术形式。书画包括书法和国画两个方面。编辑认为:"书法是我国美术的一种,海内外研究书法的当必不少。各种笔体写成的有意思的字句投来,本报将选刊以供阅者鉴赏……"[1] 除了书法这种地道的,只在中国或者东亚范围内作为一种传统而存在的艺术形式以外,《良友》也对不同于西方绘画传统的中国画做了专门的介绍。例如介绍国画家谢之光,"……大概我们都会闻其名,但我们所常看的是月份牌美女一类的作品,而绝少见其国书作品。月前在他家里,得见不少国书绘作,于是请借几幅,与照相一同刊出……"[2]《良友》对于国画的介绍往往将其与西洋画并列,既揭示出这些画作区别于西洋画的风格特征,也让国画在规格上并列于其他艺术门类,例如"《中国现代国画选》与《西洋画选》,谅亦为诸君所喜欢吧!我们计划每期各刊一幅,可作中国名画集看矣"[3]。这里西洋画与中国画被设想为读者所喜爱的艺术种类,被平等看待,并没有高低之分。

另外编辑按语中对中国传统瓷器的介绍也体现了《良友》兼收并蓄、

---

[1] 梁得所:《编者谈话》,《良友》1928 年第 23 期。
[2] 梁得所:《编者讲话》,《良友》1927 年第 21 期。
[3] 马国亮:《编者与读者》,《良友》1934 年第 84 期。

包罗万象的报道取材标准。"本期特别加一幅三色版印的《柴窑》古瓶，是施德之先生珍藏的。并得施先生另撰一篇《柴窑考》，把历史讲得很清楚，我们很感谢。"① 通过对历史脉络的梳理，编辑在呈现精美瓷器的同时，赋予这些艺术品更丰富的意义和内涵，让读者有机会接触到祖国灿烂辉煌的历史遗产。

二 呈现丑与恶

现代概念往往与进步、先进、美好的未来等内涵相关联，但是身在现代化进程当中的个体体验可能要丰富许多，不仅仅有那些光鲜的方面，也有令人难以启齿的方面。《良友》在其刊登的内容中并不会只选取那些正面的现代体验，也关注现代的另类体验，试图还原社会转型为每个社会成员带来的实际感受。例如本章第二节第一点引用过对文艺作品《十三夜》《归家》的评介。社会的发展、进步为人们带来现代化生活，以高楼大厦、百货商店、咖啡馆、电影院等为标志的光鲜的城市生活的背后，事实上也存在着现代的另一面。处于社会边缘、底层的苦难成员也是社会演进的后果，也需要获得现实主义的观照。

而类似《十三夜》《归家》这样的文学作品中所描述的贫民窟和妓院，正是现代社会的阴暗一面，它们也是现代转型带来的实实在在的后果。这些文学作品所展示出来的丰富面向，有助于读者更全面地理解中国的国情，获得与自身经验更真切匹配的现代概念。

三 报道偏远地区

通过分析《良友》编辑按语中的内容，发现这份画报虽然身处上海这样的现代化大都市，却时时关注中国辽阔疆域中不为外人所知的乡村、民族，经常安排版面刊登学者、记者、旅行家经过长途跋涉拍摄的偏远地区风土人情的照片，为城市读者呈现一个更全面、真实、具体的中国。

> 中央研究院庄学本先生前曾有小康之行，途中所摄照片，已在本志发表甚多，近庄君复随特派护送西陲宣化使护国宣化广慧大师班禅额尔德尼回藏专使有西北之行，事前我们已面约庄君将沿途所得供给

---

① 梁得所：《编者的报告》，《良友》1928 年第 25 期。

本志，今日有一函来谓已抵长安，日内即赴兰州。① 本志特约庄学本先生在西北所摄照片，第一批计百余张，已于日前寄到，今将西北农村的一部选编入本期，其余尚有青海风俗，中原文物等材料甚多，容当整理后陆续选刊，以飨读者。②

庄学本在中国西北、西南等地长期研究、拍摄的民族志影像是《良友》的常客。正如另一期编辑按语所说："我们认定调查民族是中国建设进程中很重要的一件工作，因为想防外来侵略，先要明了自身的状况。"③对于边陲少数民族的考察、研究与呈现在编辑看来都属于国家建设必不可少的一部分，并不会因为这些工作远离都市而降低对其价值、意义的理解与判断。从这个角度来看，吕新雨指出："如果把《良友》画刊的内容限定为表现都市文化和资产阶级生活空间，就限制了对画刊理解的范围，排斥了它积极表现劳动妇女、乡村社会、不同民族之民俗和各种世界图景与刊物宗旨的联系。"④

更进一步，《良友》站在国家、民族的高度来考虑问题，认为没有现代的、发展的农村就没有现代的、发展的都市，当然也就没有现代的、发展的中国。"国内农村的灾荒情形，近期本志已屡有披露。……我国以农为本，农村的被蹂躏固不仅它的本身受殃，换句说即是全国的灾祸。破产的农村不能挽救复元，畸形发展的都市也绝不能就此会挣扎存在。"⑤ 不但不回避中国农村封闭、落后，问题重重的状况，还积极提供信息、意见，试图有助于改变中国农村这种现状，从而有助于整个国家的现代化。这种看待中国问题的视角通常是身处庙堂的社会上层或者身在象牙塔中的学术界所缺乏的，也显然是理想化的、单一的中国现代化理论所缺乏的。

---

① 马国亮：《编辑室日记》，《良友》1936 年第 113 期。
② 马国亮：《编辑室日记》，《良友》1936 年第 115 期。
③ 梁得所：《编辑余谈》，《良友》1929 年第 42 期。
④ 吕新雨：《国事、家事、天下事——良友画刊与现代启蒙主义》，《读书》2007 年第 10 期。
⑤ 马国亮：《编辑室》，《良友》1934 年第 99 期。

第八章

画报呈现内容的方式与策略

刊登方式是指民国时期画报如何刊登特定内容，或者用什么方法刊登特定内容。不同的编辑、不同的组合方式往往代表不同的态度，所以通过分析这些画报的刊登方式，可以了解其对某一事件或事物的看法。在上海这座国际性大都市，面对现代性的冲击，作为公开刊物的《良友》不仅需要调整自己以适应时代的需要，更需要把握好方向，为民众指引道路，在这个时候，选择合适的方法显得特别重要。

通过编辑按语的分析，可归纳总结画报出最常用的方式包括：对比、利用榜样的力量，重视视觉效果和叙述技巧，对内容进行分类，系统地介绍，兼顾趣味与实际知识，用应时的报道服务读者六个方面。

第一节 用对比的方式认识国情

中国是一个拥有五千年古老历史的文明古国。在几千年的漫长历史中，中国一直习惯于接受来自各方仰望、羡慕的目光，地大物博、历史悠久都是几千年的历史遗留给中国民众的宝贵资源。然而，现代化的进程却打破了东西方原有的秩序格局。中国不再是别国的榜样，相反，许多西方国家成为中国不得不效仿的对象。在为自身定位时，以《良友》为代表的画报大多选择中国与列强、中国与落后民族、都市与农村女人、现代体育与传统体育等多对比较关系以便在比较中呈现近代中国的状况。

一 对比中国与列强

在这一对比体系中，《良友》提到中国不仅有弱的一面，也有强的一面。但是从表8.1中可以看出,中国强的一面仅仅指中国的国土面积大于列强、人口多于列强,从某种角度来说,这也是一种弱势。而列强的国家实力和个人生产力都是中国的上百倍,这不得不让人为之惊叹!

表 8.1　　　　　　　　　　中国与列强对比

	强	弱
中国	1. 人口多于列强三倍 2. 军政界令人瞩目	1. 只专注于军政界,埋没不少行业奋斗者 2. 国家实力弱 3. 生产力低下 4. 工商业落后
列强	1. 国力是中国百倍 2. 1个人的生产力等于中国300个	人口不及中国

所以,在与列强的对比中,中国根本是没有优势的,那些强的一面也是在为"弱"作铺垫。因为这些不足,在与列强"交往"时,中国往往是吃亏的一方,长此以往中国只会越来越没有出路,正如《良友》编者在第43期编辑"余谈"中所担忧的那样:

> 据经济学家统计,美国机器发达,每一个人的生产力等于中国300人。就算我们人口比他们多三倍,两国的实力相差百倍。因此对外贸易,我们一辈子吃亏,而且一年甚于一年,西北饥民今年吃草根树皮,恐怕明年连草根树皮也不够吃。华侨演剧筹款,国内募捐赈济,只可以使饥民久延残喘。倘若不能从根本上使人民有生产能力,那么,赈济款项用完之后,仍旧没有办法,民生的前途,仍旧未有出路。[①]

在这一段文字中,编者不仅为中国与列强在贸易中占弱势担忧,也为国内的现实情况忧心忡忡。在与列强的对比中,中国不仅仅是输在国家实力上,最根本的问题是生产力低下。美国人均生产力等于中国300倍是因为他们使用了机器,而中国只能靠人力。在没有科技的情况下,老百姓不能够改变自然条件,只能靠天吃饭。在遇到灾害时,只能靠救济维持生

---

① 梁得所:《编辑余谈》,《良友》1930年第43期。

计，而赈济的方式根本不能使老百姓摆脱贫困和饥饿。因此，在与强者对比的过程中，编者认为科技是限制中国发展的问题。而另外，"中国除了军政界人人瞩目之外，埋没了各界不少奋斗者"①，许多青年以为非投身军政界才能成功，在其他行业不能有所建树，这导致中国其他行业不够发达。比如工商业的落后使经济受到影响，波及老百姓的日常生活。因此，在与列强的对比中，科技和行业的多样性成为参考的重点。西方列强在经过工业革命的洗礼后，逐步走上科技的道路，而城市化的进程又导致行业多样性的出现，这些都是作为现代国家所必不可少的部分。然而在20世纪二三十年代的中国，科技还远未成为必不可少的内容。虽然经过"五四"运动后，"赛先生"慢慢进入大众视野，但当时还仅仅处于学术探讨的阶段，而此时又处于战争年代，军政界成为年轻人谋得前途的一大途径，黄埔军校的建立便是一大佐证。然而，《良友》认为和列强相比，"中国各面正在开垦时代"②，《良友》的责任便是做一头"开荒牛"，改变大家看待事物的观念，在各个岗位上为国家做出贡献。

《良友》这种眼见世界而心系中国的编辑思路在《大众画报》得到了延续："《欧游杂感》……读后尤足深思的，就是拿人家实况做镜子，处处足供览照，正如文中所云：'看见人家总是回想祖国，深叹任何民族的兴起皆有由来，而我们的受苦也非偶然的。'文中举述大小事例，以显兴衰之所在，而归结到'今后我们有加意虚怀努力之必要'。我们知道当今生存之道，不能不固结团体以相保，这便是我们国民重视国家的原故。无论情景如何叫人失望，我们积极的希企是永不会消灭的。……"③编辑按语中的字字句句无一不能看出画报编辑对比中外，以图发展中国的思路、策略。

二 对比中国与落后民族

在与列强的对比中，中国明显是弱势的一方，那和落后民族对比又如何呢？情况并不令人乐观。在和落后民族的对比中，中国多半仍然是弱的一方。如果说和列强的对比是物质上的，那和落后民族的对比则是精神上的，这种弱不在于国家实力而在于国家、民族精神。这些落后民族和中国

---

① 梁得所：《编者讲话》，《良友》1930年第45期。
② 同上。
③ 梁得所：《编辑后记》，《大众画报》1934年第8期。

相比都有相似之处，要么是被压迫者，如印度；要么是革命后民生凋敝者，如俄国。但这些落后民族在其国家领导人的带领下，或者在民众的努力下都走出了困境，可是中国却仍然在原地徘徊。在第54期中，《良友》甚至直接从多层分析视角批判中国现状：

> 被压迫民族之反抗，是现代历史的核心。印度反英运动方兴未艾，台湾反日的举动又起。本期发表台番和日兵战斗的写真，更译刊印度革命领袖甘地的自传，让我们从国画和文字双方面，窥见民族自觉的趋势。台番学识简单，未免有勇无谋，势均力敌日本的海陆空军，然而为求民族的出路，台番壮丁置生命于炮烟中，而他们的妻女多自杀，使出战的男人能无后顾而决死。火一般的生命力，在台番民族中燃烧着。反观我们正统的汉族，借别人的枪炮杀自己的兄弟；而在兵火饥贫中死剩的人民，依旧过着不冷不热的生活。印度国内阶级复杂，人心一向散漫，独立运动原本是极困难的，幸而还有一个好领袖，在躯体上似乎渺小的甘地，他的人格，主义，和精神之伟大，唤醒了怠惰的同侪，撼动了世界的思想。反观我们天天讲革命的中国，多少贪污领袖，即如最近被告发而拘禁的陈德徵之流，作革命的文章而过着官僚腐败的生活。比较之下，我们简直一额冷汗。被压迫民族的解放，系在热血，主义，知识，人格的实施，不在乎发宣言，贴标语，或呼口号。①

印度曾是一个民心涣散的国家，然而瘦小的甘地却可以用自己伟大的人格和精神唤醒怠惰的同胞，甚至撼动世界的思想。可是在天天讲革命的中国，领导人却贪污腐败，过着腐朽的生活。领袖的不作为是导致中国不如人的一个原因。而另一方面，中国的民众又互相残杀，导致无辜人民在战火中忍受饥饿和贫穷。其他落后民族的人民在民族压迫中能够燃起民族抗争的热血，甚至为民族解放献出生命，而这种反抗压迫的趋势也是现代历史的核心。然而，同样是被压迫的中国，领导醉心于享受生活，民众窝里斗，完全是一个还未觉醒的民族。《良友》刊登这些内容，以对比的方式呈现出来，就是为了使中国民众能够"窥见民族自觉的趋势"。而在呈

---

① 梁得所：《编后话》，《良友》1931年第54期。

现这些内容的时候，《良友》使用了图像和文字结合的方式，使内容更加直观和翔实，给读者的心灵以更大的震撼。

三 对比都市和农村的妇女

在关于现代性问题的讨论中，女性形象一直是很重要的一个话题。而在关于女性的探讨中，"都市女性—农村女性"往往形成一对比较关系。在一般的比较当中，人们习惯性地认为相对于都市女性的时髦、漂亮、现代，农村女性显得乡土、丑陋、传统。城市女性往往是先进、开化的，能够打破传统的束缚，快速接受新的观念和文化；而农村女性则是落后、愚昧的，往往是被传统所压迫的对象。但在第96期中，《良友》并未从这些角度切入，而是选择了两者相同的一面——都很忙碌。

> 《女人》一页，把都市和农村的女人生活作一比较，可见都市女人的忙碌，实不减于农村的女人，方式上所差无几，所不同者，是原质而已。在此我们得谢谢艺华影片公司的名片《女人》的主角黎明晖女士，和闵行农村里的一位某女士，为了她们费许多工夫和时间来表型给我们的记者拍摄。①

这里将都市和农村女性并列的意图，并不在于使用类似"城乡二元结构"中的优劣、上下关系来给予不同空间中女性以地位上的差异。恰恰相反，编辑所强调的是两者的生活状态"所差无几"。从"忙碌"这个角度去观察、评价女性，显然有别于从"时尚""现代""美貌"等相对容易赋予城市女性优越地位的角度。从某些方面来说，编者这里是将都市女性和农村女性都归入到同一体系——"女性"中讨论。只是这种女性特征是多元的。

女性的生活状态往往能够反映一个国家的文明程度。在中国传统文化中，女性一直是被"幽闭"的对象，她们所活动的空间仅限于家庭，而工作则是相夫教子。因此，和男性相比，女性受教育程度低且地位低下。然而，现代文明的到来把女性从家庭"解救"出来，她们也可以走入社会打拼，为家庭创收。这样，女性的活动空间便从家庭走向社会。在上面

---

① 马国亮：《编辑室》，《良友》1934年第96期。

这篇文章中,《良友》选择的都市女性是一位影片中的女主角。中国的早期电影是西方影响下的产物,而中国的传统戏剧中女性角色多由男性扮演,选择一位影片女主角的生活作为都市女性的缩影,可见《良友》是将这类女性当作都市女性的象征。和传统的女性相比,这类都市女性的活动空间已经从家庭走向了社会,就像在外劳作的农村女性一样。

另一些画报在如何对待女性的问题上比《良友》更迫切,持有比《良友》更鲜明的立场,明确表示画报的使命之一就是要引导读者尽快完成从传统向现代的转换。对于中国女性社会地位特别关注,有志于在思想、精神层面改变中国女性长期不平等地位的《妇人画报》声明:"本期特辑'时代女性的解剖'是我们在本期献给中国时代女性的一个小小的礼物,读者接受了这个礼物,虽不会从你恋人接到巧克力糖或旗袍料时那般觉到甘蜜的喜悦,但相信这能够给你们现代生活上有益的暗示。"[①]《太平洋画报》更指出:"社会上妇女的装束与姿态,我们实在不能满意,关于这一点,想多多的创作,多多的介绍,严正的矫正,非但要美观,而且也要经济……"[②]类似的表达在民国时期的画报上并不少见。这一方面能够看出画报编辑试图影响、教化读者的心理是多么强烈、多么迫切;另一方面通过比较,也能够看出不同画报在处理类似问题上所展开的有差异的实践。

四　对比现代体育和传统体育

现代"体育"的"育"本身即包含教育、教化的含义。民国时期的画报在宗旨上即与其有共通、相似之处。刊登与体育有关的内容成为媒体自然而然的选择。研究发现,体育是这一时期画报普遍重视的内容。

在谈到刊登与体育相关内容的原因时,《良友》就阐明是因为国民健康衰败,编者颇为忧心,因此在杂志中"摇旗呐喊",提倡民众健康运动。[③] 而《良友》这里的"健康运动"指的则是西方的运动方式。

《精武画报》编辑曾经表达对于西方现代体育增强体魄功能的认同:"我以为体育与美术都有密切关系。……须两者并重互相调剂。西方人士所谓文明其精神。野蛮其体魄。"[④]

---

① 编者:《编辑余谈》,《妇人画报》1934 年第 15 期。
② 佚名:《编者语》,《太平洋画报》1926 年第 1 卷第 4 期。
③ 马国亮:《编辑室杂记》,《良友》1937 年第 124 期。
④ 佚名:《编辑者言》,《精武画报》1927 年第 4 期。

现代体育诞生于西方,在中国的传统文化中没有"体育"一说。与身体的运动关系相对密切的仅武术而已。但是,中国传统武术与西方现代体育在形式上相仿,却存在许多本质的差异,正如《良友》在第46期中所说的那样:

> 现代竞赛的特征——关于这点,戴季陶会长在欢迎会中讲得很清楚,他的大意是说:"中国从前的打雷台和江湖卖武,形式上和现代的运动会相仿佛;可是前者以个人为本位,后者注重团体化的组织。"独夫拳脚的竞争时代已经过去了,现代竞赛的特征,是合小力为大力,合大力为更大力,各项球类比赛最足以证明这原则。由此推论到近世社会工商的竞争,也有同样的趋势。比如电影事业,M.G.M 公司和 Universal 合并,Paramount 又和 Warner Bros. 合并。说也惭愧,我们中国呢,每每和这趋势相反,就讲电影事业罢,大公司的导演退出来组织小公司,这事实年年都有。无论政治或社会,都趋向分拆,由大分成小,分到小无可小为止;由壮分成弱,分到弱无可弱为止。长此以往,在世界大竞争场中必定吃亏,我们所以要注重组合运动的训练。①

文中从体育的竞赛特征说起,谈到中国传统体育重视的是个人,以个人为单位,而现代体育则是重视团队的力量,"合小力为大力,合大力为更大力"。并且文章并未仅仅停留在体育的层面,而是从体育推展到工商业,将体育精神拔升到一个更高的层次,以说明和现代化的国家相比,中国缺少的是一种现代的眼光,只有抛弃老的观念,迎合现代潮流的趋势,才能够和其他现代国家一样。

《良友》这种由此及彼的方式使谈论的问题更加清晰明了,体育并非只是一种身体上的竞争,也是精神、观念的竞争。而工商业也是一样,在商业的竞争中,经济资本是基础,而竞争方式往往又能决定胜负。如果再将这个观念推广,无论是社会还是政治都是如此,将弱小的势力集合起来才能形成大的力量,唯有如此,中国才能在世界的竞争中不吃亏。《良友》由体育谈起,最终的落脚点却在国家的生存准则上,而推广现代体育

---

① 梁得所:《编者讲话》,《良友》1930年第46期。

则是为了将现代竞赛精神传播给国民,让"合小力为大力"的观念扎根于民众的头脑。

五 对比中国的优势与劣势

以上内容都立足于将中国与其他国家、民族进行比较,在"中国的缺陷和优势"这一节点主要是对自身优劣的分析。与其他参照物的比较可以找准自己的位置,而将自己的优势与劣势并列,则能更清晰、准确地把握自己。

表 8.2　　　　　　　　　　中国的优势和缺陷对比

缺陷	无业 窝里斗 不善经营 药石迷信
优势	有钱 祖宗留下"一大盘生意" 地大物博 文化古国 爱好和平 民性醇厚

通过对《良友》关于中国缺陷和优势表述的统计(如表 8.2 所示),我们可以看到,中国所拥有的优势和缺陷基本是持平的,但是在谈到这些优势的时候,《良友》往往是反思我们存在的问题,例如在第 43 期中说:"中国不患无钱,只患无业,倘若工商不能根本振刷,即使发现金山,结果仍然是穷下去。"[①] "现在的中国好比祖宗遗下一盘大生意,这承继的一班兄弟只管抽烟片,争家产。生意年年亏本。我们这一辈就生长于这样的破落户。"[②] 编者认为,中国其实是很有钱的,祖宗给我们遗留下一大盘好生意,但是自家的兄弟却只知道抽大烟、争家产,而却没有经营的能力,如果这样,就算留下金山银山也有被吃垮的那一天。所以,拥有这些优势纵然很好,但是民族的缺陷却可以使这些优势瞬间变成劣势。

所以,不管是与他者比较还是自身的比较,中国的劣势或者缺陷都令人心生叹息。在与他国比较时,编者认为中国不管是在国家实力还是在民

[①] 梁得所:《编辑余谈》,《良友》1930 年第 43 期。

[②] 同上。

族精神都不如人。在分析自身优势劣势的时候，则发现缺陷更令人担忧。中国是一个资源丰富的国家，历史也很悠久，但是中国人却不善管理，不懂得运用，导致许多物资我们无法享受，"我们天天叫穷，却把天然的宝藏丢荒着，想起来真有点可怪"①。比如在中国的边省有丰富的物产，可是我们却任其抛荒。中国的海产取之不尽，但是"我们只取了一小部分，其他大部分让别人予取予夺，我们自己袖手叫穷"②。在编者看来，这些都是积贫积弱的原因。如果要改变中国的现实情况，"现在应该有大批的人，抱着从前出洋过埠的冒险精神，去边省开垦荒地。世上最有作为的人，就是那肯用自己的气力与自然合作以谋生产的人。同时政府也应特别注重繁殖，如果以为这事艰巨而推诿，那么一切建设都可以推诿"③。

通过这样的对比，《良友》似乎在告诉国民，我们需要改变的地方还很多，仅仅依仗现有的资源根本无法实现民族自强，只有向优秀的民族学习才能经营好老祖宗留下的家业。

第二节 重视榜样的力量

画报是大众媒体，大众媒体是社会的公器。画报编辑当然明白这个道理，因此经常利用画报这个平台向读者推荐、介绍先进人物及其光辉事迹。

《良友》中有不少关于名人的介绍，并专设有《现代成功人士自述》和《中国现代闻人》栏目，每期介绍几位国内各界闻名之人。与对比体系侧重于揭示自身缺陷不同，纳入这个节点的都是一些优秀的、值得学习的对象。在反观这些成功者事迹时，才能给民族一些前进的方向和目标。正如《良友》在说明刊登《成功人士自述》时原因时所说的那样：

> 人生的路上是满生着荆棘。于是许多有志的人们因为受了那重重的苦恼而灰心了。灰心的人们呵且来读一读这些成功人的自述吧。你会知道世间上不幸的不单是你们，你会知道这些现在成了功的人们也会尝受过比你更为深湛的痛苦……由于他们的不幸；才造成他们的伟

---

① 梁得所：《编后话》，《良友》1931年第58期。
② 同上。
③ 同上。

大。因为这些刚健的灵魂们不轻易怨谤他们的不幸，这其间便有了最善良的人性。我们且从他们的怀中取得勇气吧！因为他们伟大的胸怀里涌泄着稳静的力和鼓人神兴的奔流。①

所以，这些榜样之所以重要，是因为他们都是经过重重困难才最终走向成功，也正是这些不幸才造就了他们的伟大。比如《良友》第117期介绍的发明豆油灯的钟灵氏，"九一八"事变之前他用压力原理研制出省油的豆油灯，但是"九一八"事变后，日军摧毁了他花十几万块钱经营起来的工厂，可是他并未气馁。他对油灯进行了进一步研发和改良，而这些努力没有白费，因为"听说各国在华倾销煤油的经理处，最近许多个经理先生们的大办公桌上都摆上了这一盏价值仅数角钱的中国植物油灯了"②。编者希望读者能够从这些成功人士的故事中汲取勇气。从另一个角度来说，这也是在鼓舞中国民众，因为当时的中国正处于困境之中，这些成功者的故事可以为国民找到一盏希望的灯塔。

同一时期许多画报上都能够找到与《良友》类似的想法。例如20世纪30年代颇具影响力的《联华画报》：

> 本报特请现代中国影坛先进士女撰述其从影以来战斗的历程，与其成功的因素作为后来人努力的参证。③

这种方式在一定程度被梁得所带到《大众画报》继承并发扬：

> ……从这点见解出发，本报征集了一项特殊的文章，那便是分请当代各界特殊人物，撰述"生平经验谈"。任何工商军政知名之士，生平必有一两段特殊的经验，写出来很有意味的。……④

除了利用先进的榜样来激励、引导读者以外，梁得所还创造性地利用照片的图示功能为读者提供教学的指导。

---

① 梁得所：《编后话》，《良友》1930年第47期。
② 马国亮：《编辑室杂记》，《良友》1936年第117期。
③ 佚名：《编辑的话》，《联华画报》1936年第7卷第4期。
④ 梁得所：《编辑后记》，《大众画报》1934年第8期。

这种特稿是有相当价值的，因为平常即使有机会参观这几位名将的竞技，亦不过远远一瞥，和这逐段留影并加说明者自然不同。至于有心研究更可以细心领略。本期先发表曹廷赞君的排球技术。①

从《良友》所介绍名人的职业分布来看，范围是十分广泛的，包括交际家、文学家、影评人、编辑、政治家及其家属、书画家、企业家、建筑家、发明家、飞行员、雕刻家、留学生代表等总共17种（如图8.1所示）。其中政治家和书画家所占比重最大，两者占总数一半以上。但这并不意味着政治家和书画家就是《良友》最推崇的榜样。《良友》认为"事业的大小，当以其蒙受福利的人有多少来做标准"②。"许多人做事都从大处着眼。以为改革社会非做主席要人不行，以为振兴工业必须发明大机器不可。其实有许多东西看来了不得，实际上并不适合于目前中国所需。"③比如钟灵氏发明的油灯，虽然是一个小小的发明，但是"若细心研究，便可知道它于中国的国计民生是如何重要"④。所以，在选择刊登对象时，《良友》所看重的是其实际作用。

另外，《良友》也希望通过对不同职业成功者的介绍改变大家看待职业的观念。《良友》所介绍的成功人士从事的行业之所以种类繁多，"因为即使画家，木匠，或其他人，但凡肯以自己所致力的事物做兴趣的中心，自然能够造成另一世界，在这情形之下一切困难都不斥自退了"⑤。编辑呼吁改变传统的职业观念需要从欣赏自己的本职工作做起：

当现在开始介绍各界成功人的时候，特别希望大家能够欣赏自己的事业，无论什么职业，即使所谓雕虫小技也不要自轻。因为中国各面正在开垦时代，我们在份内尽力，可以达到做开荒牛的期望；倘若稍为自弃或自私，就连开荒牛都不配做了。⑥

---

① 梁得所：《编辑后记》，《大众画报》1935年第17期。
② 马国亮：《编辑室杂记》，《良友》1936年第117期。
③ 同上。
④ 同上。
⑤ 梁得所：《编者与读者》，《良友》1928年第29期。
⑥ 梁得所：《编者讲话》，《良友》1930年第45期。

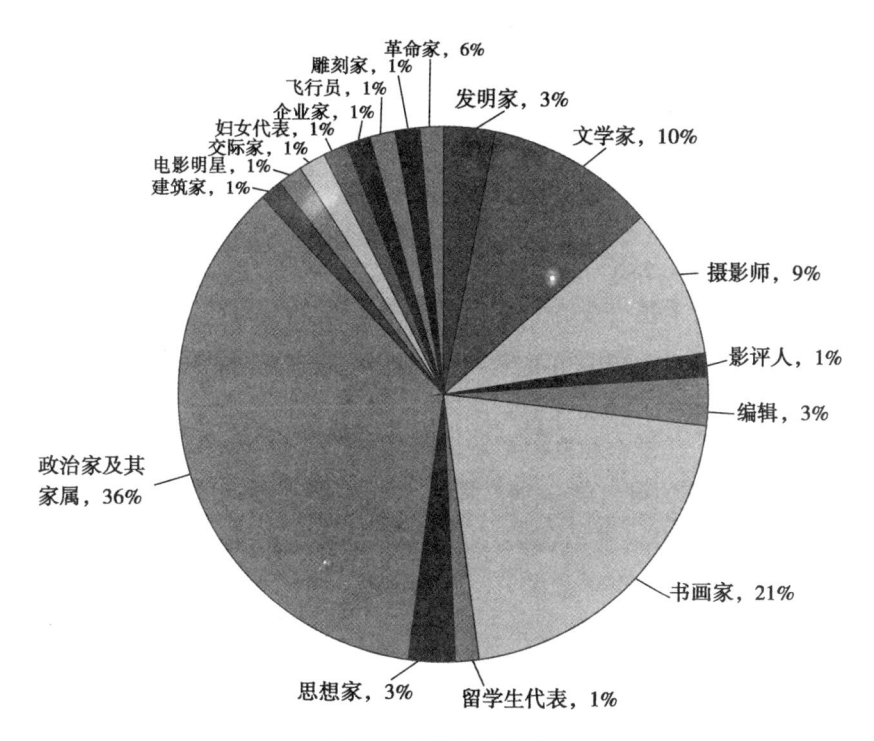

图 8.1　榜样职业分布

传统观念中对各种职业的高低划分不利于建立现代的社会分工，不利于社会成员各谋其位、各司其职，作为社会这个有机体的一部分而协同劳动、共同进步。现代社会中的劳动个体作为社会系统的一部分所发挥的作用都有助于总体目标的实现，人与人之间相互依存，形成更密切的社会关系，推动社会进步。社会的发展与建设不可能只靠少数的职业，因而编者提倡不论什么职业都不应该自轻。比如在第 50 期中，《良友》介绍了交际家黄警顽：

> 本期《自述》的作者黄警顽先生，是别开生面的交际家，交际这名词，在我们半新半旧的社会，听来往往有点反感，似乎是无所事事专撑场面的生活；提起交际家这名称，我们大概不会想他是穿着母亲手做布鞋连香烟也不吃的人物，然而黄先生却是这样的人物，他用没有粉饰的友谊赢得良朋满天下，我们可在他自述中发见一点社交的意义。人是群性的动物，许多事业以社交为基础。我们在社会上，一事

无成两袖清风不算希奇,倘若连良友也找不着一两个,那简直是天理所不容的了。①

编者在文章中说,在当时的中国,因为国家还不够开放,所以交际家往往会让人反感。然而实际上,交际家并非大家以往认为的那样只是"无所事事专撑场面"的角色,他们只是用自己"没有粉饰的友谊赢得良朋满天下"。并且编者认为人类是群性的动物,许多事业是以社交为基础的,所以交际就显得特别重要。从《良友》关于交际家自述的介绍,我们可知其是希望以这种报道转变大家的观念,许多在我们看来没有实际作用的行业其实无时无刻不在影响我们的生活,只要付出努力,以自己所致力的事业为中心,在任何行业中都会成功。

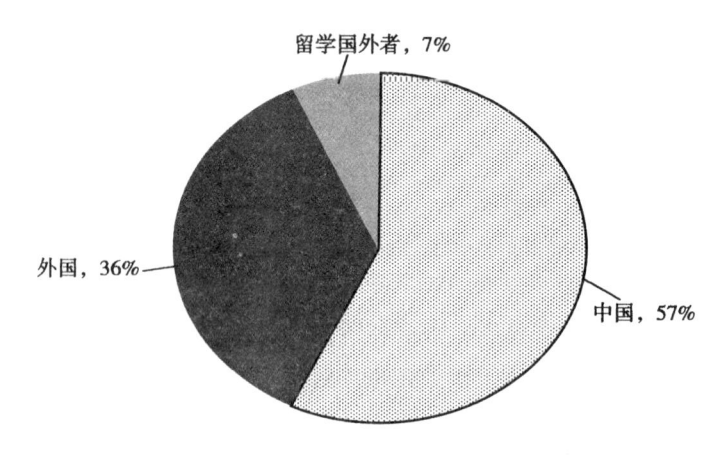

图8.2 榜样的国别

从《良友》介绍的榜样的国别来看,大部分是中国人,还有一小部分是留学国外的中国人。以中国人为榜样是因为这些人都是大家所熟悉或者喜爱的,在心理上有接近性,更加容易为读者多接受。比如"卢梦殊君在电影言论界早已被众人所赏识的了"②;对于梁启超"我们对于这努力一生的时代思想者,怎能不尊敬"③;"民党中央执委陈树人先生,是当代诗画家,现在休养西湖,潜心艺术,并定画约(见廿六页),广结笔墨

---

① 梁得所:《编后话》,《良友》1930年第50期。
② 梁得所:《编者谈话》,《良友》1928年第23期。
③ 梁得所:《编辑余谈》,《良友》1928年第33期。

缘，想必为爱好陈氏作品的阅者所乐闻"①。而对于留学国外的中国人，编者则是认为这些人在国外的成功也是中国的光荣，比如在第29期中介绍的留英剑术冠军莫庆淞，编者说莫庆淞"代表全校参加校际比赛，这固然是个人的光荣，也是中国的一点光荣。处在竞争的世界，或大或小总该追求一两件足以取胜的长处，银杯的虚荣，不足轻重，而那种占优胜的精神，是我们所急需的"②。至于介绍国外成功人士，编者则是觉得无论是东方还是西方，虽然成功的途径不同，但是奋斗的精神却是一样的，正如在第49期编后语中所表述的那样：

《奋斗的一生》，是一篇很有意味的自述，原作的是一位外国朋友，成功途径东西不同，而奋斗精神中外无异。原文是用第三者口语写成的，当中不少精警的句语，望阅者不要忽略。③

所以，在《良友》看来，成功是不分行业和国别的。因为奋斗的精神都是一样的，而中国现在需要的就是这样的精神，而"读传记是古今来一切学者所承认为不特是个人修养的最好书籍，并且因为其中包括这一个时代的环境的描写。读者由一个人的奋斗历程中，同时更可窥见同时代中的许多思想，环境，及一切"。所以，《良友》才会以介绍成功人士的方式来激励国民。

第三节　视觉效果与文字叙述并重

画报这种媒介形态之所以在清末开始逐渐流行于中国大城市，跟它与生俱来倚重直观夺目的图像、重视视觉的传播效力有着密不可分的关系。发展到民国时期，画报从内容到形式都有较大的改观与进步，在视觉效果和文字叙述这两方面都积累了丰富的经验并取得不俗的成绩。

作为一份精美的画报，对视觉效果的重视是必然的，"美字更无须说明，图片和文艺作品之选择；封面和书内的布置与印刷，都力求美化"④。

---

① 梁得所：《编辑余谈》，《良友》1928年第33期。
② 梁得所：《编者与读者》，《良友》1928年第29期。
③ 梁得所：《编后话》，《良友》1930年第49期。
④ 梁得所：《编后话》，《良友》1931年第61期。

许多民国时期的画报无论是在编排形式上还是在选材上，都非常重视精巧美观。《联华画报》采用的策略包括"除原有图画篇幅力求精彩外，并于要重文字中增加插图以增高读者兴趣"①。为了达到理想的视觉效果，《良友》则从编排方式和图像的使用两个方向入手，在编排方式上讲求美观醒目，而图像又是与文字相得益彰的内容。

就编排方式而言，画报一方面很重视强化图像、视觉优先。比如民国初年的《时事画报》在创刊时即明确图像在传播上的优势："而图画者、有最高之普遍性、有最强之刺激性、最可调节悲愤疲劳、而诱发所感者也、职是之故、发刊时事画报……"②又比如《良友》第25期中提到"最先入阅者视觉的，自然是封面了。我们为求一般阅者的普遍欣赏起见，特请著名画家谢之光先生绘作美丽的画，用七色版精印，每期换上新的。"第124期中提到"印刷方面的改善，固无待言。而编排形式，亦力求更为美观醒目"。另一方面是运用"视觉中心"理论，将一部分图片或者一张图片放大，而这种方式现在依然是媒体编辑们常常使用的版面处理方式。在第44期中，编者就谈到说：

> 图片应大即大，应小即小，这一点值得留心。比如同一件事，有六七幅照片，倘若每幅无大分别，不如选最好的放大；否则图片像火柴盒一般排作一堆，结果阅后印象反而不深。因见本期《白云山》，《铁路建设》，《徐悲鸿汉画》等，有几幅较大的图画版，便提及编排中大小参差的用意。③

文中提到对图片的运用应该有大小的区分，在选取图片时要区别对待，这样才能突出编者的想法，将编者认为重要的内容放大处理，读者阅读时才能够留下深刻的印象。而《晨报星期画报》对图片的处理也有类似看法："本画报排式，亦经研究，以为用一大幅两小幅为最当。"④民国时期画报这种处理图片的方式可以看作是对"视觉中心"理论的运用，而这种方式可以传达编者的想法，能够更好地将编者对事件的看法表达出

---

① 佚名：《编者的话》，《联华画报》1936年第7卷第4期。
② 佚名：《编者敬白》，《时事画报》1911年第1卷第1期。
③ 梁得所：《编辑者言》，《良友》1930年第44期。
④ 佚名：《编者言》，《晨报星期画报》1926年第1卷第28期。

来，使读者理解起来更加容易。

梁得所显然让这种画报所特有的编排处理方式从《良友》延续到了《大众画报》。梁得所在编辑按语中多次表达画报偏向视觉传播的独特性。在《大众画报》1933年的创刊号上，他就指出："因为这是画报，画多话少，随处运用美术。现实生活许多苦闷，艺术无疑地是有慰藉的效力。"① 第二年，梁得所再次重申："这是画报，我们得用画报的方式来编他，今后我们将更注意利用巧妙的印刷，利用变化新颖而不失大方的编排，给每个题材一种适量得体的表现。"②

就对图像的使用方式来说，《良友》主要是从图像的功能入手，与文字使用方式不同。图像和文字是两种不同的传播手段，往往给读者带来不一样的体会。《良友》认为，图像传播能够达到以下效果：

（1）"一睹真容"。摄影时代的到来使人们可以从影像中获得事物的面貌，这和读文时代只能靠想象来获得事物形象不同，影像的方式更加真切，或者说真实。真实一直是《良友》强调的内容，虽然写意一直是中国的传统，摄影的时代的到来却把中国推向了写实的浪潮中。面对图像这种"真实"的东西，也许还有很多人无法接受，但《良友》将这些影像刊登出来，使阅者"乃得真见其人矣"③。对于刚刚经过"五四"洗礼的中国人来说，这似乎又是思想上的另一场革命，只是这次更加真切、直观。照片是对事物面貌的还原，因此在《良友》看来，读者看到照片就像看到事物本身一样，这样的方式可算是一种对刊登内容说服力的证明。

（2）作为证据。证据和真实是相辅相成的，照片作为证据在摄影发明之初就已经实现，当时的监狱拍摄犯人照片作为证据，医生拍摄病人身体影像作为生病的证据。但这样的做法在中国还不时兴，《良友》作为大众媒体，公开刊登照片作为发生事件的证据算得上是一件非常"时髦"的事情，而照片的直观和真实又使人们不得不信服。比如第65期中，《良友》刊登上海战事经过的照片而不是做文字报道，这表明在当时用照片报道的方式已经很成熟，而且是人们能够接受的一种方式。而且编者选择刊登照片而不是文字是因为"在有限的篇幅未能详作报告，只得选刊代表的照片述其概要"。这说明照片和文字相比更加简洁，报道起来更加方便，

---

① 梁得所：《编辑后记》，《大众画报》1933年第1期。
② 梁得所：《编辑后记》，《大众画报》1934年第12期。
③ 马国亮：《编辑室杂记》，《良友》1936年第122期。

更重要的是文字所能够呈现的照片也能呈现，照片的重要性可见一斑。

（3）表情达意。在中国的传统文化中，文字是表达情感的主要方式，但因为在古代识字的人并不多，因此，阅读便成了阶级的特权。但是随着摄影的出现，这一格局慢慢被打破，照片的直观性使普通人也能够解读其中的意义，触动人们的情感。这使知识阶层与普罗大众的沟通变得更加容易。比如《良友》经常刊登西北地区的照片，将这些美丽的风光展示在国人的眼前，不禁使人感叹祖国的秀丽，但是和国家的现实情况作对比却又使人神伤。在第56期中，编者刊登了几幅边省的照片，而刊登的原因则是因为"中国边疆辽阔，多少地土丢荒了；多少边省的物产，我们不但无从享用，甚至连见都没有机会见。边省几乎被我们忘记了。因此，本期发表几幅照片，并在这里谈谈边省问题"①。编者便是希望用照片这种直观的方式来触动国人的情感，唤起人们对社会问题的注意，达到教化国民的效果。

对视觉的重视并不代表民国时期的画报只重视视觉的传播，对文字的使用也是这些画报很用心的方面。在《良友》中，文字常常是和图像相伴出现的，比如第36期提到"但在排印画的空白上，加排六号字。除了每幅图，用更小的铅字作较详的叙述"。然而与图像的大量使用不同，《良友》往往要求文字短小精悍，具有"深度"。比如在第32期中编者所说：

> 为求增厚内容的意味，除一目了然的图画外，再加较详的文字说明。例如中日交涉和国货展览各页，都有小小的一段话，事忙的阅者，可只看图画；倘若时间长些，可以连读文字。这样一来，方便两种阅者，而且杂志的内容也就较为深厚些。相信阅者也表同意。
>
> 本期又新闻一页《社会见闻录》，刊载社会上值得知道的事情，或有趣味的新闻，用短篇文字叙述，附加一二照片。这类材料，欢迎投稿者供给，但文字须短，意味求其浓厚。②

所以，《良友》对文字的要求是要有"深度"，文字的篇幅不需要长，

---

① 梁得所：《编后话》，《良友》1931年第56期。
② 梁得所：《编辑余谈》，《良友》1928年第32期。

"其理由，因为我们想偏重图片方面"①。而就算是有较详细的文字说明，也只是为了增加图像的"可读性"，使杂志内容更加"深厚"。

"画报本来只许登画，或附画之说明，不宜兼登小说杂纂。惟是画片全制一律大小，未免太为呆板，若任其参差不齐，则必有空余地位，本画报乃以小说及趣闻补白，既不费纸，又增兴趣……"② 多数画报上，文字算是图像的陪衬，相对于文字这种更需要花时间来阅读的表达载体，图像更受到普通读者的欢迎。但是，图片往往又不能传达所有的意思，所以这时候文字又显得特别重要。特别是在图像需要解释、说明的时候，文字的地位就显得更为重要。因此在操作上，《良友》实际上也非常重视文字，因为有了文字，"杂志的内容也就较为深厚些"。所以，文字对于《良友》来说，代表的是有"深度"的内容，对于教化国民是必不可少的，只是在使用方式上是和图像搭配出现的。

第四节 分类、系统地呈现内容

民国时期画报普遍重视内容的呈现方式。分类、系统地呈现被认为有利于读者的阅读理解。

"取材方面。在读者料想会觉到本报现在的文字和改组以前的不同已由散漫而进展到有统系的讨论和研究。"③

"这是跟前数期本志上所续载的几篇性教育的论文互相接续的有系统性的文字。"④

"系统地介绍电影艺术的理论与实际，编剧以至于放映执笔者皆是中国影坛知名之士本其学理与经验供读者以电影的基本学识。"⑤

对于将内容分类编排，《良友》认为是比较符合杂志性质的，而"稿件分类编排，本期较为清楚有次"⑥。所以从杂志创刊开始，《良友》便对

---

① 梁得所：《编者与读者》，《良友》1928年第30期。
② 佚名：《编者言》，《晨报星期画报》1926年第1卷第28期。
③ 佚名：《编辑者言》，《电影画报》1931年第21期。
④ 编者：《编辑余谈》，《妇人画报》1934年第22期。
⑤ 佚名：《编者的话》，《联华画报》1936年第7卷第4期。
⑥ 周瘦鹃：《至阅者》，《良友》1926年第10期。

内容进行分类，因为"体育，戏剧，妇女，儿童，科学，各辟专栏，各归其类，比较没有什么时间性。"而最终，《良友》将所有的内容分为美术之部、国内之事、国外之事、妇女之页、儿童之部、文艺之部这几大版块。这些分类方式只是将内容归类，但从各种类的体量上可以看出《良友》的倾向：文艺和时事是其相对比较重视的版块。从《良友》12年所刊登的内容来看，文艺和时事也是刊登最多的内容。文艺作品来自生活，而时事也是对现实的直接反映。对这两者的重视体现出《良友》希望通过这些内容表达自己的观点，教化国民的办刊目的。

系统是民国画报经常强调的一点。现代生活的标志就是有序、统一，《良友》这种用系统的方式介绍事物的方式可以算是对现代生活的一种模仿，而这样的方式又必定会影响到读者，使大家也慢慢适应这种"系统"的生活方式。在第9期的编者话语中谈道："编排有次——同样的材料，编排散乱与不散乱，有系统和无系统，就会得出两样的成绩。"① 可见，内容的系统性是被特别重视的，而系统的内容也往往能让读者获得不一样的东西。在编者看来，有系统就代表着有价值，这在第53期的编者言论中可以看出来：

> 今后取材一部分是不含时间性而有统系的照片，即如上海所见的车，本来平淡无奇，但搜集一起，就很有意味。下期发表"一碗饭的来历"，也是有统系用意味的作品。常常有人问《良友》需要何种稿件，这问很不易答。平日收到一部分积存着的，往往暂时没用，到适当时候，立刻变为有用。所以希望赐稿的朋友，不要见到稿件不即用便以为无用，同时大可以把平凡的东西整理成有价值的作品。②

编者认为，平常许多看似无用的东西，只要经过整理就会变得有价值。因此，系统就显得特别重要。而在介绍内容上，《良友》既有对不强调时间性的知识的系统介绍，例如上面提到的关于上海的汽车的介绍；也有针对具有时间性的新闻的系统介绍，例如第23期刊登的西北军冯总司令的生活照片、欧美时事、南京美术馆展览的杰作、十字街头及万古蟾君

---

① 周瘦鹃：《编辑者话》，《良友》1926年第9期。
② 梁得所：《编后话》，《良友》1931年第53期。

创作的滑稽讽刺画等等。在介绍方式上，一方面介绍本身就具系统性的事物，比如第 96 期中提到"这一期中时事的材料是比较多一点，这些时事都是较有重要性的，而且也多半是有系统的，所以我们还选刊出来"①。另一方面，也对本身并不具有系统性的事物作系统的介绍，比如第 87 期中"我们又特开了《如此上海》一栏，每期把上海的事事物物，作系统的介绍。上海是我国最大的一个都会，还有第二巴黎之称。自然其中许多事物，是许多未曾到过上海的读者所欲知道的。这一期，我们先介绍了'声''光''电'，因为这是上海许多光怪陆离的东西的原动力之故"②。

对于《良友》来说，内容的系统化既是一种刊登内容的方式，也是编辑的责任，因为在编者看来："本报内容的性质，除报告时事，展扬美术等外，还有一点我们认为重要的，就是整理'有统系的常识'。例如前期的战绩写真，上期的 X 光以及物理治疗之类。总之，我们希望画报除了好看好玩或趣味之外，更有多少值得研究的材料。"③

梁得所将这种系统呈现内容的编辑思路带到他 1933 年创办的《大众画报》上。"统系"是梁得所经常用来替代"系统"的词汇。例如，"'露丝的故事'，是颇有统系的常识……"④ 又如"编辑方面……比如本期关于音乐，有好几页性质不同而相关照的材料，以求统系中致统系。将来关于'商业美术''婚姻状况''学校生活'等，不必编刊专号，但可选配而成某一期中的重心"⑤。再如"摄影是画报构成的一种重要工作，也是现代日益普及的技术。本期介绍一段经验谈，将来颇想用作品举例方法，作有统系的解说，为摄影研究的小贡献"⑥。

当然，在反思分类呈现内容这种编辑手法时，人们也有不时发表的一些折中、辩证的看法。在梁得所看来，综合性画报的内容大致包括"知识，艺术，修养"三个方面，但这三个方面又无法截然分开，是共同发挥作用的。所以他认为"综合性质的刊物，既有分类，又不能分类"⑦。

---

① 马国亮：《编辑室》，《良友》1934 年第 96 期。
② 马国亮：《愚人节里的话》，《良友》1934 年第 87 期。
③ 梁得所：《编后话》，《良友》1931 年第 56 期。
④ 梁得所：《编辑后记》，《大众画报》1933 年第 2 期。
⑤ 梁得所：《编辑后记》，《大众画报》1934 年第 3 期。
⑥ 梁得所：《编辑后记》，《大众画报》1934 年第 4 期。
⑦ 梁得所：《编辑后记》，《大众画报》1934 年第 6 期。

第五节　兼顾趣味性与实际知识

作为近代大众文化的代表，民国时期的画报几乎从不否认自己对于有趣内容的渴望与追求。趣味也是《良友》非常注重的一点。在第46期中，《良友》便自比为"以调味为乐事的厨人，决不厌听食客说咸说淡"①。但实际上《良友》对趣味的定位界限并不清晰，有时候趣味对于《良友》来说是"有味的"②"有使人发笑的功能"③，但有时候，趣味又是指更充实的、不空洞的内容。比如第24期中对两篇刊载文章的评价：

> 本期两篇小说趣味两不相同，而每篇都能使阅者读过之后不感觉空虚。陈虞孙先生的《汉光》，描写细腻而结构坚实。李焰先生的《迷途》……文笔隐约可见现代纷乱中青年思想的苦闷。④

在这里，《良友》所说的趣味是针对小说的写作技巧和社会意义，《汉光》的描写细腻而结构坚实是从写作手法来评述的，而《迷途》则是一部为青年指点生活的"圣经"。两者都不同于前面所说的"有味""可笑"，这样看来，趣味对《良友》来说是多种多样的，并非都是作为消遣的材料。这与《良友》所说的"画报除了好看好玩或趣味之外，更有多少值得研究的材料"⑤相对应。而《良友》所说的趣味又可分为"提供有趣的内容"和"用趣味的形式提供内容"两种。

应该说，《良友》对内容趣味性的关注要多于对形式有趣的关注。很多内容是因为有趣味而被刊登。比如第130期提到"选材要富于趣味"⑥；第7期说道："很指望读者诸君随时把良好的照片。有趣味的文字。源源供给我们。帮助我们。使我们的不满意。达到满意的地步。"⑦ 对《良友》来说，滑稽的漫画、影戏、着色的封面人像、游记都是有趣的题材。这些

---

① 梁得所：《编者讲话》，《良友》1930年第46期。
② 周瘦鹃：《至阅者》，《良友》1926年第10期。
③ 梁得所：《编辑余谈》，《良友》1929年第36期。
④ 梁得所：《编辑余谈》，《良友》1928年第24期。
⑤ 梁得所：《编后话》，《良友》1931年第56期。
⑥ 马国亮：《良友茶座》，《良友》1937年第130期。
⑦ 周瘦鹃：《编辑漫谈》，《良友》1926年第7期。

内容对《良友》来说是软性轻松的，符合其"做一分愉悦的战士"① 的宗旨。然而，在实践中编者慢慢意识到"偏重趣味又易流于肤浅"②。所以，在后期《良友》渐渐开始在"趣味的内容"和"实际知识"两者间寻求平衡。在第90期中，《良友》便表明：关于选材，是将要更严格地，力求精选，趣味和实际的知识并重，而且将用更精密的整理方法使趣味而不流于胡闹，实际而不使人头疼。③ 所以用趣味的方式所发表的内容往往是被《良友》称为"实际知识"的"硬材料"，这些内容在《良友》看来会使读者觉得晦涩，可是对于增长见识却非常有用，所以需要用有趣的方式发表出来。

20 世纪 30 年代，在趣味和实用之间权衡，逐渐偏向、强调后者成为许多画报的选择。梁得所在与《良友》一脉相承的《大众画报》中反复说明自己对于实用材料以及现实生活的关注：

> ……虽然我们认定消遣品是生活所需要，但不让本报止于消遣。世界是日新月异的，我们的知识赶得上吗？为了大众日常实际的需求，我们不能使这杂志成为空洞的文艺刊物。换一句话说，这画报不但有（平面），而且要有（容积）的。④
>
> 我们认为大众化的美术品，是与生活接近的——就是较有实用的。⑤
>
> 本报取材常兼多少实用的资料……对于实用美术，将随时选择介绍。⑥
>
> 写本报性质是倾向实际的，即使其中的文艺创作，亦多属实生活照。本来一首绝对幻想的诗，或一篇纯粹抒情的散文，自有其文艺价值。但我们所最了解的，究不如现世实况的影踪。⑦

时间稍晚的《知识画报》则是在知识的"抽象—实际"这个维度上

---

① 梁得所：《编辑室谈话》，《良友》1932 年第 65 期。
② 梁得所：《编者讲话》，《良友》1930 年第 46 期。
③ 马国亮：《更进一步》，《良友》1934 年第 90 期。
④ 梁得所：《编辑后记》，《大众画报》1933 年第 1 期。
⑤ 梁得所：《编辑后记》，《大众画报》1933 年第 2 期。
⑥ 梁得所：《编辑后记》，《大众画报》1934 年第 13 期。
⑦ 梁得所：《编辑后记》，《大众画报》1934 年第 8 期。

主张多介绍实际知识：

> 文化两字包括一切的学问，但专为大众介绍世界科学知识的工作，以图片介绍实况的工作的，似乎还没人注意。……但我们的私衷，却颇觉得介绍实际知识比介绍什么抽象的学问还来得重要……①

与这一时期许多画报相似，《良友》对趣味内容和实际知识两方面的关注也在发生类似的变化：在1932年之前，《良友》对内容趣味性的关注远远高于对实际知识的关注，但1932年后对实际知识的关注开始超过对趣味性的关注，在1934年二者处于平衡状态，且均达到峰值（如图8.3）。在1934年第95期中的编辑室言论中提到"年来画报读者看报的目的，已显然地从消遣进而为求知的方面去了"。所以"我们对于本志的取材，更注意于贡献实际知识方面，在近几期当中，读者大概都已看到了"。可见，《良友》对实际知识的关注也是为了迎合读者对"知识"的需求。

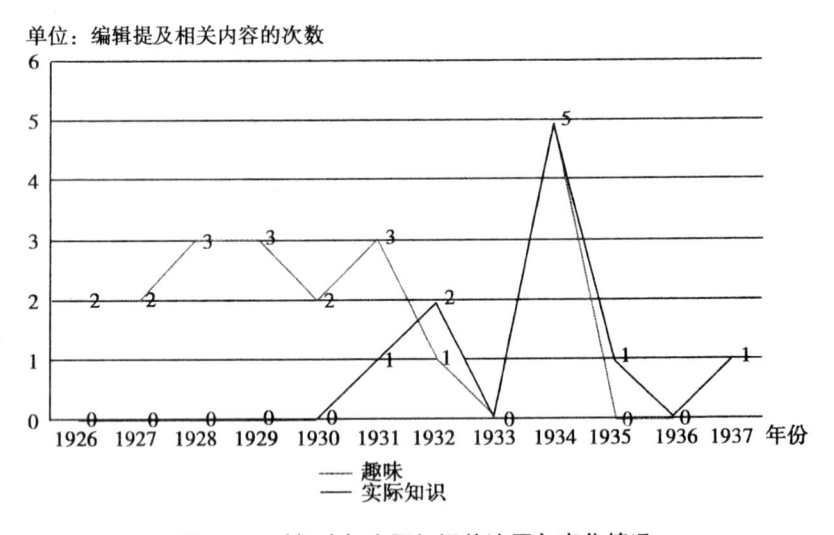

图 8.3 对趣味与实际知识关注历年变化情况

所以，不管是内容还是形式有趣，《良友》都是希望能够用趣味的方式吸引读者，通过这个平台向国民"传授"知识，正如其在第 90 期中所

---

① 佚名：《致读者》，《知识画报》1936 年第 1 期。

说的那样：

> 在阅读本志的时候，软性的不觉其空无一物，硬性的却不嫌其艰涩难度，人生微妙的哲理，世界实际的常识，互相融合于一炉，务使本志成为一种满含着不枯燥的学问，不浪费的消遣良好读物，正如诸君的以为知己的良友一样，于笑谈趣语中贡献人生的至理和实益。[1]

《良友》认为自己对于读者来说是如知己一样的良友，为读者提供实际的知识是其职责所在，而其目标是将《良友》打造为一本"满含学问"却不枯燥的读物，让读者在消遣的同时又能得到"人生的至理和实益"。

第六节 采用应时的报道服务读者

陈平原在《看不完的点石斋画报》一文中说：早期在华传教士所办画报，有采用黄杨木的（如1875年创刊的《小孩画报》），也有择用铜刻版的（如1880年创刊的《图画新报》）。因其画面没有时间性，也不涉及中国人的日常生活，虽属"杂志"，却非"新闻"[2]。然而，《点石斋画报》的出现开始慢慢打破这一现象。在《点石斋画报》创刊之时，美查便在发刊词中说道："点石斋画报缘启画报盛行泰西，盖取各馆新闻事迹之颖异者，或新出一器，乍见一物，皆为绘图缀说，以征阅者之信，而中国则未之前闻。"[3] 用绘画来传播时事和社会新闻是《点石斋画报》创办的宗旨。但《点石斋画报》的时效性并不强，很多"新闻时事"早已是"旧闻"，且因为图像都是绘画，所以并未给人一种真实的感觉，这就使其新闻性大打折扣。《点石斋画报》之后，真正带有新闻性的杂志开始渐渐出现。一些画报在编辑按语中明确自己对于时间性或者与时俱进内容的偏好，例如这里的《玫瑰画报》《太平洋画报》：

---

[1] 马国亮：《更进一步》，《良友》1934年第90期。
[2] 参见《论摘》，《美术观察》2002年第6期，转引自《文汇读书周报》2002年4月17日。
[3] 尊闻阁主人：《点石斋画报》甲卷，广东人民出版社1983年版，第1页。

此后本版编辑的目标,最高的原则是要有时间性。①

我们很需要具有时代精神的照片画片和一切的文字。②

《大众画报》的编辑按语中更是多次提到时间性对于新闻媒体的重要性。梁得所认为定期刊物之所以能够吸引读者,首要的原因便是"有新闻性":

……有新闻性:因为这是定期刊物,应使人看了一期要想看下期。③

本报对于有时间性的新闻照片,向来颇能快捷发表。④

书报杂志是传播思想的工具,有时间性的刊物更得注意时间推移中的生活意识。对于这一点责任,本报曾用各种方式做输送的工作。最近征集"现代问题意见谈",每月摘一问题请有心得者发表意见,所举问题或钜或细,务求其为一时众所望解。⑤

《良友》不仅编排精美,在时间性方面也有明确的要求。在第107期中《良友》便表明"封面并不限于什么资格,最要紧的还是拍得好,章法动人,切合时令,题材新颖为必要之条件"⑥。对编者来说,时令和画报的精美是一个层面的内容。只不过这里的"时令"和我们今天期刊中所说的"时效性""时间性"还是有一定区别的,《良友》所说的"时令"更多的是指"应时"。比如在第116期中,《良友》刊登了一期关于军事画报的内容,而刊登的原因便是因为"目前欧陆与远东时局都非常紧张,去大战前似已不远,这一本以刊载世界军备现况,介绍各种军事发明的画报,自然也很值得介绍的"⑦。也就是说,这一内容是因为和时局相关,所以才被刊登,至于时效性或者说时间性却不是很强的。

然而,画报往往因为出版周期较长、新闻只是丰富内容中的一种而常

---

① 佚名:《编者小言》,《玫瑰画报》1936年第3期。
② 佚名:《编者语》,《太平洋画报》1926年第1卷第5期。
③ 梁得所:《编辑后记》,《大众画报》1933年第1期。
④ 梁得所:《编辑后记》,《大众画报》1934年第8期。
⑤ 梁得所:《编辑后记》,《大众画报》1935年第17期。
⑥ 马国亮:《读者广播台》,《良友》1935年第107期。
⑦ 马国亮:《编辑室杂记》,《良友》1936年第116期。

常面临时效性不足的困境。

所以，虽然《良友》非常注重"时间性"，但是也常常从"应时"的层面去理解、应用"时间性"的概念。所刊载的内容是因为切合社会的某种需要，比如因为战争的缘故而介绍的军事画报，从这一点看来，《良友》所注重的是内容的现实意义，是时事或事物能够为社会带来的影响。

《良友》作为一份商业画报，读者便是其衣食父母，因此为读者考虑理所应当，但《良友》却不是想用媚俗的方式吸引读者，而是要强调编辑主动的、与读者平等的姿态，"不外欲为读者作更新更有意义之贡献云尔"[1]。所以，《良友》所作的努力实际上也是希望自身变得"有价值"，值得一读。

从《良友》为读者考虑的方式来看可分为两种，一种是其主动站在读者的角度思考，刊登编者认为读者可能会喜欢的东西，比如认为"我们未必个个都是画家，可是我们个个都爱看图画，这是不能否认的"[2]；"大概阅者听过他们的名，必想见见他们的相貌，所以亦刊出来"[3]；"想阅者也喜欢看各人的字迹"[4]。这是编者对读者的想象，将自己认为读者喜欢的东西呈现出来。另一种则是采纳读者来信建议，比如在第121期的编辑室杂谈中谈到的"因为选刊的来信，大概是与读者大多数的意见有关的"[5]。

从刊登读者来信的角度来看，《良友》是非常重视和读者互动的，而这样的方式在之前的中国媒体上是没有的，之前都是强制地灌输编者的意见，从某种角度来说是受中国传统的家长制观念影响。而在西方思想的影响下，《良友》开始把读者放在比较重要的位置，不管是对题材的选择，还是对编排方式的改变上，都是希望读者能够愉快地阅读。而采纳读者意见又是一种重视读者主体性的方式，而不是只把他们当作接收器。而《良友》在为读者考虑时，阅读的舒适感和使读者获得知识是主要的考量标准。

注重阅读的舒适感在《良友》的编者言论中提及得比较多，比如在

---

[1] 马国亮：《读者广播台》，《良友》1935年第105期。
[2] 马国亮：《这一期》，《良友》1934年第89期。
[3] 梁得所：《编者讲话》，《良友》1927年第21期。
[4] 梁得所：《写在编者之页》，《良友》1927年第16期。
[5] 同上。

第119期中提到"本期除必需之时事外，其他材料特注重较轻性者。使读者不致因读本志而益大汗益增淋漓，且于午睡后读之，较能醒脑也"①，"聊供读者诸君消夏遣兴"②。这是从题材的选择来满足读者的舒适感。除了题材选择，在杂志的编排方针上《良友》也注意图文的适当搭配，使读者看起来更方便，如第32期提到"比较事忙的阅者，可只看图画；倘若时间长些，可以连读文字。这样一来，方便两种阅者，而且杂志的内容也就较为深厚些。相信阅者也表同意"③。

而为读者获得知识这一考虑就如《良友》所提到的趣味和知识并重一样，在注重读者阅读体验的同时也输送实际的知识，使"内容不但有平面，而且又容积的深（Depth）了"。实际上，"舒适感"是为"获得知识"服务的，提高阅读的舒适感是为了更好地将"实际知识"送达给读者，这一点在第85期中表现得十分明显：

> 生于现代，现代知识不可缺少。可是每月出版书籍甚多，不特选择困难，并且阅读时间又感不便。厚厚的一本书，读完之后才发觉这书并不甚好，那末时间精神，特请赵家璧先生每期介绍最近出版的世界智识名著一本，每月用欣赏的态度写他读后的感想。读者读后，无异对于这从许多本选择出来的最好的一本得着充分的欣赏，既省时间，又获现代知识。谅必为读者所欢迎。是项材料，决在下期起始登载。④

对编者来说，"现代知识"对于读者来说非常重要，可是编者又害怕这些来自书本的"现代知识"使读者生厌，于是特请一位先生每期介绍最近出版的世界智识名著一本，每月用欣赏的态度写他读后的感想。这样读者既可以节省时间，又能获得知识，如此"贴心"确是少见，而之所以这样做是为了让读者能够愉快地接受其传播的现代知识。

而同一时期，《大众画报》对于自己在时间性上所面临的难题则采用了不同的应对之道：

---

① 马国亮：《编辑室杂记》，《良友》1936年第119期。
② 同上。
③ 梁得所：《编辑余谈》，《良友》1928年第32期。
④ 马国亮：《编者与读者》，《良友》1934年第85期。

上期提及月刊画报对于新闻照片延迟发表的缺憾，在本社出版计划中早有注意此点，补充办法是刊行"时事旬报"，照片文字并用，十天结算一次，专事报告新闻。这计划到最近才实现，第一期已问世了。从此各地特约摄影记者用武有地，而编辑室里添呈新闻工作的气味，比较只编月刊杂志时更加忙迫。这是本社近况之一。①

……我们常常感觉月刊画报无论如何不合新闻条件。编印工作繁冗，发表耽延时事往往变成历史。并且一个月中发生了许多时事，摄成许多照片，编时只选少许重大者发表，其较小者当时人人急欲一看，过后似失新闻价值便废乘了。月刊画报成为时间性不甚严仅的图画杂志，这是必然的趋势。至于纯以新闻立场而运用摄影的工作，在中国到如今仍是幼稚。②

梁得所对于照片新闻价值的理解对于20世纪30年代的中国而言可以说是领先于时代的。他将用于媒体的照片进一步细分为"纯以新闻立场而运用"和"供时间性不甚严谨的图画杂志"的不同类型，显然有利于新闻摄影更好地服务媒体、读者，也与后来新闻摄影发展的历史脉络不谋而合。

---

① 梁得所：《编辑后记》，《大众画报》1934年第9期。
② 梁得所：《编辑后记》，《大众画报》1934年第8期。

第九章

编辑按语中的意见表达

媒体要达到教化的目标,当然需要有自己的立场以及意见表达。民国时期画报中编辑按语的意见表达主要有四种方式:通过评论时事来表达、在报道基础上表态、以文艺的方式表达观点,以及直接表达观点。

第一节 评论时事

在编辑按语中,编辑不时会对当期画报所刊登时事发表自己的观点。《良友》这部分内容共有 30 处节点。这些时事内容大致涉及国内的社会政治,国家领土和外交事务问题以及国际事务。

一 评论国内社会政治事件

国内社会政治经济方面涉及的内容非常多元,涉及国庆、学生运动、自然灾害、纪念烈士、政治事务等方面。针对不同内容,编者的评论内容当然也有差异,但大多会回到国家发展这个主题上来。

>今年国庆特别热闹,为的是历年渴望的南北统一已成为事实,而中国现在可称为整个的国家。然而我们要认定:无论国庆或国耻,荣辱的纪念虽不同,而策励国民的意义则一。尤其是当这凡百待兴的时候,任何国民都应立一个宏愿,正如孙总理所谓:立大志,做小事。[①]

[①] 梁得所:《编后余谈》,《良友》1928 年第 31 期。

国家的发展离不开个人的发展，因而编者从国庆谈到个人，认为在百废待兴之时，每个国民都应该"立大志，做小事"，民众都应胸怀大志目光长远而脚踏实地从手边事务做起。比如"学生应该具有清晰的头脑，认清楚自己的责任，始终感觉求学的目的超乎个人谋生享乐之上，民族的前途便有希望了"①。学生参加政治运动是常有的事，但不应该过于极端而荒废学业，学生是国家未来的希望，若要改变国家首先应该改变学生，让学生用知识充实自己。中国固然存在许多问题，工商业落后，科学技术还待发展，社会秩序还未完全稳定，但不顾中国未来之人才是莫大的羞耻。

> 我们怎能完全怨天？至于事后的救济，亦有同样的感慨，前年陕西饥荒，有慈善团体前往赈济，据一位随着运粮出发的朋友所述，曾有一批粮食，被当时盘踞陇海路的军阀借了去，那借字说得太漂亮了。在我们国家里，有在乞儿钵里抢饭吃的人，这是莫大的羞耻，莫大的悲哀。我们展望那满目疮痍的国土，感觉人祸比天灾更深。②

天灾降临之时，编者认为人力虽不可抗拒但应反思是否尽到人事。名义上军阀将救灾之口粮"借"走，实际上人们都知道粮食不会还回来。军阀的行为被视为国家莫大的耻辱和悲哀，作为社会的反面例子从而引起读者注意。另一个反面案例是贪官不顾民生借鸦片图谋私利，编者发表言论痛斥这样的行为引以为戒。与此同时，编者通过正面的例子来引导读者：

> 北平总理铜像奠基，使我们联想到广州史坚如烈士石像。坚如先生在生时，是一个未满廿岁的孩子，竟不暇自量其力，要去对敌一个拥大威权的两广总督。他卖了家产买炸药，一次燃不着再燃，第二次炸不中谋作第三次，亲友给钱劝走，他不走，终于死在刀下。在聪明人的眼中，他是一个傻子，然而民国开国前的革命史中，这种傻子何止一个？而且未载史册更不知凡几。自从那些傻子把民国做成之后，交给聪明人的手上，于是糟了。不知利害的傻子，才是国家的救星；

---

① 马国亮：《编后话》，《良友》1931年第64期。
② 梁得所：《编后话》，《良友》1931年第62期。

今日我们中国里面,聪明人太多了!①

编者评价坚如先生是将自己利益放在脑后的傻子,但中国正需要这样的傻子,他们为大义舍小义把个人利益让位于国家利益。这些傻子成就了民国,而当下的社会却缺少这样为社会奉献的傻子,所以国家的前途尚扑朔迷离。虽然这是中国的实情,但编者主张读者不应该悲观,应该要乐观看待中国未来的发展。

在居安思危的时候,我们常常痛言自己的弱点,洞见中国事事落后,这是实情。然而有一点应该提防的,就是不要因自责而失了自信。浮夸固然不对,自馁和懦怯更不对。中国有几千年的历史,几万万的人民,而且近年并非无进步,实在大有作为的。这并不是无聊的自慰,事实上我们要自信,要乐观!②

在同一篇按语中,编者借用一间纪念堂需要多年才能修好,一棵银杏树也要40年才结果来比喻国家建设需要时间和耐心,并且进一步指出国家20年发展的时间还较短,不能就此断言国家的发展止于此。与西方国家相比,中国还未发展起来,尚处于贫困落后的阶段,但中国一直在进步即便速度很慢。因而编者不主张读者夸大这样的弱点,消极看待中国的未来,而提倡人们以一种积极乐观的态度看待中国的命运和前途。

二 评价领土、主权或外交事务

编辑按语中关于国家领土和外交事务问题的内容涉及涉外历史事件、运动会、国际事务等方面。由于站在中国的立场上报道涉外内容,不可避免地会产生国家/民族间相互关系的问题,编者对这部分内容的评价表现出的民族性客观上有助于读者民族身份认同的建构。例如对于1928年5月济南惨案(又称"五三惨案")的评论便从事件本身很快过渡到国家建设、民族复兴的主题:

---

① 梁得所:《编辑余谈》,《良友》1929年第35期。
② 梁得所:《编后话》,《良友》1931年第63期。

现在此案还未了结,是非曲直,终有公论。……据近消息,北伐军已迫近北京,北伐成功指日可待,军阀和帝国主义大为危惧;同时国民受这横暴的刺激,更加兴奋,你看,还未满一个月,海外华侨捐为国捐款寄回来的已有几百万元了,而国内各大学也实行军事教育,(下月十日上海各学校学生军大会操,下期当必有照片)。照这样看来,倘若国人从此共同努力,各尽所能,各担责任,十年生聚,十年教训,把我们实事求是的毅力,证明我们的怂激不是五分钟的,证明我们中国人除了大巡行和散传单之外,还有不可轻视的力量!十年之后,不但五三之耻可雪,而且还有什么国耻不可雪?[①]

本尼迪克·安德森认为,在民族概念形成之前,首先是一种想象的政治共同体。作为个人而言,不可能看尽国家的全部,但在每个人的心中都存在一个想象的共同体,因而使人们有可能、有途径参与到公共事务中来。《良友》通过刊登济南惨案事件的内容,将处于不同空间的读者横向连接起来,使他们摆脱了地理空间的限制同属于一个想象的共同体。因此海外华侨为国捐款、各大学实施军事教育,他们不再受到狭隘的空间限制,而是参与到统一的公共事务中来。在心中想象的共同体的影响下产生了国家和民族的概念,编者认为这种概念将驱使国人各尽所能以雪国耻。

当年世界运动会作为国际体育比赛,中国竟没有派出代表参加,《良友》的编者在第29期的《编者与读者》中对此事进行评论:"近来看外国的影戏和滑稽画,过把(原文如此)中国人描成男子垂辫,女子缠脚,我们看了自然有点生气,可是假设世界运动会和美女比赛会都有中国今代的青年参加,那么,世界对于中国人的印象总有点不同了。这不过是就事论事罢。总之,我们应该把自己放在最宽大的范围里,成为世界的一分子。虽然实行比较说话难而且慢,但我们总得有这点信念。"[②] 世界运动会相当于民族与民族之间的一次竞争与较量,参赛者的表现关系到本民族的外在形象。"本期印着各种动物争斗的照片,值得大家一看,这就叫作'生存竞争'了!所以我们要努力自强,才可以不受人家的欺侮和压迫,独立自由地生存在世界上。"[③] 在民族国家林立的世界舞台,现代生物进

---

① 梁得所:《编者言》,《良友》1928年第26期。
② 梁得所:《编者与读者》,《良友》1928年第29期。
③ 伯吹:《编者的话》,《常识画报:中级儿童》1937年第50期。

化论思想在画报上被反复提及、强调。编者认为，提到中国，外国人的印象还停留在一个非常传统的未开化的时期，这与中国长期以来不积极参与国际间事务有关。如果中国积极参与国际间各项活动，想必中国的民族形象将会有所改变。国际间的运动会是展现国家民族形象的绝好机会，但这种民族形象首先应当被本民族认同。

> 五月也是一个运动竞技的好时节，第十届远东运动会这月内开幕了，会场是在菲律宾马尼拉，起初也曾闹过一阵子"伪组织"参加问题，日本要求大会容许"伪国"参加，我国自然热烈反对，海外热血华侨甚至打电话警告我国远运主持人王正延不要遗臭万年的，先前侨胞大概有点可虑，结果幸而菲国决定"拒伪"，日人的阴谋不逞，王正延先生便不致遗臭万年。①

民族主义是一种关于政治合法性的理论。② 这样激烈的对立在国际政治关系中并不少见，不同的主体在各为其主的唇枪舌剑中捍卫自己的政治合法性，客观上强化了自己所在群体的认同感、归属感。从清末到民国，中华民族备受列强欺侮的历史在很大程度上刺激了国人的民族存亡意识，推动了民族身份问题成为近代中国历史上最核心的议题之一，在现实和学术层面为人所广泛关注和热烈讨论。

三　评论国际事务

编辑按语中对国际事务的关注多数都与发生在世界各地的军事冲突有关，例如世界非战公约、第一次世界大战、世界大战停战纪念、英美日军缩会议、欧战停战十周年等等。

> 自世界大战以还，世人悸于战祸之惨，乃亟求弭战之方。顾军缩会议迭开，各国竞争军备如故。凯洛格公约之签立，所以排斥黩武之国家，签字者虽达四十余国，其为废纸也如故。所谓不宜之战，即为有非战公约后，所产之新名词。……凡稍有谙国际政治及世界大势者，无不知第二次世界大战之必不可免。其剧烈情形与破坏程度，又

---

① 梁得所：《可纪念的五月》，《良友》1934 年第 88 期。
② 胡文木：《什么是民族主义——读安德森〈想象的共同体〉》，《前沿》2010 年第 22 期。

将远驾于前次大战之上。……①

20世纪30年代,国际局势的核心即各国无不为日益迫近的战争阴云忧心忡忡,纷纷竭尽全力扩军备战、合纵连横,为获得有利的外交地位而绞尽脑汁。《世界军情画报》正是在这样的背景下应运而生。可以说这份画报整个就是为了介绍、评论国际事务而创办的。

而《良友》编者对这些事务的评论主要涉及战争与和平这两大主题,并强调和平的重要性。编者评价德皇威廉二世为一世之枭雄,但正因为"此等雄魔作祟"才使欧亚大陆一直处在战争的乌云之下,以致和平之路还尚远,因而主张以威廉二世为前车之鉴莫要重蹈覆辙。而这种对和平的希望在评价第一次世界大战时表现得更强烈。

> 第一次世界大战的凄惨情状还深印在我们这一代的记忆力,第二次世界大战的风飑又卷着来了。战争所给与我们的是什么呢?我们没有人能解答出来。战后所遗留给我们的是饥荒,穷困,失掉了丈夫的寡妇,失掉了儿子的母亲和一批一批因战争而失业的颠沛流离的民众,与及被炸毁了的客舍,田村。从这期所刊载出的第一次世界大战的可怖片段中看来,我们再不须去问战争于人类的真正幸福上有何收获了。②

比起空洞的表达和平的希望,细节更能打动人。战争带来了饥荒、穷困、失掉丈夫的寡妇、失掉儿子的母亲、无家可归的民众,因为画报所刊登的是第一次世界大战的照片,所以这些具体的细节将读者与战争的距离拉得更近,更容易产生共鸣。编者通过这样的方式来表达自身对战争的看法,体现了对和平的向往。但在那个弱肉强食的时代,虽有心向往和平,但各国却不得不加强军事训练。

> 讲到"军备",是近今中外所关心的问题。我们知道,今年是欧洲停战十周纪念,而我们国内编遣会亦正在进行中。和平,是一切人

---

① 明耀五:《为发刊世界军情画报致读者》,《世界军情画报》1935年第1期。
② 马国亮:《编者与读者》,《良友》1934年第86期。

类的幸福,尤其是爱好和平的中国所喜悦。也许有人会问,本报既赞颂和平,为什么又鼓吹军备(见十四和三十页)呢?其实并不是矛盾,现在且拿来谈谈罢。阅日本报纸,见他们和平两字,是写作"平和"的,这颇有意思,因为"平"然后能"和"像前期胡汉民先生题赠本报:"以平等待我者为良友。"比如一个弱者被人者踏在脚底,自己不努力站起来,只睡在地上讲和平,那便是懦夫之所为。必须大家一同站着握手,才是真正的和好。前清的外交但求息事宁人,别人的苛求一口答应,那是"和"而不"平",三民主义所主张的外交,首要废除不平等条约,是"平"然后能"和"。再进一步说,利己损人是人类共有的弱点,侵略的野心在世界上势不能消灭的,慢藏诲盗,双方同负其咎。我们若不自强,使野心者常有机会破坏和平,那么,严格说起,我们是陷人于罪了。意大利首相墨索里尼(见第卅二页画传)说得好:"我们欲防止世界战争,就要整顿自己的武备。"我们国民应该监督政府消除私人的武力,而培植民众的武力。我们一方面赞成编遣军队以减轻人民负担,同时赞成学校提倡军事教育,巩固国家的基础。①

原本是对国外的、欧洲军备的讨论,不过几句话工夫,编者话锋一转,注意力很快便被拉回到中国:落后就要挨打,因此中国作为一个本就落后的国家更应该加强军备,只有雄厚的军事力量才能保证国家主权独立,连本国主权独立性都不能保证的国家必然会受到其他国家的侵犯。可见《良友》刊登国际题材的立足点与归宿仍然是对中国自己的问题与关切,评论国际事务最后往往拉回到中国来结束,目标仍然是引导、教化中国的读者。

第二节 在报道的基础上表态

在报道的基础上表态是在对特定新闻、时事的报道基础上发表评论,表明态度从而影响舆论,引导读者。这与第一节中单纯的评论时事不同。在编辑按语中有34处节点涉及这部分内容,编者主要对工商业、国内时

---

① 梁得所:《编辑余谈》,《良友》1928年第33期。

事、中国形象等内容发表观点，同时提倡一种积极、正面、乐观的态度来看待中国的未来。

一　建议振兴工商业

自清末以降，在全球范围内尤其是与列强对比，中国的贫穷落后是一个不争的事实，论其原因多种多样，工商业的落后便是其一。编者在第43期的《编辑余谈》中这样说道："中国不患无钱，只患无业，倘若工商不能根本振刷，即使发现金山，结果仍然是穷下去。"① 振兴工商业对国家的益处自不用多说，《良友》编辑借着在上海举办国货博览会、提出"振兴国货"的契机，在画报上提出自己的观点：

> "振兴国货"这口号喊了多年，成效极其微小，皆因这事关联极远：欲求国货振兴，先要工业发达；谋工业发达，须把经济状况改善；而经济的改善，又赖全体人民和政府一致奋发解除外来的压迫和捆缚。将来有一日，中国人因国货价廉物美而购用，不必当买国货是特殊义举。我们希望将来的双十节，无鸦片可烧，亦无再开国货展览之必要。②

编者提出，首先要发展工商业才能改善中国的经济状况，而中国经济状况的改变需要依靠全体人民和政府的努力。近代中国对发展经济的呼吁并不少见，但是多数都未能采用《良友》的这种方式：借着特定新闻事件，通过刊登相关新闻照片、展示工业产品来呼吁发展工商业。

二　针对时事表达观点

编者针对时事发表的观点往往是在特定报道中看到问题、看到不足、看到值得改变、改进的地方以后借题发挥，引申出对特定问题的观点、评论。例如在第50期的《编后话》中，编者从梁忠甲司令的出殡谈到拒俄战事的牺牲者，他们为保卫民族牺牲性命博得了中俄的谈判，但谈判却被俄方一再拖延，这全因"'弱国无外交'，内乱的国更无外交可言"。又联系外交家唐少川拒绝美国总统胡佛的邀请之事，唐说道："国内情形这么

---

① 梁得所：《编辑余谈》，《良友》1930年第43期。
② 梁得所：《编后话》，《良友》1930年第52期。

糟，到外邦有什么话好说？"最后借罗可侮辱华人之事发表观点："别人丢我们的脸，我们要争体面，那是情理必然的事；可是向人争体面之外更要自己争气，倘若我们不能从各方面正气，到什么地方都难免受气；将来恐怕不但无体面可争，且势必至无脸可丢！"① 编者的话语中表达了对国家弱小的担忧和气愤，中国因为实力不如人而处处受制于人，长此以往还有什么国家主权可谈。而要想改变这样的状况首先得从改变自身做起，中国要进步要强大不仅要依靠政府还要依靠人民。

借着召开国民大会的机会，编辑再次强调实干兴邦的重要性，批评空谈误国的弊病：

> 集各方人才，讨论国家大事，谁也不能否认这是重要的任务。近年来，首都开过几种会议，如教育，工商，财政，航空……各种全国会议，产生许多有价值的计划，谁也不能否认这是可喜的事情。如果各项会议的议决案能够一一实现——或其中十分之一实现——中国已够做世界一等的富强国了。然而不幸计划愈多，实行愈不易。空想空谈，恐怕一场热闹而已。②

为了实现中国的国家富强，政府集结各方人才共商国家大事，无论商讨的结果如何都走出了积极向上、谋求进步的第一步。但如果仅仅停留在这一步上，那中国的进步也太慢了些。编者认为，要求国家进步富强不能仅停留在商讨方法议案之上，而应重在落实，所以编者评价刚闭幕的国民会议"求实际，莫尚空谈"。具体而言，加强中国的物质基础建设就是"求实际"的一个方面。在中国的根本问题当中，心理建设自然重要，而物质建设想来未免被忽略。③ 当冯玉祥提倡减少公用汽车的数量之时，编者提出了反对意见，认为物质建设是不应该被忽略的问题。公用汽车的数量涉及民生建设的问题，公用汽车数量减少只会拉低人民的生活水平而不是提高。除了加强民生建设之外，编辑还强调应该发展自己国家的电讯事业和铁路等交通运输工具。从这些评论中既能够看到《良友》编辑期待振兴国家的赤诚之心，也能够感受到由于当时的国情不容乐观而在言语之

---

① 梁得所：《编后话》，《良友》1930年第50期。
② 梁得所：《编后语》，《良友》1931年第59期。
③ 梁得所：《编后余谈》，《良友》1928年第31期。

间流露出的"恨铁不成钢"的急切与无奈。

三 建构中国形象

《良友》对于国家形象的主张主要分为两个层面。一种是在各种涉及国际的新闻、事件报道中有关中国负面形象的报道,编辑往往会专门针对特定问题表明立场、发表看法;另一种是自觉地意识到作为大众传媒,画报对于建构正面的国家形象有着重要的作用,利用各种机会、手段实现这个功能。

前一种情况比较典型的文本是第119期的《编辑室杂记》中提到的世运会。在这次运动会中,中国选手全军覆没,让人联想到"东亚病夫",因此不少中国人开始咒骂选手无能。对此编者回应道:"假如'东亚病夫'还是病夫,则虽有一两特出的运动员去抢了几分回来,也不会就此抹去了'东亚病夫'四字的羞耻。如果东亚的人民已经不是病夫,则运动选手的失败,又何损于中国国体的尊严……"[1]《良友》理智地指出,问题的关键在于作为一个国家、一个民族,中国的现状如何,头衔、名字或者符号的正面或者负面内涵并不会改变国家、民族的实际情况。在编辑看来,"东亚病夫"这样的称号之所以会套在中国人的身上并非因为运动员的铩羽而归,想要脱掉"病夫"的帽子,也需要包括媒体在内的各方面来共同努力。

所以,《良友》编辑出版的《中国大观》则是后一种情况的典型例证。

> 宣传新中国的真相,纠正世界对我的误会,这是当务之急,也就是本杂志决心担负的一种使命!亦即良友公司事业目标之一!读者大概都知道,我们最近编刊《中国大观》,实在并非无的放矢。且说范朋克在上海时,对唐少川先生说:"这回到中国所得的印象,出乎我意料之外,回去必尽力述我所见,使一般未到过东方的人消除误解。"总之,我们应该欢迎范氏夫妇,因为他们增加世人不少快乐;同时从积极方面,使一切外人知今日之中国,非昔日可比。[2]

---

[1] 马国亮:《编辑室杂记》,《良友》1936年第119期。
[2] 梁得所:《编辑余谈》,《良友》1929年第42期。

媒体作为一个传播平台，是传播、塑造国家、民族形象的主要渠道。很长一段时间中，外部世界提到中国人常常联想到的是小脚、长辫，说起中国就想到贫困与落后，这与之前大量的媒体报道关系密切。因此在评论范氏夫妇《月宫宝盒》之时，编者评论到国人对外国歪曲中国形象不满之时，也应该反思自己是否尽力使人了解中国，国家形象的建构不能是被动地让别人来观察，还应该主动宣传。《良友》的责任之一便是要纠正世界对中国的误解，让全世界了解今日之中国。而除了媒体的宣传外，还需靠每个中国人的努力，因此对范氏夫妇的努力，《良友》表达了由衷的谢意。

四　提倡积极、乐观的态度

虽然近代中国从总体上内忧外患连绵，天灾人祸不断，但是《良友》编辑始终保持对国家、民族光明未来的信心，即便面对种种困难、缺陷，始终倡导一种积极、乐观的态度，这一点给人留下非常深刻的印象。按照编辑自己的话来说就是："我们眼见国内和海外华人遇着似无出路的困境，然而不要怕，不怕的人的面前才有路！天灾和厄运不能绝民族的生命，只要整个的民族决心图存，造物者不能不答应！"[1] 当时国家和民族虽面临着困难，但编者相信天灾和厄运都不能毁灭掉一个民族，只要整个民族团结起来为国家寻找出路，中国光明的未来早晚都会到来。为了强调这种希望，编者还引用意大利首相对中国的评价，"最近赖了军事上的勇敢和个人的大胆，居然震动了全球。在军事上既能一鸣惊人，在其他方面当然也有一天会奋发的"[2]。同时，画报也不忘引用其他国家、民族对于中国的积极评价来激发读者的自信心、自豪感。例如引用当时意大利领导人墨索里尼对中国的肯定等。此外，编辑还以其他民族的经历为鉴，以提倡对未来的乐观态度。

> 欧战后的德意志和土耳其，被束缚被压迫到极点，然而含苦奋斗，他们今日都抬头了。[3]

---

[1] 梁得所：《编后话》，《良友》1930年第51期。
[2] 梁得所：《编辑室谈话》，《良友》1932年第65期。
[3] 梁得所：《编后话》，《良友》1931年第63期。

第九章 编辑按语中的意见表达

德意志和土耳其曾经也是弱小的国家,而他们的经验证明,贫困、落后、受压迫、受歧视的现状是可以通过自身的努力来改变的。这些评论、观点、态度的表达无疑对于读者产生了正面、积极的影响。

第三节　文学化的观点表达

《良友》除了针对时事或者通过报道的方式表达观点以外,也经常在编辑言论中直接地或以文学化的方式表达观点。这些观点往往不是由时事或者相关报道引出,而是重在呈现立场、观点。而这些观点在编辑按语和卷首语两者中都有出现。其中卷首语相较编辑按语具有更为浓厚的文艺气息,编者在卷首语中采用文学化的方式抒发情感。因此,这部分有 11 处内容出自卷头语,仅两处来源于编辑按语。

虽然这一类观点的表达往往并不以具体人物、事件为依托,但是常常因为自然环境的时过境迁而促发作者的文思与情绪,激发出编辑的写作冲动。例如春临北国、积雪消融之时,编者将目光投向绥芬河畔:"中华民族自卫的血迹,未能与积雪同消。"[1] 编者由从春天积雪消融之景联想到国家的现实,积雪虽消但民族反抗外来侵略者所付出的代价却不容忘记。从江河滔滔山岳高崇说到民族复兴:"江河滔荡山岳高崇,中华自古为世之雄;愿母自弃誓不自封,光我民族促进大同。创业艰难先烈建民国,守成不易后死责任重。同心同德同一标帜:青天白日满地红!"[2] 由中国大好河山引发号召民族团结,促进国家进步的感慨,提倡全民族同心同德建设国家。另外在第 13 期的《卷头语》曾经刊登《满江红》来表达对时局的意见,所有这些显示出了编者对国家时局、民族未来的关注。梁得所离开《良友》以后,这种表达方式在《大众画报》上得到延续:"让我们看那花朵照片而认识那妖美而凶残的民族大敌罢。"[3]

有些卷首语的内容则带有更强烈的文学色彩。如第 61 期《卷首语》中便用文学化的手法说明爱,编者借对一双鹅的描写隐喻到爱人之间的相处方式"一个太少,三个太多,这里有一双,一双鹅",爱人之间应该相互友爱,这种友爱一个人没有、三个人又太多,这与现代提倡一夫一妻制

---

[1]　梁得所:《卷首语》,《良友》1931 年第 56 期。
[2]　梁得所:《卷首语》,《良友》1930 年第 52 期。
[3]　梁得所:《编辑后记》,《大众画报》1934 年第 13 期。

的观点一样。①

各种文学修辞的手法也为编者所用。例如第 30 期的《卷头语》中，编者将人比喻为一张洁白的纸，认为纸本身并无善恶贵贱之分，而受到了社会的支配，知识的灌输才有了区分，就有了所谓"黑化""白化""赤化"之分。② 在第 56 期《卷首语》中，编者运用了拟人的手法——"但得芳草有心，抬头微笑，抚慰塞外英魂"，将芳草视为具有心灵的人类一样，抚慰在民族自卫中捐躯的英魂。③ 除了修辞外，编者还不时借用现代诗歌、神话、古词等多种方式直抒胸臆。

第四节 直接表达观点

直接表达观点也是编辑按语中经常出现的内容。经过分析，发现《良友》有 44 个节点属于这种观点的直接表达。除了一些比较零散、琐碎的文字以外，这些观点主要涉及个人和国家、民族这两个层面。

一 针对个人

与其他国家相比，近代中国一直处于落后贫困的阶段，这或多或少让一些国人消沉、自卑而消极对待世事。《良友》作为 20 世纪二三十年代上海最畅销的画报，在当时的社会有着不小的影响。杂志的态度将影响读者的态度。对此编者在第 63 期的《编后话》中说道："良友杂志，无论在任何的时节，都以乐观的态度，祝读者努力。"④ 编者表明了画报的态度，同时希望读者共同努力，积极向上。此外，编者言论中时常以一些象征性的文字来表达态度，借以感染读者。

> 今天风雨阴沉，没有太阳！不，太阳不会没有的。它极久地存在苍穹之中，极久地发出它的光和热。大地虽然幽翳，然而乌云之上，阳光依然照晒着。云是浮的，风雨有收止的时候。明日，后日，或将来的某一日，草叶上凝着的泪珠将被温暖的阳光照干。明日，后日，

---

① 梁得所：《卷首语》，《良友》1931 年第 61 期。
② 梁得所：《卷头语》，《良友》1928 年第 31 期。
③ 梁得所：《卷首语》，《良友》1930 年第 56 期。
④ 梁得所：《编后话》，《良友》1931 年第 63 期。

或将来某一日，枝上鸟儿再歌唱。①

风雨阴沉的天气象征消极的、没有希望的日子，而有太阳的日子则象征积极的、光明的未来。编者认为，当时的中国虽然遍布阴霾，但只是暂且被乌云遮住，太阳一直存在，风雨是暂时的，消极无望的日子只是暂时掩盖了希望，而将来希望总会来临。通过这种象征性的文字表达了编者的乐观态度，借此启发那些消极的读者。

> 力量是由自信产生，有自信便有希望。往日外人笑我们病夫，散沙，我们又自以为弱到无可救药。这次战事，使我们民众惊醒，知道自己实在有力救自己，而且惟有靠自己才可以救自己。自己有一点振作，别人不由的发生敬畏心。②

在中国近代史上，中国人长期受到外国人的耻笑，这让国人自身失去了应有的自信。《良友》总是善于抓住各种机会作积极的努力，证明中国并非一无是处，中国民众团结一起也能击退日军，证明自信能够产生力量和希望。

> 中国女子之美，无论是古典的或现代的，是包含着久远的历史与传统的习俗下所发展的特殊的美。它在世界上占有显著而荣耀的名望，决不能被他国女子之美所得浸染或影响的。中国女子之美，跟着她们优美的道德观念，确为我国民族之夸荣，我们希望她们在保持她们固有之外表美之际，同时更努力于助长她们内容方面的美点；因为后者在个人的整个美上较前者更为重要的东西；并且内容美是由优美的性格，广饶的学识和丰富的情感所综合的美点，或即是个人人格整个的美，这是聪慧的女子因努力于达到的最后最高的美之极点。③

这种民族主义的美学观念将女性美与民族的历史与传统关联起来，认为其他民族女性无法获得中国女子所具备的美。同时，画报编辑也强调女

---

① 梁得所：《编后话》，《良友》1931年第62期。
② 梁得所：《编辑室谈话》，《良友》1932年第65期。
③ 佚名：《编辑余谈》，《妇人画报》1934年第17期。

性美可以学习、获得的方面，也给其他民族女性留下希望。这种民族主义话语在民国画报中的呈现完全不同于之前那种自卑言说方式，带有强烈的民族自豪感。但是这种骄傲的表达在根源上显然无法与民族自卑情绪完全脱离干系。

在评价的同时，画报也表达了对于教化国民的理解。《精武画报》便写道："……体育能康健身体。美术足以修养精神。"①《良友》也非常关注国民素质的培养和提升，经常利用自己的影响力向读者传播健康、积极的人生观、价值观。有不少言论关注个人价值，对个人的成长、发展给出建议。如提倡"德，智，体，群，美，五育齐发展，这是嘉年华会选举花后的标准，也就是我们做健全国民之鹄的"②。编辑借此鼓励国民全面发展，不断进步，同时，认为国人应做有责任感的民众。"国家大乱时，领袖者出而显他英雄的本领；乱事结束，责任在民众的肩上就重起来了。"③在编者看来，民众应当是团结的民众，有责任感的民众。国家的建设不是少数人的事，而是每个人身上肩负的担子。国民作为国家的一分子，在面对困难时应该团结一致，应对敌人时应该同仇敌忾。

> 近百年来国体之损伤，每因执权者有傲气而无傲骨——平时骄夸自大，利害临头，却又勾结仇敌不以为羞，舆论攻击不以为耻。
>
> 无论国家或个人，若想人尊重，首先要自重。不侮辱他人的人格，同时尊重自己的人格——这便是"傲气不可有，傲骨不可无！"④

编者借"菊有傲骨"发表观点：做人傲气不可有，傲骨不可无。而就因为当权者只有傲气而无傲骨，本应团结一心、对外同仇敌忾却勾结仇敌使"国体受损"，继而编者认为做人应当有傲骨，学会尊重自己也不侮辱他人。

除了相对抽象的人生观、价值观的说教，画报编辑也不失时机地刊登有关实际知识的图文，倡导现代、健康的个人生活方式：

---

① 佚名：《编辑者言》，《精武画报》1927年第4期。
② 梁得所：《卷头语》，《良友》1929年第35期。
③ 梁得所：《卷头语》，《良友》1928年第28期。
④ 梁得所：《卷头语》，《良友》1928年第33期。

第九章　编辑按语中的意见表达

　　这是跟前数期本志上所续载的几篇性教育的论文互相接续的有系统性的文字。在目前中国社会性道德类近破产的时代，做父母者至少程度应将自己的儿女教以真确的性知识，以免意志不定的青年男女误入堕落之歧途。这是做父母者应有的责任，又是一般教育家决不可忽视的问题。①

　　在传统中国社会，一般很少公开谈论有关性的话题，更遑论系统、规范的性教育了。近代画报落落大方地提醒读者要重视性问题，教育子女，以免误入歧途，这本身就是转型中的中国社会的一个缩影。健康的体魄和健康的精神也一直是《良友》编辑所大力提倡的方面："运动会固然要锻炼体魄，尤其要培养体育道德，造就义勇的精神，才可以做健全的国民。"② 此处编者除主张国民加强身体锻炼外，还强调通过现代体育培养体育道德，做健全的国民。

二　针对国家、民族

　　编者就国家、民族问题发表的观点和看法表达了对中国政治经济文化事业的期待。在第49期的《编后话》中，编者表达了对国家的未来的热切期待："深望国家的政治，教育，和经济能够早上轨道，使民众文化事业减少障碍，那么，《良友》对阅者也就可以减少许多歉忱。"《良友》创刊的目的即为普及知识、推广文化，因而它将国家的富强兴旺与自身联系起来，表达了作为媒体的一种强烈社会责任感。这种社会责任感促使杂志监督中国的政治经济、教育文化的发展状况：

　　最后时事将付印的时候，得闻张学良南下的消息，接着收到张氏抵京的照片。意外迅速实现的蒋张晤会的状况，刚好在这一期刊出。我们希望当今的领袖人物能高举民族共同的目标，来消灭派系排挤的空气；更希望四全大会能以法治的精神，整理政治的统系，为国体发现光明的转机。③

---

① 编者：《编辑余谈》，《妇人画报》1934年第22期。
② 梁得所：《编者讲话》，《良友》1930年第46期。
③ 梁得所：《编后话》，《良友》1931年第53期。

政治体制作为社会有机体当中非常重要的一部分，直接关系到社会的稳定与发展，其运转的效率一直是《良友》非常关注的方面。因而国难当头的时候，编者针对张学良南下的消息表达了对政治家们的期望，希望领袖人物能暂时将派系的争斗放在一边，集思广益带领国家找到转机。《良友》在这样一个过程中发挥了其社会协调功能。编者对国家未来的憧憬引导着读者关注国家、民族的命运，有助于政治派系在舆论压力之下摒弃前嫌，以大局为重，达成共识，一致对外。

编辑按语中也不时刊登反思国家现状的内容，并提出改良意见："胡适博士所谓贫穷，疾病，愚昧，贪污，扰乱，五大恶魔，盘踞着中国，我们要把这五大恶魔遍除，非忍耐地作长期奋斗不可。"① 编者虽对中国光明的前途确信无疑，但却毫不盲目，始终保持清醒的头脑并对国家存在的问题作出反思，并意识到中国的未来非一朝一夕可以建成，而需要长期的奋斗。所以当十九路军奋勇抗日而国人开始骄傲之时，编者反思："与其空夸自己怎样的美貌不如先照一照镜子。"反思现状就相当于一面"镜子"，反射出国家现存的问题，有则改之无则加勉。

> 曾听闻有人说，东三省有些平原，地价每亩铜元三枚。这事确否未知，不过边疆土地之荒贱，是事实。土地之肥沃自然先推江南及沿海，可是吉黑的森林，蒙古的草原，西藏，四川，云南的动植猎物，亦足以引外国垂涎，何尝不是物华天宝？我们天天叫穷，却把天然的宝藏丢荒着，想起来真有点可怪。现在应该有大批的人，抱着从前出洋过埠的冒险精神，去边省开垦荒地。世上最有作为的人，就是那肯用自己的气力与自然合作以谋生产的人。同时政府也应特别注重繁殖，如果以为这事艰巨而推诿，那么一切建设都可以推诿。②

贫困落后是中国的现状，地大物博也是事实。中国版图辽阔，土地肥沃，资源丰富，甚至引来外国垂涎，却不去拿出实际行动将这些资源利用起来，反而天天叫穷。编者建议国民应该拿出实际的行动来开发自然资源，政府则应该建立后续的管理系统以保证自然资源不至穷尽。

除了上述两方面的观点以外，《良友》编辑按语还对其他方面发表意

---

① 梁得所：《编后话》，《良友》1930年第52期。
② 梁得所：《编后话》，《良友》1931年第56期。

见。例如编者曾三次就人与自然的关系发表看法,认为人们应该亲近自然,回归自然,同时应该保护自然。以德国占领青岛后广种树木,将青岛变成数一数二的好地方为例,希望能通过人力保护自然改造土地和气候,这与现在提倡的生态环保观念一致。① 除了讨论人与自然,编者还就科学与生命的关系发表了意见:"几滴眼泪,倘若用化学分拆,大概不过是氢,氧,钠,氯;然而氢氧化氯的化合物,不能叫做眼泪,因为眼泪具有超乎理解的意义;无线电主驶的机器人,虽然会行动,谈话,接吻,然而我们不承认那是人,因为人是有生命的。"② 科学值得提倡,但在生命与科学之间,编者表达出了对生命的强烈的人文关怀,如果一切事物都从科学的角度看,事物则失去了它的意义。这种人文关怀被编者延续到了婚姻制度与爱情的讨论中,强调世间环境和时代都在变,唯有爱不变。③

从总体上看,《良友》编辑的观点表达方式既带有强烈的时代特征,关注当时中国国情民情,有的放矢,言之有物;又不失独立立场、理性思考所带来的预见性。一些富有生命力的观点,即便是放在当下也仍然具有相当的指导价值和现实意义。

---

① 梁得所:《卷头语》,《良友》1928 年第 32 期。
② 梁得所:《卷首语》,《良友》1931 年第 53 期。
③ 梁得所:《卷头语》,《良友》1929 年第 40 期。

第十章

画报编辑按语中体现的主体性

报纸、杂志在一般情况下多被看作传播信息的媒介、呈现信息的平台，但以《良友》为代表的民国画报却经常将自己当作一个有意识的"主体"、想象为一个有生命的不断成长的人。对于主体性，学者们普遍的观点是"主体性问题始于笛卡尔'我思，故我在'这一命题。其实，从人类历史上看，对主体性问题的研究早已有之，作为西方文明源头的古希腊思想就有了主体性思维的萌芽。古希腊的'第一智者'普罗泰戈拉关于'人是万物的尺度'的思想和苏格拉底关于'认识你自己'的见解，是主体性思想的萌芽"[1]。所以，作为一个有意识的主体必定会把握自己，并主动感知外界。如果从这个角度来看，以《良友》为代表的民国画报通过各种方式努力表达并建构自己的主体地位。

第一节 自我意识

作为一个有意识的主体，首先必须认识自我，这样才能从容面对外界。在观照自身时，《良友》主要是从现状和发展历程这两个与主体相关的方面来认识自己，而在说明自己与读者关系时，《良友》是借助隐喻的方式来表明身份。

一 对画报现状的说明

在《良友》的现状说明中主要提及印刷、价格、销数等方面内容。

---

[1] 孙庆斌：《无法消解的主体及其责任——勒维纳斯他者理论中的责任主体问题》，《学术交流》2009 年第 185 期。

关于印刷部分，《良友》提到的主要是彩色印刷、铜版印刷、梓版印刷、影印版印刷四种方式，但这些不仅仅是对印刷技术的呈现，对《良友》来说，印刷技术也是自身价值的一部分，而《良友》又一直在这些印刷方式中做出选择，因为编者需要平衡读者需求与编辑部自身条件。前期阶段，对印刷技术的追求主要是为了"愉悦读者"，比如在第29期中说"从本期起，封面用人像印彩色，我们相信这应是阅者所需求的点改良"①。在第43期中《良友》提道："本期印刷，后半部两色套印。这是我们的尝试。虽然要多制一套锌版，印刷的工作也加倍；可是只要美观，总得设法办到。读者对于两色套印以为如何？"② 为了将自己最好的一面呈现给读者，使外观上达到愉悦读者的程度，《良友》积极在印刷方式上不断完善自己，尝试各种改变。但到后期，《良友》开始从"愉悦读者"上升到追求更加适当的技术手段来呈现内容。比如在第44期中《良友》提到因为"上期两色套印因纸质不好成绩不佳，我们认那尝试为失败，所以本期仍改回铜版纸单色印刷"③。虽然双色套印的方式使杂志更加精美，读者会更加喜爱，但是因为与之配套的纸质无法达到印刷技术的要求，最后还是改回了单色印刷，所以《良友》在技术上并不是一味迎合读者口味，而是寻求适合自己的技术手段，而合适的印刷手段对于杂志的质量来说是至关重要的。

  印刷质量对于画报的最终呈现效果影响明显，然而并非所有民国时期画报在印刷方面都能够像《良友》那样得到比较理想的解决。编辑按语中经常会出现对于印刷质量不达标的解释。"十六期的报，因为印刷所未加精审，以致有一部分的画图不十分美丽，这是很抱歉的事，特在此地向购得不清晰报纸的读者致歉。……关于印刷方面，从下期起有一个很大的改革，请读者注意着吧！"④ 也有对于印刷比较重视的画报，例如以刊登摄影作品见长的《卷筒纸画报》便是一例，其编辑经常就如何改进印刷效果与读者沟通。"最近因墨色读者多以为过黑。故本期起改用美国上等深棕色。亦系世界各国之画报所通用之颜色也。诸君以为如何？"⑤

---

① 梁得所：《编者与读者》，《良友》1928年第29期。
② 梁得所：《编辑余谈》，《良友》1930年第43期。
③ 梁得所：《编辑者言》，《良友》1930年第44期。
④ 佚名：《编辑者言》，《电影画报》1931年第17期。
⑤ 佚名：《编辑者言》，《卷筒纸画报》1928年第3卷第140期。

对于纸质内容的说明实际上与印刷方面的内容是相互联系的，因为印刷方式的改变往往要求纸张做出调整。比如在第45期中《良友》就说"纸质在印刷上很有关系。现在本报前部有两页铜版纸，其余的是道林纸。铜版纸纸质幼滑，最宜于印画，印出来的成绩往往和原来的照片无大分别，至于价钱比道林纸差不多贵一倍。本报为求精美，以后全用铜版纸"①。所以《良友》在处理事情的方式上是非常灵活的，应对能力是非常强的。虽然在做出改变的同时需要付出一些代价，比如这里提到的"铜版纸比道林纸差不多贵一倍"，但对《良友》来说，提高自身质量是必要的，"只要读者满意，那末即使牺牲成本，我们也是不在乎的"②。

从这些地方都可以看出《良友》对自身要求的严苛，对《良友》来说，质量和读者感受是比成本更加重要的因素。

至于对价格的规定可以看作是《良友》对自身价值的定位以及在经营方针上的策略。《良友》一直认为在定价上是比较合理的，甚至是比较低的，因为其提供的内容是非常有价值的，这些值得读者花钱购买，例如在第124期就有一段关于价格与价值的论述：

> 本志书价四角，所谓"四角"云云，不过是从商业上计算的价值。编者愿欲努力到使内容的质的价值上，使读者从本志所获得的知识，决不止价值四角的东西。换言之，即内容取材，其贡献于读者的，决非读者能在外间以四角的代价所换得的。③

在《良友》看来，四角钱只不过是商业上计算的价值，而《良友》给读者带来的远不是这四角钱所能包含的，因为读者能够从这本杂志上获得的知识是钱所不能买到的。更重要的是《良友》不会因为自身价值高便向读者随意加价，即使是在非常困难的时候。比如在第44期中提到因为"金价高涨，银价低跌，而纸和墨要仰给外国，价格比从前高三分一。我们决意不加报价，不减篇幅，不损美观，同时要保持营业的健全，那么，怎样办呢？"④ 从这一段我们可以知道《良友》面对的情况已经非常

---

① 梁得所：《编辑余谈》，《良友》1929年第36期。
② 马国亮：《编辑小记》，《良友》1935年第103期。
③ 马国亮：《编辑室杂记》，《良友》1937年第124期。
④ 梁得所：《编辑者言》，《良友》1930年第44期。

严峻，金价高涨，而国内的银价又贬值，物价的飞涨势必造成《良友》成本提高，但就算是在这样的情况下，《良友》也并未加价，而是采取了另外的办法，这在第 45 期的编后语中有说明：

> 月已预告，本期的印刷有新的改良。从前是纲目凸版，现在是影写凹版，各国大画报多采用这种印刷，他的好处是能多印而不失精美，同时这种印刷所用的纸张，比从前的较廉，藉此可以避免金涨潮中的大损失。①

《良友》所说的办法便是改变印刷方式，从自身下手，这样便可不损失读者利益，而又能保持刊物的质量。从这一点来看，《良友》对自身质量的要求一向是高标准，这样必定会使成本增加，但因为《良友》总是将质量与读者放在第一位，所以对成本的考虑便稍微少一些。当然，《良友》并非完全不考虑成本，只是在杂志质量与成本之间进行选择时优先考虑质量。

而关于销量数的说明则完全是《良友》对自身的一种肯定，在所有关于销量数说明的内容中都是《良友》在告知读者销量增加，或者销量稳定。比如第 11 期中说"岁末回顾，一方面欣幸这幼稚的《良友》，不但没有夭折，且颇算快高长大——销数一期比一期的猛增"②。第 103 期中提到"在销路方面，也比前大为活跃。据报告，北平广州等地，本志一到，当天便立即售完，添货数次，购者依然踊跃"③。这部分内容可以看作是《良友》为自己包装形象，而这良好的形象通过销售量便可以看出。而更为重要的是，在《良友》看来，能够长期占领"销售量冠军"位置者必能自强不息，不会被竞争所淘汰，在第 124 中《良友》便说"本志广告当以'历史最久，销数最佳'为号召。其实此等口气并非自夸。历史最久不难，历史最久而仍能销数最佳，却确实不易。盖必能自强不息，才能不为优胜劣败的天演公例所淘汰"④。所以销量数在《良友》看来，是衡量成败的标准，而《良友》便是强者。

---

① 梁得所：《编者讲话》，《良友》1930 年第 45 期。
② 周瘦鹃：《致读者》，《良友》1926 年第 11 期。
③ 马国亮：《编辑小记》，《良友》1935 年第 103 期。
④ 马国亮：《编辑室杂记》，《良友》1937 年第 124 期。

二 做读者的"良师益友"

在编读关系的考量中,民国时期画报常常用隐喻来表达对自己身份的理解。这其中包括"演员""厨子""朋友"等,不一而足:

> 只希望读者诸君能以好朋友的感情来看待我们①
> 良友画报是属于你们的。我们仿佛是厨子,你们要吃什么……②
> 舞台上的戏,要想得到观众们的赞美和欢迎,那么总要一班演员们协力同心来卖力气,各献其能,甚至于锣鼓场面也要紧凑。……我是拣场打门帘的一个脚色……③

厨子负责为食客提供可口的饭菜,而演员则要让观众见到理想中的那个角色。显然,服务读者在这里是画报考虑的核心问题。读者的口味各不相同,理想中的角色千差万别,因此编者必须要用心协调、竭力周旋以满足大家的胃口和意向。

在另一些情况下,画报不约而同地将自己比为"孩子"或者"花":

> 好像一个好孩子,穿上了一件美丽的新衣,更加可爱了。……你们的好朋友……④
> 因为本报自行世以来获得数万热性读者的维护,使此稚子逐日成长,不虞夭折……⑤
> 一株费尽心血培植灌溉的艺术鲜花,被东方铁蹄踩躏得枝枯叶萎,花瓣零落……⑥
> ……我们极力栽培这株"生命之华"使它开花结果以飨读者而已!⑦

---

① 天衣:《编辑后记》,《新华画报》1936年第1卷第3期。
② 编者:《编者与读者》,《良友》1934年第84期。
③ 佚名:《编者的几句话》,《风月画报》1935年第5卷第1期。
④ 伯吹:《编者的话》,《常识画报》1937年第48期。
⑤ 倩文:《告别读者》,《妇人画报》1933年第13期。
⑥ 李逊梅:《旧编者的新感想》,《大亚画报》1932年327期。
⑦ 佚名:《请读者先看这一篇》,《生命与健康画报》1929年第3期。

孩子与花都需要用心培养才会茁壮成长、最终绽放。对于新生的画报，各方的照顾与关心事关其发展壮大，必不可少。

与上面这些隐喻比较起来，把自己当作读者的朋友则是民国画报最普遍的自身定位。这在很大程度上体现出一种平等的姿态，希望与读者对话。这种关系既不是居高临下地俯瞰、教训读者，也不是卑躬屈膝地迎合、迁就大众口味。

创刊初期，《良友》就有对自身身份地位有过说明。第36期中《良友》对刊物名字进行解释："本杂志的英文名是Young Companion，原本Companion便是'良友'，而起内容老幼咸宜，童叟无欺的，那么多个Young（少年）字，反觉得略有带稚气。这见解原是不错，但我们现在仍不把Young字除去，因为我们策励自己生长，不以幼稚为可耻，尤不以老为可夸。"① 这表明《良友》从一开始就在试着以"良友"的身份与读者对话，这样《良友》能做的便不只是娱乐大众，还能够像朋友一样为读者提供人生建议和指导。

既然将自己当作是读者的"良友"，那么《良友》便会对自己的使命有一个清晰的认定，这在《良友》的编者话语中经常提及。比如认为"杂志刊物是帮助大家观察的"②。"一本画报不该是徒然供人消遣的刊物。他应该是用趣味的方式来贡献实际的知识。我们日夕计划的就是如何能充分地负起这样使命。"③ "这杂志是属于公众的，编者的责任是挑选最精的稿件编给公众看。如果稿件没有好的，编者只好自己想办法去找，如果找不着，编者只好挨骂，这是活该。"④ 所以，在《良友》看来，编者的使命便是提供实际知识给大众，并且这些内容要有趣，能够使读者看得高兴，这是作为一个"良友"所应该具备的品格。但实际上在这些品格的基础上，《良友》有更高的使命，那就是唤醒国民：

这些日子，大概多少总经过了些年头了，像打吗啡针一样，我们晚辈或先前和历史发生过密切的因缘而现在老了的人，每年遇到了纪念的日子，总不免短暂地起了一阵子刺激的兴奋。历史的遗痕无论如

---

① 梁得所：《卷头语》，《良友》1929年第36期。
② 梁得所：《编辑室谈话》，《良友》1932年第65期。
③ 马国亮：《编者与读者》，《良友》1934年第85期。
④ 马国亮：《愚人节里的话》，《良友》1934年第87期。

何是磨灭不掉的呵。在这样的年头里，世界上仅有不少善忘的人，譬如说，"五卅"过去了，还不是跟"五二九"一样的过去了么？他们的感觉迟钝，记忆力坏，许是他们的幸福；然而画报的编者就不是如此幸福的人，让记忆消失于个人的是非得失中，而社会的大日子可不能够淡然忘怀的。这一期的本报，在第一页里，我们先来一个"五月的回忆"的节目，从"五一"到"五卅"，这里以明显的照片把那些日子的重要意义提示出来，请读者诸君运用脑筋温温那历史的旧课。①

传媒本身具备唤起公众集体记忆的功能，而《良友》也认识到了这一点，并付出了实际行动，用"明显的照片把那些日子的重要意义提示出来"可以唤起国民对历史的记忆，而在当时的社会环境中，诸如"五卅惨案""五二九"这样的事件能够点燃民族情绪，对于民族救亡来说是十分必要的。《良友》就像一个觉醒的"呐喊者"，用这样的方式为民族的未来做着努力。这样看来，《良友》的身份已不仅仅是"良友"可以胜任的了，更像是一位"先导"，一位"良师"，而读者正是其教化的对象。

三 时间感与使命感

这里的时间感主要是自觉的时间意识，是画报对自身发展历史的记录，多数是表述其已刊登的期数，有时也体现为对自身发展阶段的拟人化的认识与想象。这种对自身发展历史的记录实际上已经发展为一种时间计算标准，例如《良友》在编辑按语中提道："本报以十二期为一年，到现在刚满三岁了。"②"三十七期，是良友第四年的开始。"③"每月一回的良友杂志，不觉出到四十八期。"④"本杂志出到六十期，刚满五年了。感谢读者的爱护，使幼稚的刊物像小孩子一般按着年岁而生长。下期是第六年的开始，你们的良友自当穿上新净的服装，起起新精神，和你们相见。"⑤《良友》把自己当成一个正在成长中的孩子，而读者的爱护使其"健康"成长。这种将杂志历史当成小孩成长史的拟人手法便是一种时间的计量手

---

① 马国亮：《可纪念的五月》，《良友》1934年第88期。
② 梁得所：《编辑余谈》，《良友》1929年第36期。
③ 梁得所：《编辑琐言》，《良友》1929年第37期。
④ 梁得所：《编后话》，《良友》1930年第48期。
⑤ 梁得所：《编后话》，《良友》1931年第60期。

段，这在民国时期的画报并非孤例。20世纪30年代的《妇人画报》也曾经声称："我们由飘动无定的摇篮期，已生长至极健强而生动活跃的青春时代……"①

吉登斯曾在《现代性的后果》中说："大众媒体也是通过定期编辑出版，读者定期阅读来帮助建立现代时间观念的手段之一。即脱离空间的时间，'虚化'的时间。"② 而《良友》每次在表述时都会强调时间关键词，比如强调"三岁、第四年、四十八期、五年"，这些不仅仅是对《良友》发展历史的回顾，更是在为自己建立一套时间标准，而读者阅读杂志时不知不觉便接纳了《良友》的时间观。在第38期中《良友》也说："定期刊物的时间性，是很重要的；关于出版误期，编者没有期期提出道歉，并非不知道，我们着急的心不在阅者之下。"③ 这样看来，《良友》的出版周期其实已经成为读者对时间的一种衡量标准，这与之前人们以日出日落来衡量时间的做法不同。以一份出版物的刊出时间来记录日期正是一种现代生活的表现。所以《良友》强调时间的做法实际上是在建构自己的现代时间观念，而读者在阅读杂志时，这种时间观念便被植入脑海，逐渐成为一种生活习惯。

而"使命感"则是画报不时表达对自身使命的理解与认识。例如，"本刊既负上了这个'表现艺术'的使命，几月以来，竭力向洗去以前的深尘残影；因了种种的关系，不能立时如愿更改，是一件令我们深觉不安的事……"④

无论是将自己视为成长的孩子，还是在编辑按语中明确自己的使命，都是给画报赋予生命的尝试，而这是民国时期画报编辑思想的显著特征。这个特征在民国著名报人、画报主编梁得所那里表述得最为完整，也被他执行得最为彻底："为了许多人的兴味，思想，和心血所集合，这本杂志将成为有生命，有情感的东西。在阅者面前，会说话，会动，会生长。……生长，是一件物所给予人的快慰。就以这本杂志来论，我们始终持着不问收获只问耕耘的态度办去，成绩是永不会使我们满足的，而其生

---

① 编者：《编辑余谈》，《妇人画报》1934年第24期。
② [英]安东尼·吉登斯：《现代性的后果》，田禾译，黄平校，译林出版社2000年版，第15页。
③ 梁得所：《编辑者言》，《良友》1929年第38期。
④ 佚名：《编者语》，《太平洋画报》1926年第1卷第5期。

长却给予我们相当的欣悦。"①

除了以上方面表现出的强烈的自我意识，**画报作为新闻媒体的生命力同时还体现在对于环境的感知和应对能力方面。**

第二节 感知环境

对环境的感知是作为一个有意识的主体必然具备的能力。这里的感知环境主要是指对外来刺激产生趋利避害的反应。作为主体，随时都可能面对外部环境带来的影响，可能是机遇，也可能是威胁，这时候就需要主体作出反应以获得生存、发展的机会与资源。

一些画报正是基于对环境的感知判断才得以创刊。《世界军情画报》正是在国际局势日益紧张，各国竞相扩展军备，战云日益笼罩世界的背景下创刊的："本报之发刊，系应时势之需求，有当声明者……"②

而《良友》在面对来自其他同类画报竞争时表现出有生命主体无不具备的条件反射能力。当其他画报经营者正当竞争，未做出伤害《良友》之事时，《良友》便觉得"这是出版界值得庆祝的好现象，中国地大人多，就再出一百几十种，比起来也觉得太少。而且刊物出版仿佛展览会，成绩比较之后，出品者和观众的眼光程度也同时提高了"③。但当其他画报采取不正当的手段伤害到《良友》自身利益时，《良友》并未退缩，而是坚决给予了反击，在第47期中，《良友》在编者讲话中用三大段的篇幅回击了其他画报的恶意中伤：

> ……爱罗先珂说过这样的话："凡人类间所有的耻辱，就是我们的耻辱；人类所有的光荣，也就是我们的光荣，因为我们都同是人类。"以上唠唠叨叨的一大堆话，本来几个月以前就应得说出来。不过我们素抱着忠恕待人之心，希望他自己憬悟，同时觉得这又是书报出版界中一件可耻的事，自己同是出版界中人，家丑不出外传，所以一向都容忍下去。可是近来他们却越弄越凶，不自引咎悔改，反而自鸣得意，卑鄙手段，有加无几。我们想到如其对出版界的败类施以仁

---

① 梁得所：《编辑后记》，《大众画报》1934年第12期。
② 明耀五：《世界军情画报致读者》，《世界军情画报》1936年第2期。
③ 梁得所：《编者讲话》，《良友》1930年第45期。

慈，那就无异对出版界的前途为残忍，因此不得已说了出来。希望这寥寥的几句，能够把他们从歧路中带了回来……

这里只是截取了其中一段，从这一段的内容来看，《良友》对中伤自己的竞争者是毫不留情的，直接使用"耻辱""可耻""卑鄙""败类"等词，且将这等事情看作是"家丑"。《良友》认为"有了竞争才有进步。不过竞争的要素，还须得从真实起点，世间上一切的竞争，胜利到底是要属于那些有充分的确实的力量的人们。不务实际，徒然用狡猾的手段来中伤他人，以求夺得胜利的锦标的，结果就只有为万人唾骂而已"①。在《良友》看来，所有的竞争都是建立在"真实"和"实力"的基础上的，用狡猾的手段只会引来"万人唾骂"，这表明《良友》在面对外部环境的威胁时是有足够的底气和能力反击的，并且是站在一个比较高的位置来回应竞争者。《良友》指出，对"败类"仁慈则无异于毁了出版界的前途，而自身之所以如此愤怒是希望能够将他们从歧路中带回来。《良友》将"败类"的行为当作是误入歧途，而自己则以一个"领路人"或者"教导者"的姿态帮助他们走上正道，从这一点可以看出《良友》早已将自己放在"教化者"的位置。

除了在面对外部竞争时反应激烈，《良友》对季节、天气、空间位置等内容也是十分敏感的。面对季节的变化，《良友》往往是带着一颗敏感而又文艺的心去感知，这种情况在"卷首语"出现较多，比如第44期的卷首语内容：

> 唱兮百鸟，歌声高凌云端；
> 百花醒来兮！
> 放艳吐香；
> 阳春已至，
> 繁荣夏日不远，
> 唱兮百鸟欢唱！②

在《良友》卷首语位置出现的内容多是激励或者批判性的话语，而

---

① 梁得所：《编后话》，《良友》1930年第47期。
② 梁得所：《卷首语》，《良友》1930年第44期。

表达的方式一般是带有文学或者文艺色彩的，比如上面这一段就带有一些诗歌韵味，用一种比较欢快的语调来表达对春天的喜爱，以及对夏天的期盼。而对于不同季节，《良友》往往是用描述性的词汇来表达自己的情感，比如对春天的描绘是"百鸟、歌声、艳、香、欢唱、绿草"等词；夏天是"溽暑、热、繁荣、阳光"等，看到这些词就能给人一种很温暖的感觉。而对秋天《良友》经常使用的字眼就是"霜风、瑟瑟颤栗、凋零、感伤、雨、凉"；冬天则是"岁末、岁暮、积雪、严冬"，这些词给人的感觉往往是萧瑟、寒意。由此可见，《良友》对季节变化的感知其实是带有人文色彩的，读者在阅读时仿佛是在和一位文人骚客对话，而非仅仅是面对一卷没有感情的书纸。并且对季节变化的感知实际上也是一种对时间的敏感，这在《良友》的诸多表述中可以看出来，比如"想起了时间的飞越是如此地漠不留情，我们的心真有点像飘舞的黄叶一样在霜风里瑟瑟颤栗"①，"好容易一年又过了，当这新年将届时节，很欣喜的恭祝诸君光明的前途"②，"一年容易，又届岁末"③，"暑天这么快就到了，刊物已带着夏季的时间性"④。这种对时间敏感，反复在刊物上"提醒"的方式其实是在帮助读者建立一种时间观念，不断地重复、告知能够将这种概念深深地植入在读者脑海，并且《良友》是通过自身对外部季节变化的感知来与读者建立一种共时感受，用自身的感觉去引导读者感知时间。梁得所离开《良友》以后，这种感知季节、时令变化的编辑方针自然延续到后来的《大众画报》上："大地回春，又是一年最佳的季节。本期所载略多轻趣的画片，并在比较清晰的墨色印刷之下表露出来，想有赏心悦目之处。春光无限好，大众有份。"⑤

对天气的感知与季节不一样，《良友》在感知季节变化时往往带有文学色彩，更多是从情感上与读者靠近，而对天气的感知则是比较实际、生活化的，比如在第119期中写道：

天气热极。尤以本志编辑室为甚。凡曾到本市者类能道之。每日

---

① 梁得所：《编者之言》，《良友》1929年第39期。
② 周瘦鹃：《致读者》，《良友》1926年第11期。
③ 马国亮：《编辑室杂记》，《良友》1936年第123期。
④ 梁得所：《编辑室谈话》，《良友》1932年第66期。
⑤ 梁得所：《编辑后记》，《大众画报》1934年第5期。

于热度九十六七度中工作,挥汗且不遑矣。

　　天气既热,各地读者定有同感。本期除必需之时事外,其他材料特注重较轻性者。使读者不致因读本志而益大汗益增淋漓,且于午睡后读之,较能醒脑也。①

在这里,《良友》是从实际的角度出发为读者考虑,天气变热,《良友》便选择一些"轻性"材料刊登,这样让读者看起来不至于"大汗淋漓",且在午后阅读还能醒脑。所以,在天气的问题的上《良友》更多是提供一些生活建议,而不是感悟生活、人世。这一点在第93期中表现得更加明显:"已过立秋,天气仍热,愿大家多喝点开水,少吃些生冷,彼此保重保重。"② 这句话的口吻就像亲人的叮嘱,我们似乎看到了一个母亲对孩子的无限关怀。而根据传播媒介的报道,对天气加以关注也是现代生活的一种表现。在传统社会中,人们也会根据天气、时令来安排自己的生活,但大都是根据生活经验来做出决定,但伴随着媒体机构的出现,报纸、杂志往往成为参照的标准。《良友》对天气的关注以及根据天气变化为读者提供的生活建议正是追赶现代生活潮流的一种表现,而在此过程中,《良友》又起到了"表率"的作用,将这样的生活方式传递给读者。

对地理位置、空间的关注民国时期画报的编辑按语中也有提及。

《扫荡画报》是民国时期在汉口出版的数量不多的画报之一,在一些方面无法与上海、天津这样沿海都市出版的画报相提并论。但是,其编辑并未因此而气馁,反而强调汉口对于中国革命的特殊意义应该赋予《扫荡画报》一些不可替代的特征:"汉口这个都市,虽然是国内有数之一,但是制版方面,实在比不上京沪各地——尤其是三色版无法制——同时征求材料的困难,也够尝试的,号称首义之区,而所留下的影迹,总是那一套,年年刊载有什么意思呢?"③

不仅如此,《良友》在第56期的卷首语中还有两次提到"绥芬河":

　　春临北国,积雪消溶;且看绥芬河畔,芳草抬头,展露着繁荣的微笑。

---

① 马国亮:《编辑室杂记》,《良友》1936年第119期。
② 马国亮:《编辑室》,《良友》1934年第93期。
③ 一痕:《最后一列车(代编后话)》,《扫荡画报》,双十特刊,1935年。

绥芬河畔，中华民族自卫的血迹，未能与积雪同消；但得芳草有心，抬头微笑，抚慰塞外英魂。①

在谈论现代性问题时，有一个话题是不可能回避的，那就是关于空间的探讨。媒体的出现不仅改变了人们的时间观念，空间观念也不断解构、重构。瓦格纳曾说近代中国的纸质媒体"开辟了一条观察世界及其居民的途径"②。而报纸杂志作为承载民族这个想象共同体的媒介，又使国民可以通过图像或者文字想象自己未到过的地方，通过阅读媒体上的内容，不同地区读者的地理位置便被拉近了。在上面一段文字中，编者两次提到"绥芬河畔"，在这里《良友》不仅只是希望让读者知道"绥芬河畔"这个地点，还要让大家明白在这个地方埋葬着"保家卫国"的英雄们的忠魂。当读者看到"绥芬河畔"这四个词的时候就能够在脑海中与中国版图上北国的那一块地方联系起来，并被带入到这儿，这实际上是一种建立民族认同、国家想象的途径，而这些牺牲的英雄又由此赢得国民的认同。所以，在这里空间的想象和建构也是一种建立民族共同体的方式，并通过这样的方式教化国民。

---

① 梁得所：《卷首语》，《良友》1931年第56期。
② ［德］鲁道夫·G. 瓦格纳：《进入全球想象图景：上海的〈点石斋画报〉》，徐百柯译，载刘东主编《中国学术》，商务印书馆2001年版，第95页。

第十一章

从读者来信看画报与读者的关系

前面十章主要从媒介内容（画报的图像文本）和传播者（画报的编辑按语）的角度分析了清末民初画报教化读者的方式。然而，画报在读者中有怎样的影响力？画报所有这些努力与尝试是否收到它们预期的效果？读者是否按照它们所设想那样因为阅读画报而受到启蒙？回答这些问题时，学界时常引用清末民国时期小说家包笑天在回忆录中提到的情景：

> 我在十二三岁的时候，上海出有一种石印的《点石斋画报》，我最喜欢看了。……每逢出版，寄到苏州来时，我宁可省下了点心钱，必须去购买一册。这是每十天出一册，积十册便可以线装成一本。我但是就有装订成好几本。虽然哪些画师也没有什么博识，可是在画上也可以得着一点常识。因为上海那个地方是开风气之先的，外国的什么新发明，新事物，都是先传到上海。譬如像轮船、火车，内地人当时都没有见过的，有它一编在手，可以领略了。风土、习俗，各处有什么不同的，也有了一个印象。[①]

由此可见《点石斋画报》在当时风靡一时的盛况。但除此以外，当时读者对于画报的记述非常少见。这个给相关研究带来很大困难，特别是上文所提到的一系列问题，都需要从读者的角度入手展开研究。因此，本章将在分析读者来信的基础上展开对画报教化功能的探讨。

读者来信也是下篇关注的另一个重点。这个部分主要针对读者来信中

[①] 包笑天：《钏影楼回忆录》，大华出版社1971年版，第112—113页。

直接提供报道、言论类型和读者的态度三个方面展开质性研究。与编辑按语比较起来，画报提供给读者来信的空间更少。这直接导致现存画报资料上的读者来信数量不多，分布有限。①

第一节 转换身份：读者来信中的新闻报道

传统新闻业中，传播者与受众的界限是相对清晰的：信息的收集、新闻的提供、内容的生产一般都由专业的人员负责，而阅读则是在报刊杂志出版发行送到读者手中才发生的。在这样的新闻信息传播模式中，读者不会出现在传播的早期阶段（读者没有机会去报道新闻），因此由读者提供新闻报道在传统新闻业非常少见。但是，1937年以后，因为抗战爆发，上海的局势骤然紧张，《良友》的出版发行受到严重影响。这一时期在编辑按语栏目《良友茶座》中大量使用读者来信中的内容来进行新闻报道。经统计，这部分内容共有13处，内容包括战地新闻、政治新闻、社会新闻和灾害新闻四个方面。

这些新闻的提供者有平津流亡学生、八十八师的士兵、政府部门工作人员以及普通民众。这些人所提供的新闻都来源于亲身经历，内容各不相同，有描写卢沟桥事变、淞沪会战以及北平被攻陷后学生流亡这些与战事有关的新闻，也有国民政府主席南下的政治新闻，还有关于同体异生兄弟手术后情况和广东的中学主任因购仇货（注：在当时指敌对国家的商品和货物）冒称国货而被撤职的社会新闻，以及关于四川南充干旱的新闻等等。

一 战事新闻

1937年卢沟桥事变、"八一三"事变相继爆发，全国各地局势趋紧。直接的后果之一便是在读者提供的所有新闻中战事新闻数量最多。其中署名北平徐应林的关于卢沟桥事变的读者来信就是一篇比较典型的现场新

---

① 虽然《良友》刊登读者来信的数量在同期画报中首屈一指，但是也存在长时间的间断，基本上集中在创刊初期（1926年）和20世纪30年代中期以后（1935—1937年）这两个阶段。即便如此，这些资料作为第一手材料能够在一定程度上帮助研究者了解这个时期的画报在多大程度上实现了教化读者的目标。除此以外，本研究还纳入了其他5种画报上刊登的13篇读者来信：《国剧画报》2篇、《电影画报》2篇、《妇人画报》3篇、《解放画报》2篇、《联华画报》4篇，总共13篇。

闻。事件发生时作者在卢沟桥附近视察，然后投书《良友》，将自己所亲历的战争呈现给其他读者：

> 自从昨晨（八日）日本军队首先无故向我宛平炮击之后，日军驻丰台的部队就调动去参加包围宛平县城。此外在卢沟桥五里店和沙岗子这些村庄的稻田里，还分布着一百多个着军服或穿便衣的日兵。他们用高粱和麦来作掩护。同时在这些村庄的道路上，尚有川流不息的日本军官，乘着汽车。①

这封来信对"七七"事变后卢沟桥附近的现场状况进行描述，虽然还不十分规范，但内容涉及了时间、地点、人物、做什么以及怎么做这五个方面。在之后的内容读者发表了自己的看法和观点，认为国人应该团结在一起，有钱的出钱，有力的出力。

有关"八一三"事变的读者来信相对而言则更偏重于故事性，对于时间、地点等具体新闻要素的交代不太明确，但却能让读者了解更多关于八十八师抗日背后的故事。另外，《良友》在编排和内容选择上注意利用不同消息来源的多个视角来呈现该事件：画报不仅刊登八十八师士兵的来信，也刊登了为八十八师送慰问品的上海民众的来信。

有一篇署名"平津流亡学生黄平"的读者来信，从个人自述的角度报道普通人在动荡局势下的切身体会。从这位读者辗转南下的个人经历隐约可以知道当时全国各地学生、普通民众的遭遇。投书《良友》的作者与阅读《良友》的读者在这些方面很容易达成共识、产生共鸣。这些读者来信虽然是不同的人在不同的地方从不同的角度报道了不同的事件、遭遇，但都表达了全国人民与之类似的殷切希望：

> 为了我们中华民族的存亡，为了我们华北千千万万同胞的生命，我们只有全国民众共赴国难！有力的出力，有钱的出钱，至少我们应该作一次广大的募捐运动，用金钱和热情来慰劳前线作战的英勇士兵同胞们！②

---

① 徐应林：《良友茶座》，《良友》1937 年第 130 期。
② 黄平：《良友茶座》，《良友》1937 年第 132 期。

从"七七"事变、北平沦陷再到淞沪会战，日军一路南下烧杀抢掠，四封来信除了叙述这些事实之外还夹杂了读者自己的观点。在"七七"事变的描述中，读者就直截了当地表明了自己的观点，认为全国民众应当共赴国难。平津流亡学生在信中也表达了同样的观点："我们这次同路南下的有三四个平津流亡同学，已经决心深入乡村，像我们在北平时深入固安各地一样，去唤醒我们的民众，一同来捍卫国土，逐出我们民族的第一个敌人。"① 而八十八师死守苏州河北以及上海民众自愿捐送物资本身就是一起捍卫国家领土的表现。在涉及主权的问题上，画报与读者立场一致、观点相同，编辑按语在对外交部部长收回租界发表评论时就曾经指出："'主权'是立国要素之一，主权收回然后配做自由国。"② 通过采用读者来信的方式报道战地新闻，《良友》强化了媒体与读者的共识，促进了媒体与读者的相互认同，甚至让读者有可能将媒体接纳为自己的代言人、发声筒。

二 政治新闻

读者来信中有一篇署名"广州萧志声"的关于国民政府林主席南巡广州的场景描写，虽然字数不多，但是用相对娴熟的手法报道平民主席外出轻车简从、生活如平民的事迹，给人留下比较深刻的印象。

> 国民政府林主席，此次南巡抵广，驻扎广州，除分别巡视粤书致各机关及游览参观名胜建设外，复分往市内繁盛区马前游行巡视，在粤逗留已有旬余，特承南来之便，并在各大公司商店书画古玩店铺，购买各种物品。林氏于四月四日下午二时许，在寒风刺骨，细雨霏霏中，独自一人由市宾馆行栈到市内便民北路的大新公司栈门口下车，入该公司购买用品。③

上述内容节选了该条新闻的前两句，从这两句可以看出这条新闻与其他读者来信的区别：区别于一般的叙述模式，在导语之后才交代时间，对内容和结构的掌握具有一定的专业水准。似乎有备而来，对人物、事件展

---

① 黄平：《良友茶座》，《良友》1937年第132期。
② 梁得所：《编后话》，《良友》1931年第55期。
③ 萧志声：《良友茶座》，《良友》1937年第128期。

开相对全方位的记录和介绍，从林主席一开始在宾馆再到百货商店之后的情况都有描写，这与其他读者来信的内容大多比较破碎、结构比较零散形成对比。从叙述角度来看，此文多以第三者观察的角度描写当时情景，与其他读者来信多数以第一人称自述为主也不相同，体现出作者对客观性的强调。

三 社会新闻

读者来信中也有一些内容是对社会万象的报道。如第 126 期《编辑室杂记》中有读者来信对《良友》第 124 期刊登医生将为同体孪生兄弟实施分割手术这一新闻之后的情况进行了介绍。"因此种分割情形尚属初次试办，且两人一向身体关联，内部组织互有关系，故施手术后仅十天，原可望其生存者亦随即死亡，弟因此次获悉该兄弟所遗下之两寡妇已返抵此间，所得事实如是，特以奉告……"①《良友》先将这对兄弟的情况展示在读者面前，而读者再把自己知道之事实展示于《良友》为其他读者所知，形成了对画报之前所登内容的一个后续报道，形成了读者与《良友》以及读者与读者之间的互动，而非流于形式的书信往来。

另外一则报道则是关于广东立广雅中学抵制仇货的事件。在文章最后，这位来自关东的读者不忘表达自己的观点和看法：

> 这段消息大家或许以为是平凡的新闻，但也可见到公意制裁的力量。现在外人武装走私猖獗，拒绝购买仇货实为国民的责任。全国大小公私机关里的庶务人员，拿公款有意或无意去购买仇货的恐还所在多有，希望大家起来作有力的制裁。②

在这里，读者的观点与编者长期提倡"振兴国货"的诉求形成呼应，共同引导、影响着其他读者。

四 灾害新闻

《良友》所刊登的内容有一些关于大灾人祸的新闻，如第 35 期的华北陕甘豫各地的饥荒照片、第 99 期的农村荒灾、第 97 期的水旱灾情所致的

---

① 黄中夫：《编辑室杂记》，《良友》1937 年第 126 期。
② 杨伟泉：《良友茶座》，《良友》1937 年第 129 期。

流民图。读者来信所载南充干旱成灾的新闻为画报补充了这一部分的内容：

> 鄙人本年因奉地方税局派来南充服务，时值此间天久不雨，干旱成灾，农民无粒米收成，系属各镇乡皆田开裂地变赤，而数十万之饥民有如哀鸿遍地，嗷嗷待哺，状况之惨，目不忍观，政府虽有赈济之举，无奈粥少僧多，杯水车薪，无济于事，于是草根树皮，皆作充饥之品。兹将在本城果山公园内所见刮树皮之饥民摄得照片寄上，烦在良友刊登，俾世人皆明了南充旱灾情形，设法救赈，不啻代表数十万饥民呼救声也……①

这封读者来信从政府工作人员的角度向世人报道南充旱灾之情形，号召大家设法救灾，同时还提供了饥民食树皮的照片。这里所呈现的事实与良友编者在其言论中呈现出对中国现实现状的关注互相呼应，它真实地展现出中国国情的复杂性。通过《良友》这种渠道，大城市中的读者得以将注意力投向千千万万不为外界所注意的偏僻乡村、社会下层。

通过这种方式，在互联网、移动通信设备出现之前差不多80年，《良友》便让人一窥公民新闻的端倪。让普通读者有机会参与到新闻报道当中，参与到提供信息、服务大众（自己也是其中一员）的行动当中，在影响别人的同时改变着自己。

五　其他内容

除了上述四种类型的新闻以外，读者来信中主要还包括一些关于科学知识、趣味故事的内容，体现出画报既要提供实际知识、又不失趣味的尝试。

其中，第129期署名"中国航空公司孟述祖"的读者来信非常典型。这位读者在信中介绍了两则航空科学常识：

> 一只飞机在太阳光下飞行，当然有一只飞机影子在地上印着，这影子在通常人们的心理中，必定是因为飞机离地愈近，影子愈小；反

---

① 朱梅亭：《良友茶座》，《良友》1937年第128期。

过来说：离地愈远，影子愈大；但是事实却并不如此，飞机飞行有高低，印在地上的影子却老是一般大小。美国漫画专家约翰克计算：除非飞机高飞至四千五百万公里时（地球与太阳距离之半数），影子才会变动，不过眼前飞机还没有这样高飞能力，所以可说飞机的影子老是一般大小的。

  世界物质无论怎样文明，科学无论如何发达，有时受天然约束；轮船下水比上水快，火车逆风比顺风慢，飞机机件虽则比轮船火车要优秀几倍，但顺风逆风在速率上也有大大的关系，因此，飞机师终想找一个顺风机会去飞。在天空，只要维持方向，没有轨道限止，随意升高落低，去找得适合风向。据美国联美航空公司过去事实统计，在一千尺至三千尺高空之间，常有四十公里长的绝对不同风向，就是甲机在一千尺高空顺南风飞航，同时同路乙机在三千尺高空可以得到顺北风飞航的。[1]

  这些专业知识对于普通读者而言虽然并不一定具有实用的价值，但是航空领域显然具备读者所关心的各种现代元素，也代表着国人向往的现代发展方向。内容中的各种数据、术语保证了知识的准确性。代表作者身份的"中国航空公司"则保证了知识的权威性。

  既有趣味又有实际效用的另外一种内容便是谜语。"贵志中常见有富具兴味之猜谜，不仅茶余酒后可供消遣，且于训练思想，亦极有效用，盛佩无已"[2]。在读者看来，画报所登谜语不仅具有供人消遣之作用，还能训练思维。《良友》刊登的谜语在读者当中得到积极正面的回应，读者也身体力行，为画报提供自己的谜语分享给其他读者。读者所提供的谜语为《良友》所登并吸引了其他读者参与到猜谜语的环节当中来，形成一种"读者—画报—读者"的多向互动关系。在这种关系中，不仅包括《良友》与读者的关系，也包括读者与《良友》以及读者与读者之间的关系。

  引导鼓励读者参与报道是《良友》在特殊情况下迫不得已采取的一种权宜之计，但是却在弥补内容缺陷方面取得了立竿见影的效果，难能可贵。虽然同一时期多数画报无法做到，但也不是没有例外。

---

[1]　孟述祖：《良友茶座》，《良友》1937年第129期。
[2]　周念慈：《良友茶座》，《良友》1937年第127期。

实在，美国的片子里所表现的都是什么香艳，恋爱等极无耻的行为，这个恶行为引诱你，破坏你甚至于全社会都受影响。可是苏联的片子里，它们本身认真了电影的意识，有伟大的价值；并且制作的态度，也决不像美国的片子种种的取巧，粗造滥制的迎合人心的。乃是慎谨地负了电影真正的使命——一种含有深刻的意义与教育上之真谛的影片。更无所谓拿它当着商业式的武器去侵略别的国家。①

这段话引自1934年发表在《电影画报》上一篇题为《美俄电影之趋势》的读者来信。读者张家琳在来信中立场鲜明、一针见血地分析了美国与苏联电影的种种特征及其背后的形成原因，思路清晰、旁征博引、言之成理，其中对于好莱坞电影的批判以及对苏联电影的歌颂可谓20世纪30年代左翼电影评论的代表。类似这样的读者来信在内容质量、见解水平上一点不输于一般新闻媒体上的专栏评论文章，可见当时读者在特定领域思想水平之不俗。

引导、鼓励读者参与报道本来可能只是迫不得已的一种折中的办法，但是客观上带来了读者身份的转化，让信息的被动接受者一变而成为信息的主动收集、整理、传播者。这一变化对于参与报道的读者而言是一种肯定，激发着他们积极主动地投身于关注时事、关注国家命运的新闻报道当中；对于阅读画报的读者而言也是一种教化，积极投稿的读者成为值得效仿的榜样，并有助于塑造一种积极主动、有强烈的社会责任感的现代公民形象。可以说，民国时期画报让读者直接提供报道是媒体应对自身苦难、同时完成教化使命的一举多得的有效办法。

第二节 读者来信的内容及其态度

浏览画报上刊登的读者来信，有两个比较明显现象：其一是来信的内容各有侧重，读者针对画报的不同方面发表意见；其二是虽然多数来信都对画报的种种做法表示肯定，但也不乏批评之声。那么，读者的言论类型是否与其态度存在某种关系？下面笔者准备采用Nvivo软件提供的矩阵分析功能来尝试解答这个问题。

---

① 张家琳：《美俄电影之趋势》，《电影画报》1934年第7期。

一 读者态度与言论类型矩阵分析

总体来说，读者言论类型包括建议与要求、疑问与纠正、直接提供内容以及评论。读者态度分为正面、反对、中立三种。为清晰地看到读者言论类型与态度的关系，本研究利用Nvivo10中的查询功能，针对《良友》所刊登的141处读者言论制作了一张读者态度与言论类型的矩阵表（表11.1）。

表 11.1　　　　　　读者态度与言论类型矩阵分析

态度	A：建议、要求	B：疑问、纠正	C：直接提供内容	D：评论
中立	24	40	13	8
反对	7	3	0	5
正面	0	0	1	40

从表11.1可以通过《良友》的情况大致领略民国时期画报上读者言论的基本情况。在各类言论中，建议与要求类的读者言论有24处态度为中立，7处持反对态度，而持正面态度的言论为0。疑问与纠正类的言论分布情况与之相似，中立的情况有40处，持反对态度的仅有3处，而正面态度的言论也为0。直接提供内容部分有13处言论都持中立态度，1处持正面态度，而持反面态度的言论为0。评论部分中持正面态度的最多有40处，持反面态度的有5处，持中立态度的有8处。

二 评论

在读者言论中，关于评论的内容占了很大一部分，此节点大致可分为两个部分：对时事的评论和针对画报本身的评论。在读者的评论性言论中，中立的和负面的占少数，大多是正面的评论。从矩阵查询结果中可以看出，关于评论的内容有53条，其中40条是正面评论，8条为中立评论，5条为负面评论。正面评论主要是针对《良友》本身的，在读者所列的评价中，对《良友》的肯定围绕着多点展开，比如价格便宜、印刷精美、材料丰富、有趣味、增长知识等。

实际上，读者的正面评价是对编者按语的一种肯定和反馈。比如对于《良友》的价格，编者曾多次强调是非常便宜的，《良友》每本只要4毛钱，相对于其提供的内容的价值来说，读者是非常划算的。对于这一点，读者是深表赞同的,这在读者言论部分经常被提及,也是读者对《良友》正面评价中非常重要的一个点。在《良友》出版的第二期中,便有读者表示了对价格的满意:"在新年元旦那一天。我在马路上,用一双角子。换了你回家。料想不到。当我打开你和你见了面。都让我非常满意。第一件令我满意的。因你代价便宜。第二件满意。因你的内一丰美。"① 在这里,读者将价格的评论放在了第一位。其实读者的价值期待与价格往往是成正比的,精美的杂志一般售价会比较高,但是作为当时国内"画报中之卓卓者"②,《良友》却并未收取高价,这在读者看来是非常难得的一件事,也因此增加了对《良友》的好感。从另一方面来说,这也可以看作是读者对《良友》价值的一种肯定,虽然4毛钱不算多,但是如果杂志自身的价值不高,读者也不会认为这个价格很合适,而《良友》的读者感叹的却是"……各篇文章,读后得益不少,其价值确超乎四角以上……"③,这说明《良友》的价值已经超出了读者的期待。

杂志的"丰美"是读者正面评价中的另一个重要方面。这里的丰美指的是印刷的精美和材料的丰富。《妇人画报》读者指出:"每期彩色版最可爱,希望不要中止……"④《良友》第七期的读者言论中便有人说:"《良友》对于我。不仅在价格便宜。印刷精美这两种的优益。那材料的丰富隽永。实在使我得着无上的欣慰。"⑤ 印刷的精美一直是《良友》所强调的内容,创刊不久编者便表示"真美善"是《良友》追求的目标,在实践中编者也一直在践行这个诺言。印刷技术、排版方式的改变都是为了实现"精美"这个目标,在这里读者的正面评价算是对编者努力的一种肯定。而材料的丰富也是读者普遍赞赏的一个方面。民国时期画报所提供的内容囊括了时事新闻、艺术、文学、体育、现代生活方式等各种资源,经常得到读者的肯定:"BRAVO!我们的《妇画》第十九期,确有显著的进步。自封面至末页,没有一页是耗费的……"⑥

有趣和增长知识这两点在《良友》的读者言论中基本上是并列出现,许多有趣的材料在读者看来也是可以增长知识的,比如第109期的"读者

---

① 何永康:《惭愧接受的一封信》,《良友》1926年第2期。
② 《读者播音台》,《良友》1935年第104期。
③ 张又南:《编辑室杂记》,《良友》1937年第125期。
④ 张娟娟:《读者信箱》,《妇人画报》1934年第19期。
⑤ 李质生:《一个良友寄于〈良友〉的一封信》,《良友》1926年第7期。
⑥ 王克明:《读者信箱》,《妇人画报》1934年第20期。

广播台"中,有读者对《良友》刊登情感测试的内容加以评论道:

> 《良友》第一〇七期中的情感测验里,我觉得很富兴味,尤其是使一般人能够以此自核一下,是很有益处的。我有几个朋友常常都以为他们很富于理智,我把这测验表给他们试验了一下之后,他们才明白也是过于偏重情感的人。我觉得这种材料不仅富有游戏的兴味,而且也很有实益,希望你们以后多登这类的东西。[①]

在读者看来,这种情感测试的材料非常有趣味,并且可以让他们更加了解自己。从这一段材料可以看出,读者实际上是非常信任《良友》的,"才明白"一词表明读者是带着一种顿悟的心情在接受《良友》传播的内容,情感测试这类带有游戏性质的内容,在他们看来却是可以作为"自核"的材料,而之前他们所坚信的东西在《良友》的"权威"面前自动让步。《良友》一直希望用趣味的方式提供实际的知识,从而实现开阔读者视野的目的,读者认为《良友》刊登的内容有趣又能增长知识便是对编者期望的反馈。

除了以上几点,读者还提到《良友》总是在不断进步、不断改革,总能给读者带来惊喜。比如在第103期中,有读者说:"良友第一〇一期大加改革后,堪称为全国最好之画报。读者茶座中之离奇命案,更觉比其他一切之猜谜更饶兴味。"[②] 第105期中又有读者说:"贵志自去年刊行《良友读者旅行列车》,专门引导读者游览国内名胜,增广眼界,凡读贵志者无不交相赞美。今年又新开'团',更觉锦上添花。实不愧为国内首屈一指之画报。"[③]

读者对《良友》改进的赞美可看作是其对杂志这一主体的肯定。在当时的环境中,中国需要一群追求进步和改革的人,《良友》的做法正是在以身作则,它在不断满足读者要求的同时,也以这种不断进取的精神激励了读者。在将《良友》作为参照时,读者也会不知不觉地改变自己的认知和做法,正如读者在阅读名人回忆录时被感动一样:

---

① 罗雄飞:《读者广播台》,《良友》1935年第109期。
② 李世全:《读者广播台》,《良友》1935年第103期。
③ 李桂心:《读者广播台》,《良友》1935年第105期。

《良友》每期的名人回忆录给我非常的感动。我常常对朋友说，《良友》光是这一篇东西，已经值四角钱以上。我看到现代许多名人的出身，都是如此的刻苦，实在使人起敬，同时也使我得到无限的勇气，我现在的境遇也非常难过，但我看见许多有名的人物都同受过这样的命运，并且可以说比我更甚，我便不敢自怨。贵志这几篇文字实在给我许多力量，我特地写信给你们致谢，并望你们能继续多登几篇。①

关于名人的介绍也是读者非常喜欢的内容，在这里读者甚至说"《良友》光是这一篇东西，已经值四角钱以上"，名人的故事可以给读者无限勇气，当他们看到名人也是经受过许多磨难时，自己内心便多了许多安慰，这些故事可以激励读者不断进步。名人的故事读者只能在阅读中获得，而他们成功的过程读者却没有参与，可同样是作为成功范例的《良友》却不一样。对读者而言，《良友》是可触摸的实体，它的成长过程是读者们可以参与的。因此，对读者来说，《良友》正是他们可以参照的对象，赞扬《良友》的进步正是对进取和改革精神的肯定。

创刊之时，《良友》将成为读者之"良友"作为目标，而读者的反馈便是"我愿你不独做我的良友。还要做人人的良友"②。而正面的评价是读者对《良友》的一种肯定，也是对这本杂志的认同。实际上，读者早已将《良友》当作"良师益友"。更有甚者将《良友》视为生活中的必需品，没有《良友》似乎日子都没有了盼头，比如在第111期读者的评论：

> 从贵志九月号广告在报上露布之后，我的心池即波起一种希望，希望可爱的《良友》早些寄到，今天早晨气候很阴暗，觉得做什么事都甚烦闷，巧极了！绿衣使送到我眼帘的，是我每天所盼切的《良友》，心花就开放了，很兴奋地展开来，满目琳琅，烦闷之魔早逐出九霄云外，无形的消灭了，贵志本来是无一页不是可爱的，尤其是这期九月号，满足我平素最心爱的二页，"刻印"和"漫画"，这种材料富有艺术和趣味的，的确是大众所欢迎的，希望以后每期多登这类

---

① 李舒容：《读者广播台》，《良友》1935年第107期。
② 何永康：《惭愧接受的一封信》，《良友》1926年第2期。

的东西。①

对这位读者来说，《良友》就像生活中的调味品、开心果，甚至像一位恋人，在他看来，《良友》什么都可爱，那所刊载的内容也便是他都能接受的了，这样《良友》的引导者地位便确立了起来。与《良友》类似，《联华画报》也因为联华电影公司引人入胜的电影而受到读者（观众）的追捧与喜爱：

> 我好像是同联华结上了什么缘，一提起便是它，假如它是个女人，也许是你们会说我和她发生了爱；然而，我也希望它是个女人，给大众爱，因为爱是没有深刻的现象在大众是不会发生的。②

与《良友》稍有不同之处在于，以《联华画报》为代表的电影类画报主要刊登与电影公司作品有关的内容，因此，电影和影星受到观众的欢迎会直接影响到画报读者的阅读与态度。

《良友》刊登的读者来信中，正面评论都是针对画报这一主体的，而中立的评论则是针对时事的，比如在第112期中关于意大利和阿比西尼亚两国战争的评论：

> 意大利和阿比西尼亚打仗，阿比西尼亚以这样的一个蕞尔小国，竟敢和意国对抗，谁都想得到他结果一定输的。但他竟敢于起来和意国对抗，请问阿国有何把握？他可有什么后台做后援吗？③

在这里，读者所要表示的只是对这件事情的惊讶与好奇，是以客观的姿态来审视这件事，并无直接的意见表达。在《良友》的读者言论部分，关于时事的评价都是以这种方式表达态度。

虽然负面的评价比较少，但这也是读者评价中比较重要的构成部分。对于这类读者言论，同期的编辑按语往往都会进行有针对性的答复，因此也往往能反映编者的态度。例如读者对于《联华画报》的印刷质量、对

---

① 郁文荫：《读者播音台》，《良友》1935年第111期。
② 付秉钧：《爱着联华》，《联华画报》1936年第7卷第6期。
③ 徐同：《读者广播台》，《良友》1935年第112期。

《良友》刊登小说都发表过不同意见：

> 不过有一些不妥之处，可要加以改良，便是封面底面以及中间照片的纸张过于光滑，所印照片用手指轻轻一划，即有痕路而出，底面尤其容易有痕，又不能耐污，贮藏起来，又不能耐潮，又易积得污渍……①

> 但对于文学方面，却嫌偏重文艺小说而缺乏科学介绍及宣扬民族主义的文章。无聊文艺不过是食饱饭无事干的勾当，对于国家社会有何裨益？②

针对有关小说的意见，《良友》的编辑以美国女作家斯托夫人（Harrie Beecher Stowe）的作品《黑奴吁天录》影响美国南北战争为例，来说明文艺对于社会国家的价值。这说明编者利用这个平台与读者进行沟通，从而使得媒体能够直接表达观点、影响读者。

三 建议、要求

读者对画报的建议和要求主要是以中立的态度为主，反对的态度其次，正面的未提及。从中立的角度出发，读者是以"建议者"的姿态说话，语言比较委婉谦逊，所以这部分是以建议为主。比如在《良友》第九期中有读者建议说："很喜欢地以'良友之良友'的资格，写这封信。恭维的话未必能够表真情，所以不多说罢；所想说的是对于《良友》老实的批评和建设的献议。"③ 在这里，读者是将自己当作《良友》的良友，是以一个朋友的身份与编者对话，所以恭维的话都不说，只是向编者提"老实的批评和建设的意见"。

对于建议的内容，读者谈到的多种多样，主要可分为两类：对画报自身的建议和对画报刊登内容的建议。

对画报的建议主要包括对稿件分类编排的建议、对邮寄方式的建议、对文字改良的建议等。例如《电影画报》读者的建议："……将一集新出

---

① 唐云深：《读者的信》，《联华画报》1935 年第 5 卷第 8 期。
② 《读者广播台》，《良友》1935 年第 110 期。
③ 周瘦鹃：《编辑者话》，《良友》1926 年第 9 期。

的影片，仿照连环画式，同长篇小说似的，每期连续登载数幅。……"①
又比如在第 9 期中读者关于编排方式和文字的建议：

>……（三）编排有次——同样的材料，编排散乱与不散乱，有系统和无系统，就会得出两样的成绩……
>B，文字方面——我以为改良的有两点：
>文字要短篇——长篇小说如《春梦余痕》《鬼火烹变记》文章好否，惜未窥余豹，不敢说，可是在一月刊，尤其是月刊的画报，所登这种"上不到天，下不到田"晰续的文字，是个阅者中设不定有没有一个看的，画报白费篇幅，著者白费精神，何等不上算！所我以为多登短篇，至于长篇的倒不如依卢梦珠君于《鬼火烹变记》最末的一句（见第八期）说"以单行本于世人相见"较为高明些。……②

在这里，读者的建议针对的是《良友》本身，提倡编排的系统性和文章的短小都是为了使《良友》看起来更加清晰，方便读者阅读。当然，这些建议都被编者采纳了。在后期的编辑话语中，对编排方式的系统性，对文字篇幅的要求都是编者反复强调的内容。这一点说明，读者的建议对编者的影响是非常大的，编者与读者的互动实际上是非常有效的，编者并不仅仅只是向读者灌输自己的观念和思想，读者的想法也会影响编者，从某方面说，这是编者对读者主动性的培养与尊重。

对《良友》刊登内容的建议主要是选材方面的，在读者看来，《良友》作为中国画报之王，应该担负起宣传国家、传播知识的责任，比如在第 104 期中有读者建议道：

>……我是贵志的一个忠实读者，年来虽戎马倥偬，也不曾和贵志一日相离……剿匪各项工作进行，当为是现在全国人士都想详知的。如此要务，我以为贵志应每期尽量发表，俾各民众皆明真相，不特为国家剿匪各军的忠实宣传……
>……窃以为机械工程，对于我国近来提倡生产建设关系甚大，特

---

① 严筝：《读者通讯》，《电影画报》1934 年第 7 期。
② 周瘦鹃：《编辑者话》，《良友》1926 年第 9 期。

献议贵刊，于每期应以多量之篇幅用单色及彩色精印各种机器，并详为说明其构做与用途，此实为救国之要务，倘蒙采纳，定博各处人士之同情，贵报销路当更为激增……①

对这些读者来说，《良友》已经不仅仅是一本杂志，实际上已经成为国家的"耳目喉舌"，成为澄清真相的工具。这表明《良友》在国民中的影响已经非常大，在国民的心目中已是一份较有权威的刊物。而另一方面，在读者看来，《良友》也肩负着传播知识的责任，担当着救国救民的重要角色。

以中立的口吻发表意见的读者是将自己当作建议者，而以反对态度建言的读者在强硬的语气之外，更多的是一种要求的姿态。这部分读者往往将自己的言论视为"忠告""批评"，对他们来说"良友为中国唯一画刊，宣传责任，义无旁贷，对此沉沦时局，应作暮鼓晨钟，升醒黄昏，为人类造福，为国增光"②。因此容不得《良友》有一丁点瑕疵，如果《良友》让他们感到不满意则是"不争气"的行为。比如在第 130 期的良友茶座中，有读者说：

> 某先生（敝友之一）脾气最讨厌，他每看到《良友》有小错误以后（例如图章印反了，图章要面有说明的"振"字等等，就该说啦："这是您订的杂志呀，有错，让我说说罢。哈哈，还说吗，不说了罢，还用真说吗，不用真说罢……"一直问到我答了话："这是无心错误的。"他一定接着问："怎么呢，你怎么知道是无心呢，你怎么知道不是有心呢？……"编辑先生，你看多麻烦！请你代我争一口气罢。③

从这一个例子可以看出，《良友》在读者内心扮演的角色已不仅仅是一本读物，更像是读者的朋友或者亲人。每当别人批判《良友》时，读者就会感觉很受伤，因为在这部分读者看来，《良友》的荣誉是与他们有关系的，关系着他们的品位、价值取向等，所以他们的言语往往会比较强

---

① 程鸿进：《读者播音台》，《良友》1935 年第 104 期。
② 马国亮：《编辑室日记》，《良友》1936 年第 113 期。
③ 鲍叔华：《良友茶座》，《良友》1937 年第 130 期。

硬，提出的要求也便是他们最迫切需要的。那么，他们最看重的是什么呢？

第一个是稿件分类编排的问题，在《良友》出版的第2期中便有读者关于稿件次序问题提出了要求："……你们的良友报印刷虽然好，但是搜罗的材料未免太杂，不独你们搜罗不甚审慎，而且编排也没有什么次序。你们印刷虽然美满，价钱虽然便宜，苟使你们《良友》的内容不佳，类别不分，不免美中不备了。"[①]

在这位读者看来，稿件的分类对《良友》来说是至关重要的，具体怎么分类却未提及，但第四期便有读者解决了这个问题：

> 你们编排没有什么次序。诚如陈凯平君所批评。但他是泛说的。并没有指出应改良的方法。现在我要扩充他的意思。将概念的方法呈现君等。愿君等最要注意分类编排。务使次序不乱。譬如每期共廿四页。若干页专排风景图画。若干页专排小说。若干页专排电影纪事。若干页专排美术。若干页专排其他地方。每期编印。均按一定次序。庶便读者有时检查。尤其不妥的忽在那页。使读者不能连接披阅。未免太不顾读者的时间经济。至首页不刊目录。亦是一大缺点。此关于编排之宜改良者也。[②]

从这位读者的观点看来，稿件的分类不仅使杂志看起来更加清晰，也是为了方便读者查阅，节省读者的时间。当然，编者最终接受了读者关于稿件分类的建议，从第10期开始，《良友》便将体育、戏剧、妇女、儿童、科学各辟专栏，各归其类。可见，编者是很看重读者要求的，采纳读者的要求实际上是一种让读者参与《良友》编辑工作的方式，这样读者便会更加具有归属感，将自己视为《良友》编辑部的一部分，而不仅仅是一个接收者。

读者提到的第二个主要的要求是关于画报的身份定位。在通过编辑按语分析画报的主体性时（参见第十章第一节）已经提及《良友》关于自己的身份问题有多重隐喻，比如厨子、媳妇、良友。在《良友》看来，满足读者口味是他们的责任，因此编者便将自己定位为厨子、媳妇，但对

---

① 陈凯平：《欢喜接受的一封信》，《良友》1926年第2期。
② 简时雨：《欢喜接受的一封信》，《良友》1926年第4期。

于这一定位读者却有不同意见：

> 出版物应具发展个性而持高标准，这句话的确不错，而且这种标准要以先在青年所需要者为标准，万不能，公要馄饨就给馄饨，婆要什么就给什么，这样不审食品劣优和需要结果。不但难于应付，而且他们的胃力，反而被你们弄坏了。①

在这些读者看来，《良友》不应该一味迎合读者口味，而应该坚持自己的标准，不然读者的"胃"反而被弄坏了，但在这里读者也提到这个标准是"以现在青年所需要者为标准"。可见，读者认为画报要做的不是左右逢迎，而是提高自身的质量，用内容来引导青年人。

第三个在读者看来比较重要的问题是关于女性的。这在第 11 期的读者言论中非常明显地表现出来：

> 贵报的美术，似乎偏重女性的一方面：文字则以女性为谈笑品，图画则以女性为装饰品，究竟是持高女性呢？还是玩弄女性呢？此层，我很是怀疑了。——本来人类对待女性的心理，积下几千年来，已是贱亲和玩弄极了。现代觉悟的人们，都要革而除之，贵报乃觉巧造时装呀，封面均用女士像呀，说什么某女士……什么……恋爱……呀……等等，似乎除女性不是美术，无女性就无艺术似的。鄙意以为文字一方面，多采有国家观念及国民常识为主旨。图画则多集时事图片为警惕国民。②

在谈论现代性问题时，女性是一个不能回避的群体。传统的女性都是受父权制压制、被观看、被玩弄的对象。在这里，读者认为《良友》将女性图像作为封面，在文字中把女性当作谈笑的对象是一种没有"现代觉悟"的行为。从这一点看来，《良友》的一部分读者实际上已经比较开化，现代生活观念已经慢慢渗入他们的脑海，在看待女性的问题上他们已经比较"现代"，甚至可以说带有一定女性主义思想的萌芽。但是，从读者来信看，他们的想法仍然体现出矛盾，其中仍然不乏传统的观念，比如

---

① 人我：《致读者》，《良友》1926 年第 11 期。
② 同上。

在第 130 期的读者言论中，有读者认为给女性朋友看裸体的图像是"亵渎"了她们：

> 每期良友的内容，总有少部分是给裸体的作品占去，（这包含照片，写生和雕刻等），以后请求极力减少。因为鄙人有几位女友，常常到舍下探望《良友》的，若《良友》频频刊登裸片，那末我在这女友们"看良友"的要求之下，给她们看呢，还是不给呢？若是给她看的话，则发眉毕现的似乎渎了朋友；不给时，则朋友的小小要求，又不好拒绝。在进退两难之中，望《良友》为我设法吧。
>
> 家曾祖母是最富有道德观念的，她老人家一向对于《良友》，是认为有益青年的书籍。谁料她看见大批裸照以后便禁止我看《良友》了。①

从这位读者的言论看来，如果只是他自己观看裸体图像便是非常正常的，但是让女性朋友看到了就是"亵渎"。在他们眼中，女性还是属于比较传统落后的群体，正如他将曾祖母称作是"富有道德观念"的人，在他们看来，裸体的图像是关乎道德问题的，这是中国传统思想遗留下来的问题。所以，在当时的中国，部分国民的思想仍然处于"半开化"状态，因此关于这个问题《良友》编者专门作了回复：

> 女性美提倡和反对的人常常各走极端，近的说，上海美专校长刘海粟先生极力提倡模特儿，当局孙传芳极力严禁。在赞成者虽或不致说"无女性则无艺术"，但至少以为女性是一种美的表现。因此女性美在古今美术界占一重要位置；而近代中外出版物的封面用女性美的，多至不可胜算。可惜世风日下，这种东西往往不但多而无意识，更成为一种伤风败德的表现，例如某某名花，和奢侈服饰之鼓吹之类，这对于女性不错失用悔恨和流毒，实在有反对之必要。
>
> 《良友》登过女子照片不少，就封面说，多用女明星照片。记得有一次用一女中学生照片，大概未得她完全同意，后来受她严重的责备。她责备的态度，很可能代表一般人的心理。凡刊载画报上的女人

---

① 鲍叔华：《良友茶座》，《良友》1937 年第 130 期。

像，除了鹤发鸡皮外都是下流，坏品，贱格——然而这是事实呢？还是评蔑呢？①

在《良友》看来，刊登女性图片只是一种关于"美"的问题，然而由于国民"世风日下，这种东西往往不但多而无意识，更成为一种伤风败德的表现"。编者对这一问题作专门的答复说明在国民教育中，女性问题是非常重要的，以至于"明年敝公司出版一种月报《现代妇女》，讨论妇女各问题"。所以《良友》做的许多事情都是针对读者的教化需要，这种需要可以是读者提出的，也可能是《良友》从读者言论出发而发现的需要。

国内最早的专门以女性解放为宗旨的画报《解放画报》上也曾经有过关于女性以及画报编排方式讨论。从读者来信可以看出他们对于画报内容及其编排方式很敏锐且有着很高的觉悟与一流的品位：

> 但是里面所插的美术画，所绘的女子，总是时髦装饰，什么金耳环、钻戒、短裤、高跟鞋……，在一般觉悟者看起来，还不以为意；而在一般脑筋简单的人，就要鄙薄他，说他是时髦装饰的指导者了。有些妇女，因为见了图中的时髦装饰，以为学界也提倡这样装饰，就效法起来，岂不是提倡解放而适得其反么？岂不是有负先生的苦心么？还有封面画，也有几期容易引起阅者误会的地方，我以为不要这些画，另换别种有趣味的，高见以为如何？②

更重要的是，《解放画报》主编从谏如流，在分析了办刊的难处、说明了自己的初衷以后，几乎完全按照读者的建议，决定"废除时髦装饰而无意义的美术画，也不再用类似时髦的封面画"③。

除了以上三个主要方面，读者对《良友》的要求还包括稿件选择的严格性。对读者来说，不好的稿件只会"令人不得不怀疑良友对于艺术之提倡及于教育之辅助！虽然，编辑之困难很要谅解，忆会见良友启事求短篇无奈投来不画是好稿；观者只会指责，又不把好稿投来，编者无奈也，

---

① 周瘦鹃：《致读者》，《良友》1926年第11期。
② 舒渭文：《编读往来》，《解放画报》1921年第17期。
③ 同上。

第十一章 从读者来信看画报与读者的关系

可是，良友既可等'刁拉妈'的拖泥带水，和'半推半就'的淫小说，那么，谁肯把有价值的作品投来？"① 所以在读者看来稿件的质量关系到《良友》的品质，而作为"教育之辅助"的读物必须注重稿件质量，不然就不能使读者信服。从这一点可以看出读者对《良友》质量的把关起着非常重要的作用，甚至标点符号错误这样的问题读者都会和编者较劲儿，比如在第113期中读者所强调的那样：

> 惟画报内近来多用#符号，(.) 大小不一，或用以标题，或用以阻塞空位，披阅之余，莫名其妙，今为贵报改良黑#符号起见，特将鄙意兴台等作一商榷，语云，智者千虑，必有一失，愚者千虑，必有一得，是斯之谓也。
>
> 窃思报界天职，在宣传文化，开导愚众为己任，画刊亦然。近年以来，沪江刊物，出版众多。求其创刊完善，销路日广，有如《良友》者，不可多得，可知《良友》之声誉，中外共仰。《良友》乘此时会，力加改良，以期百尺竿头，更进一步，使《良友》向此廿世纪潮流中，峥嵘头角，庶不负阅者之期许也。夫贵报之黑圈符号，鄙意以为不祥之朕兆，何以言之，黑者暗也，凡一事物，既不光明，则其趋向必邪僻无疑矣，孔子曰，舍正道而弗由，哀哉，不但此也，黑圈符号之暗示与某国国徽相同，假使黑符号一日未除，则无意中宣传某国亲善一日不止。夫某国者，中国之大敌也，大敌不去，国何以为？试看中国舆图，已残一角，而贪食无厌之某国，既夺满洲，复占热河，今则长驱直入扰挠华北，嗟呼，其处心积虑，可谓毒矣，奈何哀哀食禄诸公未能决心抗拒，致使锦绣山河，任人宰割，文化古国，蹂躏无余，夫燕雀处堂，不知祸之将至，覆巢之下，完卵何存？吾人试看高丽亡国之惨史，不知涕泪何从，土耳其之奋起复兴，离英独立，古今可泣可歌之历史，何止朝鲜土耳其耶？倘我国民，只知醉生梦死，不知同舟共济，则亡国灭种之惨痛？断难幸免矣。②

在这一段中，读者花了很大篇幅来讨论《良友》的标点使用问题，在读者看来《良友》的职责"在宣传文化，开导愚众为己任"，因此《良

---

① 绿江：《编辑者话》，《良友》1926年第9期。
② 马国亮：《编辑室日记》，《良友》1936年第113期。

友》应该不断完善自我，不辜负读者的期望。虽然只是一个标点的使用问题，但是因为《良友》是一份公开的刊物，所传播内容都会被读者接受，所以任何问题都应避免。而一个黑色的符号在读者看来是不祥的征兆，因为这会给读者消极的暗示，但当时的中国需要鼓舞国民斗志，《良友》便成为激励国民的读物。更重要的是《良友》能够将国民从"醉生梦死"的状态中拯救出来，能够将大家团结在一起，从这一点看来读者已经将《良友》当作了教化国民的工具。

从这些建议和要求中可以看出，读者对《良友》寄予了很高的希望，对读者来说《良友》不仅仅是一本读物，更是宣传文化、引导国民的工具，所以读者对《良友》才这么苛求完美，并且从某种程度来说，也是《良友》提高了读者的品位，引导了读者发展批判的精神，而不只是被动地接受杂志传播的内容。

四　疑问、纠正

至于疑问和纠正的内容，在读者言论部分可谓是五花八门，向编者提问以求回答的内容非常杂乱，有些内容甚至是很无聊的。比如《良友》第103期中，有读者来信只是为了证实往期某张照片中的猫是否存在："一〇一期四二页之儿童乐园中之猜图游戏，其中还有一只猫，我的弟弟寻来寻去总寻不着，他叫我替他找，也找不到。究竟有没有猫呢？"[1] 但即使是这样的无聊问题，编者也会耐心作答，比如对这位读者的疑问，编者给出了一个非常有趣的回答："猫是有的。她躲在图右下角的矮树当中，和牛挤在一起。你们捉到了牛，却大意地把猫溜走了。"[2] 还有一些问题虽不无聊，但却是很难回答的，比如第103期中另外一位读者的问题："现暴日侵凌，东北已全部割去，未知我国何日可以收回？请先生解答，以慰远望为盼。"[3] 从这位读者的问题看来，《良友》俨然已超出了杂志的职责，更像是一位深谋远虑的智者。当然，对于这样的问题，《良友》往往也能机智地作出解答。编者用非常有趣的方式回答了这一疑问："东北何时可以收回，有人说十年，有人说二十年，更有人说五十年，据

---

[1]　刘灵娣：《读者广播台》，《良友》1935年第103期。
[2]　同上。
[3]　同上。

此看来，大概是随时可以收回之意。那末随便你说好了。"① 在读者疑问部分像这样的问题比比皆是，对读者来说，《良友》就像一部百科全书，什么样的问题都可以得到解答，当然《良友》也是任何问题都给出了回复，这说明读者是非常信任《良友》的，将它作为一个非常重要的咨询平台，而编者也非常重视为读者答疑解惑的机会。

关于疑问的部分都是读者在向编者请教问题，但有些读者并不是仅仅满足于从编者处获得知识，对于编者存在的问题他们也会毫不客气地指出来。比如在第110期中，有读者对《良友》刊登图像顺序错误的指正：

> 敬启者，贵刊一〇八期所刊之，京剧名优程艳秋之化妆八帧，说明颇不切实，查京剧旦角化妆初步系擦粉，次为涂脂，画眉，修眼，涂唇。此系面部化妆。而所谓包头亦分贴片子扎？子勒纲子梳大头蒙水纱带头面等。贵刊所载既不完全，且有重复之疵，擦粉上胭脂二帧，均系贴片子工作之一部分，如按贵刊所刊之次序，其说明应为描眉，修眉，涂唇，贴片子之一、二、三，带头面，完成。特贡献贵刊作一小小参考。②

同样是有关京剧的内容，一些资深票友对于相关内容非常熟悉，很容易看出画报内容中出现的纰漏：

> ……顷读国剧画报第二十期，有昇平署之闻见一则……所言方星樵自述于同治九年，与谭金福同入昇平署承应。似有错误。方生于同治五年；谭之入内，在光绪十六年。……叨在不弃，故敢直言，亦以爱护本报之心，不忍有所缄默也。③

从这些内容看来，读者中也不乏行家。在面对这类读者时，画报一般都会虚心地表示"谢教"。这样看来，画报实际上成为大家互相交流学习的平台，而画报编辑则以平等的姿态与读者对话，就像朋友之间相互的讨教一样。所以当编者认为读者说的不合理时，也会与读者辩论一番，比如

---

① 马国亮：《读者广播台》，《良友》1935年第103期。
② 周以戴：《读者广播台》，《良友》1935年第110期。
③ 周志辅：《关于谭鑫培入昇平署承应之年月》，《国剧画报》1932年第1卷第30期。

在第 109 期中关于女子自我牺牲两者的不同观点：

> 第一〇七期的心理测验，我觉得有些不很对的。为什么一个女子为解决她底家人的生活问题而嫁给一个她所不爱的男子，这种勇敢的与自我牺牲的精神，为什么你们说不值得赞美呢？
>
> 广州陈式宜
>
> 我们不赞美这种行为，即如我们不赞美许多无意义的牺牲一样。因为赞美就是鼓励，我们就是不愿意鼓励。这一类的行为，在有理智的人看来，都是可哀的。
>
> 编者①

在这位读者看来，女子为了家庭牺牲自我的精神是值得赞美的，但是编者却认为这一类行为是非常不理智的，所以《良友》不会赞美这样的行为，因为赞美就意味着鼓励，而《良友》是一份公开的刊物，如果公开鼓励这种行为会导致国民将这种精神合理化。这样看来，《良友》对自己所代表的方向是非常清楚的，也非常明白自己在国民中的影响力，因此在新旧思想的冲突中能够坚守自己的观点。

而对于现代女性日常生活中的种种细节，读者则更有自己的一番见解要与画报交流："贵刊《妇人画报》第十四期，确有不少之革新。但在'化妆十诫'内第四条所说，则未敢全赞同。若在冬天与寒地，则三日一次洗浴尚说得去。如在夏季及热带（与一班工作者），这个规定未免过少。"②

需要指出的是，在读者言论部分，无论是赞成的态度还是反对的态度，实际上都代表了编辑部的观点，因为读者来信内容是丰富多样的，而民国时期的画报总会选择一部分刊登而略过其他内容。这一选择的过程本身就是一种观点的表达。当然，从现有的读者言论来看，民国时期的画报已经营造出一种较为浓厚的交流氛围，并且一部分读者已经在潜移默化中受到了画报的教化，甚至已经充当起帮助大众媒体教化更广大的国民的角色。

---

① 陈式宜：《读者广播台》，《良友》1935 年第 109 期。
② 阿贡：《读者信箱》，《妇人画报》1934 年第 16 期。

结　　论

经过上下两篇共十一章针对清末民初画报中的图像文本和编辑按语的梳理和分析，围绕着"画报如何教化读者"这个核心问题，从视觉文化研究范式到对画报编辑、读者言论的质性分析，研究的主要发现也可以从两个方面加以概括。

第一节　清末民初画报图像表征的教化功能

在社会科学领域图像转向的背景之下，视觉文化研究将图像文本视为建构意义的手段，这是本研究上篇解读清末民初画报中图像文本的理论基础。在这样的视角下，图像的形式因为可能包含、体现特定意识形态的意义建构而成为研究关注的核心。

在这样的思路下，本研究依次考察了画报中科学、教育、野蛮人、体育和战争五种类型画报图像的表征问题。

一　画报图像的教化功能

本研究发现，清末民初画报对科学的表征方式体现出一种变化，即从读者在《点石斋画报》上猎奇地观看科学，到《良友》等画报向读者呈现各种科学新视界。在这一变化过程中，读者不知不觉地经历了观看方式的变化，从而逐步形成一种全新的观看世界、理解世界、改造世界的"世界观"。

在对《儿童教育画》和《京师教育画报》等教育类画报进行专门研读的基础上，研究者发现读者通过观看写实主义图像，间接体验着现代生活，完成对现代性的想象。不同地区的文化差异也影响到画报对读者的影响力和影响方式。上海作为开风气之先的现代化大都市，在文化上发挥着对内地的辐射作用。

近代画报中野蛮人图像的表征方式体现出清末民初中国人思想中文明主体的变化：从以华夏为中心向以西方为关注点转变。与变化的文明概念对应的是代表不同表征方式的两种野蛮人图像：一种是作为消遣、猎奇对象而存在野蛮人图像，另一种是以现代主体建构为目的的野蛮人图像。对这两种类型图像体现出的不同的观看模式的研究与分析，有助于理解中国人现代身份认同形成过程。

"体育"在字面上即包含"教育、教化"的内涵，而在实践层面，体育所包含的展示身体、解放身体的精神在近代中国引发各种思想碰撞，并对传统观念形成冲击。通过画报，大量现代体育图像得以刊登与传播，使身体解放和思想教化的内容被置于中国现代转型的核心位置，而社会精英也在不同层面尝试将传统体育向现代体育转化，推动体育从个人练习的技艺向集体操演的公共事件转化。

战争始终伴随着近代中国，其中中日之间的军事冲突此起彼伏，几乎从未间断。晚清到民国时期画报对这些冲突的报道在为读者提供观看、想象战争的平台与手段的同时，自身也经历了显著的变化。在此过程中，画报上的战争图像从更注重内容的故事性和场面的宏大向通过图像生成民族神话的方向逐渐转变。同时，画报对战争图像的定位也从人们茶余饭后的消遣谈资逐渐转变为召唤教化民众的手段。与之相应，读者也在不知不觉中从臣民逐渐向公民转变，个人与国家、民族的关系也逐渐从"天高皇帝远"的疏离状态逐渐转变为"荣辱与共、休戚相关"的密切关系。

二 画报图像的教化机制

清末民初画报为自己设定的目标和使命大多围绕教化国民、开启民智这个主题展开。《良友》是其中很典型的一例。为了纪念发行100期，伍联德曾经专门撰文阐述创办《良友》的初衷："因思中国版图阔大，因交通不便，彼此殊多隔阂，本志既以沟通文化，启发国民新知为主旨……"[1] 不难看出，以伍联德为代表的民国报人对画报教化功能所寄予

---

[1] 伍联德：《一百期之回顾与前瞻》，《良友》1934年第100期。

的厚望。

通过对清末民初画报图像的分析，研究者发现，在石印画报到摄影画报的兴替演进过程中，图像表征方式经历了从侧重于配合文字叙述向相对独立地展示的转变，并在此基础上将画报图像分为叙述性图像与展示性图像两种。民国以后的画报编辑往往将特定的内涵（例如指涉民族、国家的各种内容）纳入其符号意指系统的路径，将其神话化并通过图像文本展示给读者。而读者阅读画报、观看图像的过程既是国家、民族这一"大写的主体"对读者这样的"小写的主体"进行召唤的过程，反过来说，也是个体对国家、民族作出回应的过程。"在国家或是绝对主体的召唤与规训机制的监视之下，个体身上所发生的过程，其实便是一个'我'的形成以及认同、内射而改变自己的过程。"① 这一变化的影响体现为读者在图像的感召下从传统臣民向现代公民转变。通过这种"展示—观看—教化"的机制，画报有可能在提供各种图像文本的同时，对读者产生内在的影响。

第二节　清末民初画报实现教化的途径与方式

本研究并没有止于针对图像文本的分析，而是在下篇展开了针对编辑按语和读者来信的质性研究。试图从原始文本出发，通过编码，由下而上，不断归纳总结，逐渐还原出画报编辑对于"如何教化读者"这个核心问题的思路与观点。由这种研究范式决定了本研究下篇的具体框架，而篇中的每一个章、节，甚至点、段都无不站在原始材料基础上分析其教化功能的实现。在这些发现中，有三个方面特别值得重视，并以此为基础，从编者、读者的角度来探讨清末民初画报教化功能的实现途径及其理论价值。

一　将画报塑造为有生命的主体

虽然按照麦克卢汉的观点，"任何媒介的'内容'都是另一种媒介"②。在读者那里，近代大众媒介主要就意味着印在纸上的文字和图像。

---

① 刘纪蕙：《文化研究的视觉系统》，《中外文学》2002年第30卷第12期，第284—285页。

② [加] 马歇尔·麦克卢汉：《理解媒介：论人的延伸》，商务印书馆2000年版，第34页。

通过阅读这些文字与图像，读者能够获得信息并得到随之而来的其他需求的满足。绝大多数读者几乎没有必要，也没有条件与制作报纸、杂志的专业人员见面，每个人见到的、想到的、注意到的都是报刊上的内容。但是，任何现代大众媒介（这里主要指清末民初最主要的媒介形式：报纸杂志）的背后都离不开人：没有编辑、记者的收集、筛选，没有技术人员的操作、维护，没有发行人员的运输、投递……信息或者新闻就只能通过人际渠道来扩散，无法像近代报刊那样借助各种新技术让内容在短时间内被大量复制并扩散到范围广大的读者、受众群，也无法保证内容的真实、准确，更不用说用特定的风格、特色去传播信息。

如果传媒仅仅作为提供信息的渠道，在竞争激烈的媒介市场上将无法长期保持优势地位。20世纪30年代初期，《良友》曾经在编辑按语中多次表达对市场上一些画报采用不光彩的方式参与竞争的强烈不满（参见第十章第二节相关论述）。《良友》应对竞争的手段是多元的，既有内容上的，也有技术上的，而在办刊理念层面，则是通过将自己塑造成为一个有血有肉、有意识有生命的"良友"在媒介发达的近代上海脱颖而出，在画报领域可谓一枝独秀。

既然是人，就会有喜怒哀乐、生老病死，就会思考"从何处来，到何处去"的问题，就会在不同场合因为身份不同而扮演不同的角色……从编辑按语来看，《良友》具有以上所有的特性。

《良友》从来不忌讳在编辑按语中"诉苦"：讲述自己在出版发行中遇到的问题、困难，准备如何解决、克服，以及在这些方式背后都有哪些考量、难处，并且每到文末都会强调所有这些曲折、煎熬、折腾……都是为了一个目的：服务读者。姑且不论这种说法是不是一种营销策略，但是从旁观者的角度来看，《良友》这样事无巨细，和盘托出，让读者了解画报运作的过程，明白办画报的种种不易的做法在客观上令读者更容易理解、接受，进而赞成、支持《良友》做出的种种决定，例如调整价格、改变印刷方式、更换纸张等等。

随着时间的推移，画报编辑经常通过各种方式提及自己从诞生开始发展的各个阶段性的标志，例如周年纪念、一百期纪念等等，在展望未来的同时表达希望自己像"儿童"一样健康成长。画报不时通过拟人的手法让自己获得生命力。以《良友》为代表，不少民国时期画报将自己定位为读者的"朋友"。对于更多画报而言，它们在编辑按语中多次提及为自己设定的"厨子""演员"等角色。这些角色实际上暗示出画报对自己身份的不同认识:"厨子"是从物质粮食的提供者身份指涉自己精神粮食提供者的身份;"演员"角色则表明自己在与观众(读者)的关系中通过表演取悦观众的意味……然而,从读者来信反馈的信息来看,并非所有读者都认同画报采用迎合读者口味的方式扩大影响,增加发行。有读者专门投书,认为《良友》应该坚持自己的立场和品位,提供高质量的内容来引导、教化读者(参见第十一章第二节第三点相关分析)。因而"朋友"的身份是最常用,也是在与读者关系中最平等的一种,画报以这种身份定位赢得了众多读者的肯定。

除此以外,民国时期画报还不时表达出自己作为一个有生命力的主体,敏锐感知外部环境变化并积极应对的办刊理念。"环境"在这里既是指画报生存、发展、竞争的媒介环境,也是指社会环境、自然环境。一方面,画报在近代城市的媒介环境中与其他报纸杂志共生,既有合作,也有竞争,必然存在对各种资源的争夺、共享。不同画报在这一关系中努力展现自己的个性、品格与操守,从而在赢得对手尊敬的同时,赢得了读者、市场的肯定;另一方面,画报通过报道、刊登社会、自然等信息,保持与现实环境的有机联系,在服务读者的同时,与他们产生共鸣,结为"朋友"。

所有这些努力与尝试,多数画报能够被读者所信任,从而形成在读者中的强大影响力,为其教化功能的实现提供了有力的支撑和保障。

二 让读者影响读者

在清末民初出版发行的画报中,像《良友》那样大量刊登读者来信的情况并不多见。[①] 通过选择并刊登读者来信,画报创造性地转换了一部分读者的角色,让他们扮演了影响、引导其他读者的角色。

直接提供报道的读者来信在新闻史上可谓罕见。这一类来信直接让读者替代收集、报道新闻的记者。与普通记者的不同之处就在于,这些读者将自己的亲身经历转化为新闻,不仅克服了职业记者无法获得某些现场新闻的困难,还让新闻的内容饱含真情实感,让其他读者第一时间、从第一人称的角度,身临其境地感受当事人的所见所闻所感。这些临时转换身份

---

① 虽然《良友》刊登的读者来信也比较零散,但是根据笔者目前掌握的材料,《良友》刊登的读者来信数量最多。

的读者,在报道新闻的同时,让画报在不知不觉中获得了与广大读者患难与共、不分彼此的认同感。可以说读者来信中的报道在转化读者角色的同时,也改变了画报与读者、媒体与受众之间的关系,让《良友》获得了更强大的影响力。

正如第十一章相关部分所分析的那样,读者言论部分对画报自身的臧否,事实上也都是编辑部意见的表达。编辑通过刊登中立的读者评论来针对时事发表观点,通过刊登正面或者负面的评论,对画报自身的操作方式或者特定内容进行评判。例如,用有趣味的方式提供各类知识、用名人传记来引导、鼓励读者,这些方式就在读者来信中得到了肯定;而对读者就文艺类小说文本提出的不同意见,则直接通过回答读者来信的环节给予直接回应与解释。

在给画报的意见与建议中不乏批评、指正的声音,编辑大方地刊登出来,无疑体现出一种自信,同时也显示出画报并不希望自己与读者的关系只是相互阿谀奉承。正所谓"爱之愈深、责之愈切",对于画报办刊方针、编辑手法、取材标准等方面的种种问题、意见都体现出编读双方的"朋友"关系更是一种"诤友"的密切关系。画报有选择地刊登读者来信,营造出一种交流的氛围,通过不动声色的间接方式让一部分读者帮助画报发表观点、影响其他读者,从而扮演了协助画报教化更为广大的其他读者的角色。

三 对多元现代性的呈现

质性研究方法要求研究者回到研究对象(包括文本在内)的原始状态,尽量不带有先入之见地观察这些对象或者细读这些材料,并从中搜索、发现问题的答案。本研究在对民国时期画报的编辑按语和读者来信进行整理、分类、总结以后,发现一些有别于一般层面的对于现代性的理解与想象。归纳起来就是:与绝大多数同时期其他画报不同,《良友》试图呈现的是一种多元而非单一的现代性。

具体而言,《良友》在引介西方现代文明的同时,并非全盘否定中国传统文化,而是认为应该保护、传承这一历史上曾经辉煌的文化遗产;在使用现代观念和生活方式鼓励读者做一个新的现代公民的同时,也不忘记关注现代转型带来的消极、负面、阴暗的后果;在身处沿海现代都市,主要读者大多生活在大城市的同时,并没有无视偏远、落后的乡村,恰恰相反,《良友》一贯认为,只有不同地区、不同性别、不同职业都实现现代转型,才有国家的强盛与民族的复兴;在推崇西方社会发展、经济繁荣、文教昌盛的同时,也将目光投向觉醒的、自强不息的后起、弱小民族、国家,认为要改变中国落后,甚至挨打的现状,西方列强和这些尚还弱小但前景光明的国家民族都是值得中国学习、效法的对象。总之,《良友》认为不能用当时客观存在的差距来评判城市与农村、现代与传统的优劣,提倡一种历史的视角,理解客观现实的历史背景,关注当下的态势与发展方向,保持一种积极向前看的心态(参见第七章第四节相关论述)。

这些在《良友》编辑按语中体现出来的立场与观点与之前一些立足于单一现代性概念的研究多有出入。而这样的发现也与学界对于多元现代概念的探讨形成呼应。例如金(Anthony King)撰文指出:"'现代性'的各种流行定义一直都是建基于一系列主要是西方白人男性的价值观之上的,并以个人和无辜的人为目标。"[1] 而金耀基则认为:"东亚新兴的社会文化构成模式,的确与西方现代性不一样。……因此,最好将西方现代性理解为一种现代性形式,但不要将现代性界定为西方现代性。不将它们区别开来,就会使我们犯泰勒所说的'启蒙一揽子的错误'。"[2] 而这些多元现代概念的提出与讨论,离不开查尔斯·泰勒(Charles Taylor)在对欧洲现代性源头进行深入研究以后指出的此概念所包含的复杂的文化内涵,[3] 以及在此基础上,学界对单一的、西方中心主义的现代性理论是否能够简单地挪用到后起的、非西方的国家、民族所展开的反思与讨论。

关于中国现代性的进一步讨论也产生了本土化、多元化和平民化的范式革新。例如柯文(Paul Cohen)在其《在中国发现历史》中强调了在中国传统内寻求其现代化的原动力的观点。[4] 可以说,在《良友》编辑按语中所发现的现代概念的种种多元而异质的表象在民国画报中可谓独树一帜。这一编辑特点在一定程度上有助于解释民国时期画报(特别是《良

---

[1] King, Anthony D, The Time and Spaces of Modernity, or Who Needs Postmodernism?, *Global Modernities*, edited by M. Featherstone etc., London: Sage Publications, pp. 108—123. 转引自金耀基《另类现代性在东亚的兴起》,郭少棠、王为理编《多元现代性的反思:欧洲、中国及其的阐释》,香港中文大学出版社2009年版,第148页。

[2] 金耀基:《另类现代性在东亚的兴起》,郭少棠、王为理编《多元现代性的反思:欧洲、中国及其的阐释》,香港中文大学出版社2009年版,第150—151页。

[3] [加]查尔斯·泰勒:《自我的根源:现代认同的形成》,韩震等译,译林出版社2001年版,第780—784页。

[4] [美]保罗·柯文:《在中国发现历史》,林同奇译,中华书局2002年版。

友》）如何教化读者这个核心问题的同时，也为**理解**当时中国的现代转型的复杂局面提供了第一手的史料支撑。

综上所述，本研究发现清末民初的画报作为一种新兴的大众媒体，通过图像文本和编辑手法这两个方面的努力来实现教化读者的办刊目标。一方面，利用其易读易懂的图像内容，表征各种与现代性密切相关的概念，使这些外来的、有别于中国传统文化的、多元的思想与观念更有可能接触到数量庞大的社会下层民众；另一方面，画报编辑不忘调动读者的积极性来影响更多读者；并且采用各种手段让画报不仅仅是作为信息的物质载体，而是带有生命力的独立主体出现在读者面前，与他们沟通交流，呈现出一种多元的现代性，产生深远而强大的影响力。

附 录

部分清末民初画报创刊词、重要文章

《点石斋画报》创刊词

《点石斋画报》缘启[①]

　　画报盛行泰西，盖取各馆新闻事迹之颖异者，或新出一器，乍见一物，皆为绘图缀说，以征阅者之信，而中国则未之前闻。同治初年（1862），上海始有华字新闻纸，厥后《申报》继之，周谘博采，赏奇析疑，其体例乃渐备，而记载事实，必精必详。十余年来，海内知名，日售万纸，犹不暇给，而画独阙如，旁询粤港各报馆亦然。于此见华人之好尚，皆喜因文见事，不必拘形迹以求之也。仆尝揣知其故。大抵泰西之画，不与中国同。盖西法娴绘事者，务使逼肖，且十九以药水照成，毫发之细，层叠之多，不少缺漏。以镜显微，能得远近深浅之致。其傅色之妙，虽云影水痕，烛光月魄，晴雨昼夜之殊，无不显豁呈露。故平视则模糊不可辨，窥以仪器，如身入其境中。而人物之生动，犹觉栩栩叫欲活。中国画家拘于成法，有一定之格局，先事布置，然后穿插以取势，而结构之疏密，气韵之厚薄，则视其人学力之高下，与胸次之宽狭，以判等差。要之，西画以能肖为上，中画以能工为贵，肖者真，工者不必真也，既不皆真，则记其事又胡取其有形乎哉？然而如《图书集成》《三才图会》，

[①] 尊闻阁主人：《点石斋画报》甲卷，广东人民出版社1983年版，第1页。标点本见阿英《中国画报发展之经过》，《晚清文艺报刊述略》，古典文学出版社1958年版，第99—100页。

与夫器用之制，名物之繁，凡诸书之以图传者，征之古今，不胜枚举。顾其用意所在，容虑夫见闻混淆，名称参错，抑仅以文字传之而不能曲达其委折纤悉之致，则有不得已于画者，而皆非可以例新闻也。虽然，世运所至，风会渐开，乃者泰西文字，中土人士颇有识其体例者，习处既久，好尚亦移。近以法越构仇，中朝决意用兵，敌忾之忱，薄海同具。其好事者绘为战捷之图，市井购观，恣为谈助，于以知风气使然，不仅新闻，即画报亦从此可类推矣。爰倩精于绘事者，择新奇可喜之事，摹而为图，月出三次，次凡八帧，俾乐观新闻者有以考证其事。而茗余酒后，展卷玩赏，亦足以增色舞眉飞之乐。倘为本馆利市计，必谓斯图一出，定将不翼而飞，不胫而走，则余岂敢。

光绪十年暮春之月尊闻阁主人识。

《菊侪画报》发刊词（演说）[①]

画报与字报比较，画报如同看戏，字报比作听书。看画报的，不识字可以瞧画儿，看字报若是不识字，即只好数个儿罢。画报一看便知，不论妇孺易于知晓，比如画有个梳拉翅头的，除却画（笔者注：此处缺一字）楼子之外，看画儿的决不能说是个男人，这就是画报易晓的浅理。虽只说看画报容易通晓，也在乎画的好坏，画猫若像个驴样儿，大概也不受瞧。画法出名不出名，就在笔路儿精与不精了，果然画法精工，不用说看报就是看画儿也可以解颐。

《菊侪画报》，社会上久已知名，单以画法而论，总说是一技之长，看他画的如何就说可以的，瞧的下去，不坏，看的过儿，还将就得，有点儿意思，没大毛病，在画报里头总算是一把手，能落这么几句和平话，这笔画儿就算不容易。今天画报一出版，有人翻篇儿一瞧，概不由己的一撇嘴，说咳，不成，糟糕，坏透了，不能瞧，这画的是什么呀？嗳！一本报花十五枚铜元倒是小事，可惜我的目力在画报上糟蹋的不值。以上这些句话的话，画画儿的虽然听不见，可也难免背地里有人说。

画报既讲以工细为主，万不可自己来个自卖自夸，现在各家画报，各有各的好处，还须阅报的诸君品评。画画儿的也没有障眼法儿，也

[①] 杨曼青：《菊侪画报》发刊词（演说），见《清末民初报刊图画集成续编》，全国图书馆文献复制中心、国家图书馆缩微中心2003年版，第7250页。

没有蒙眼砂,画儿的好坏,搁在一处比,唯独《菊侪画报》不佳,预备人看报的时候,就是把菊侪这个活人,夹在画本子里头,教他自己对着看画报的诸公央求,说《菊侪画报》怎么好,架不住偏不在他的画儿上注意眼光的。漫说是画报,就是字报也是一样,也怕搁在一处比着瞧呕。

记得前代有位号称六如居士,姓唐名寅字伯虎,本是一代的风流才子,以诗文书画命重一时,因为恃才傲物,为同时者多不相容,唐六如以清高自旷,乃以作画自娱。唐君有首七绝,如同自己写照:"不炼金丹不作禅,不为商贾不耕田,间时写幅丹青卖,不使人间造业钱。"足见唐六如先生也是个以书画为业的。论到菊侪出这种画报,虽说是种商业,内中可关乎着开通民智的意思,较比卖画儿为业差强。可是菊侪远不及六如居士,其一技之长搁在画报上还可以说得下去,所以今天在下这篇发刊词,不能把《菊侪画报》夸的一朵花似的。满打屈着心苦一捧场,人家不瞧,也就叫作白贴靴,总不如阅报诸君有目共赏为是呦!

《良友》卷头语[①]

春来了。万物都从寒梦中苏醒起来。人们微弱的心灵。也因之而欢跃有了喜意。

听啊。

溪水流着。鸟儿唱着。

看啊。

春风吹佛(拂)野花。野花招呼蝴蝶。

大自然正换了一副颜面的当儿。我们这薄薄几页的《良友》。也就交着了这个好运。应时产生出来了。

《良友》得与世人相见。在我们没有什么奢望。也不敢说有什么极大的贡献和值得的欣赏。但只愿。像这个散花的春神。把那一片片的花儿。播散到人们的心坎里去。

(民国十五年二月十五日)

[①] 佚名:《良友》1926年第1期。

《为良友发言》[1]

伍联德

《良友》的使命

出版业可以保国育民！

印刷业可以强国富民！

很显然地呈现在我们的目前的，世界上富强的国家，其教育与文化必兴盛。所以欲谋国家的富强第一要振兴教育，发扬文化。然而教育如何使其振兴？文化如何使其发扬？便成一个很大的问题了。

什么政治救国，什么经济救国，先知先觉者，早已很热烈地在提倡了。我们在这里没有什么主义可以提倡，也并不是谋其远大者，我们只立定我们的一个小小的目标同时也是一个一切主张所需要的根本的基础工作来作我们的志愿：

出版业可以保国育民；

印刷业可以强国富民。

我们的志愿许是很小，但是我们以为这是实行的救国良方，我们恐怕我们的实力或有不足，所以联合多数没有党派的同志来组成"良友"。"良友"的使命是来普及教育的，发扬文化的。如其能够达到这个使命，那我们小小的初志也可以偿了。我们再也没有什么奢望，——或者也可以说就是我们的奢望。

《良友》的贡献

振兴教育的方法，各有各的主张；有的以为设立学校，有的以为创办图书馆，这都是提倡教育的重要的企图。但是，有了学校而没有书报给学生们读，有了图书馆而没有书报来供给，也是无济于事的。那么教育之于学校，学校之于书报，都是有密切的联系，和同样的功能是很显然易见的了。古时的书籍，是用竹简刻就，或用兽皮画成的，而那时的书籍，只限

---

[1] 伍联德：《良友》第25期。

用于少数的人，断不会流传普遍。现代科学昌明，以纸代简，以机器代人工，因此一书之成，可以广传千万，而人人亦可得而读了。所以书报多的国家，他们读书的人亦必多，读书的人多，则民智开，民智开而国无有不强的。书报少的国家，读书的人必少，读书人少，则民智塞，民智塞而国必弱。这是成为比例式的定义了。我们今日的中国，民智未开，教育不振，我们可以武断的说，就因为书报太缺乏的原故。我们要民智开，教育兴，惟一的门路，就要多出版书报。但是出版书报，必有赖乎印刷了。所以我们《良友》的任务，是出版和印刷。我们也深信出版印刷的职业，是开导民智，普及教育的惟一工作，故我们勤奋，努力，来为《良友》，更希望《良友》对于我们中国也有普遍的贡献。

《良友》的过去

我们努力印行《良友》两年了。这虽是很短的历史，没有什么可以记述，也没有什么光荣。但以我们的主观看来，却有两点要在这里谈谈的。

《良友》报的特点

《良友》报的缺陷

我们中国的杂志，在出版界历史最长的，不过四十年？它们在这个时间里，照样的编辑，循例的出版，没有什么改良，也不见到有什么进步；还是白纸印了黑字，也还是永远弹着没有时间性的老调文章。我们的《良友》出版只有两岁的生命，我们不敢说在今日我国出版界里，有什么过人之处，但却不是白纸印黑墨了，也不是只谈空理的老调文章了。印刷方面：我们加了许多颜色，使人看了总感觉有趣而生美的观感，内容方面：除了那苍蝇般的文字之外，并加插许多图画，使人目靓而易明。以上这两点，是我们《良友》的特点，也是我们在此两年来努力改善的表现，这不敢自满，更不敢因此而居功，但在我们的意识里头却有些安慰了。

在中国今日的情形之下，来谋出版事业，是很困难的，尤其是发行一种杂志。本来印行书报和杂志的目的，是求普遍，求普遍便要材料好，价格公道。《良友》材料好坏，我们都尽了力量了，但价格还没有使它再廉，这是我们的缺陷，也不是我们的初意。现在杂志中最美最廉的，可算美国出版的礼拜六晚邮报 Saturday Evening Post 材料既是丰富，印刷又美观，只售美金五分。我们的《良友》也想如此的，但我们现在的力量，终做不到，这并非我们不想做，其实因为我们的工商界不争气。礼拜六报之能如此价廉，就因为收入工商界很多的广告费，来帮补的，其实每册的成本何只五分呢？我们《良友》力谋他的材料精良，同时广告，收入帮补又很少，所以只可照今日的定价了。这是我们以为最缺陷的事。我们虽然有抱普遍书报的使命，但以商业上的远侧来顾存血本，不能作过大的牺牲。

《良友》的希望

我们的《良友》的过去和现在是怎样，凡读过《良友》的人都明白了，这些以往的事，不想多讲，我们只希望将来。在人生中无论做什么，惟有希望能使人所谋的事才有乐趣进步与成功。所以我们想不变我们工作的兴趣，更想谋《良友》的进步与成功。这要有希望和努力才能达到，然而有了希望，能够做得到与否，我们除了尽着人事的力量之外，还靠天意的相助。

（1）希望我们《良友》现在所抱着这一普及教育发扬文化的目标保持到底，不见异而思迁，不因难而思退；更不受任何势力的支配。取材严而均，言论公而直，持着我们的目标，忍耐，向前，努力去实行，以求贯澈；这是我们第一个希望。

（2）做事最怕没有目标，有了目标无事患不能成的，我们既求宗旨的贯澈，那么物质上的希望，尤其除事了。内容改善，篇幅增加，印刷精美，材料丰富，价格公道等等。这些不过求物质的进步罢了，但是如果能使这些物质上的改良，那就要靠你们——读者们负一份责任来栽培指导与扶持。这是我们第二个希望。

（3）第三希望就是希望《良友报》的自身了。我的对于它不想有很大的贡献，只希望它本身生了一种力量来，那力量到了人们的心坎里去，就会使人的思想转移，学问进步，心灵得着无限的慰藉。这是第三个希望。

（4）希望除了致力于良友报之外，更把我们的工作逐渐扩大——多出几种适应中国需求的刊物和书籍，同时在印刷术方面谋新的改进。这是第四个希望。

如果能够达到这几个希望,我们的志愿已偿,目的也达到了。还有什么要求呢?但是希望不只是希望便了的,须得求希望的实现。我们要求它实现,不是我和良友的同事们的力量可以做到,还要凡是我们的良友,都携着手共同的努力,奋斗。努力,奋斗,这就能将希望的实现。因为我的要求希望的实现,故在此发言,所言是否有当,我们随时都预备听你们的指教。

《再为良友发言》[①]

(伍联德)

力求进步改良,决毋故步自封。

中国现今不患出版物多,只患多而不精。

出版界今日之呼声——努力,合作,进取,和改善!

在文化事业没有充分发达,人民知识参差不齐的中国里,经营出版事业,谁也公认为今日当务之急;同时就是极多困难的企图。我们在这急务当中努力,至今已过三年了。在第四年伊始的本报,我不能不对关心良友事业的朋友们而再为良友发言。

在过去的几年来,最足使我们告慰的,就是我们同事能够保持一种可贵的精神——合作,进取,改善的精神。拿事实来说,试从第一期的《良友》看到今日的三十七期,请问国人,是退步呢还是进步?虽然离完善之点尚远,可是"不问收获,但问耕耘",良友至今仍然站立发展,不是偶然的事。我们是青年人,誓必自策自励,鉴国人故步自封的牵扯,勉力保持合作进取的精神,在诸多困难的环境当中奋斗,良友的事业是要永远站在世界的!

[①] 伍联德:《良友》第37期,1929年。

常常遇着朋友问我：良友有什么计划；在未能畅谈叙述之前，只可答"有计划"三个字而已。现在办一事业真不是易的，徒然有计划而倘不能使其实现，也等于纸上谈兵。事无论大小，想达成功目的，当然必要先有计划，此外更要金钱与人才，三者缺一不可。有了经济与人才，所有的计划就成为切实的计划。目下良友的情形，就是根据着人才与经济之厚薄，循着商业的程序，逐步进展。在能力范围内见一步走一步。将来编辑部的扩大，新式印刷机之装置，以及一切业务上的组织和物质上的设备，自然由力量加增应着需要而办到。

以商业的方式而努力于民众的教育文化事业，这就是我们的旨趣。也许还有人未认得清楚罢，所以间有指为某派某派的宣传机关，为某人某人所把持，这些捕风捉影的话，本无须置辩，头脑清楚的阅者，都能明白《良友》就是民众的良友，内容不务深奥，不偏不倚，惟以建设的友爱的精神，与阅者结不解之缘，运用浅明的图画文字，传播与时俱新的知识；希望藉这点绵薄的实力，对内提高国民的知识和艺术，对外则表扬邦国的荣光。这就是《良友》的态度。

近年来，接着《良友》而出，与《良友》相仿的画报，有如雨后春笋一般多起来，这实在是出版界的好现象，假如我国画报界只有《良友》怎够为四万万国民务服呢？更请看看美国，据最近调查，一年向政府的出版物二万余种，现有月刊二千二百余种；出版营业每年高至十八万万金元。反观我国冷落情形，实在不堪提论了。所以在我国幼稚的出版界，刊物不患多，只是多之中要力求其精罢。倘若我国出版物追及美国之一半，人民智识生活必大有可观，到那时候，我们的使命已经不落空了。

我国出版界的朋友们，我们今日的事业，不是专为个人谋利益的，乃是为一般国民求幸福的事业啊！在社会事业没有充分发达，人民知识参差不齐的中国，我们的责任更重。在我们所负责任之下的呼声，就是努力，合作，进取和改善！

被本公司总理伍君联德，为公司任务有南洋之行，舟车劳顿中刻以良友为念，笔撰此文，虽寥寥千数百字，而所述良友事业状况，足使阅者明了；关于出版界言论，更可与同业共勉。此文由星洲寄到时，本期尚有一部分篇幅未印，即发表于此。

——编者附志

《良友一百期之回顾与前瞻》[①]

（伍联德）

民国十五年二月十五日，吾人于冒险之尝试中创刊《良友》，光阴逝水，倏忽九年，时至今日，良友无恙，且届百期矣。杂志而刊印至百期，在世界文化历史上言之，原属常事。惟在多难之中国，九年以来，能于惊涛骇浪中奋力前进，自强不息，以迄百期，则又颇觉其不易。赖社会人士之热心爱护，与诸同事之精诚合作，良友在画报界创此悠长之历史，稳握销数之牛耳，吾人于感慨之余，弥觉欣慰。

昔古哲有言：一事业之开始，即冒险之尝试。而于良友创刊时，犹觉成功之难期。盖远在良友印刷公司成立之前，当时四开大小之单张画报，颇为流行，惟一察其内容，大都缺乏学问之原素。窃以为在文化落后之我国，籍图画作普及教育之工作，至为适宜。因见市上所有者，皆未能与此道相吻合，其时适有友人如故莫先生澄斋等，拟办一画报，以志趣共同，遂相合作，创刊《少年良友》，以四开单张，内容皆手绘之图画，杂以少年德育故事，盖纯以儿童为对象，偏重儿童之教育者。不料出版之后，事与愿违，未及数期，即因销路不畅及经济之支出而停刊。惟自信甚力，稍筹得若干印刷之资，便即续刊，寻又被迫中辍，如是屡仆屡起凡三次，终乃计穷力尽，不得不暂将其放弃矣。顾虽如是，第以素愿所在，未尝不耿耿于怀。继念欲办刊物，尤应先办印刷，更易发展。蓄此私念，未得机缘。民十四年，得欧斌夫人之慨然相助，乃即函召旧同学余汉生先生来沪共同策议，几经奔走筹划，乃顶出北四川路鸿庆坊口之一小印刷所，稍事装修，即于是年七月十五日开幕，定名为"良友印刷所"，店为石库门式，仅得一楼一底之地，店内所有，亦仅小型之印刷机三数部而已。开始营业后，以印刷成绩优美，营业状况颇佳，经济既有基础，而自办之印刷

[①] 伍联德：《良友》第100期，1934年，第4页。

又复精良，于是此酝酿于心中之素志又跃跃欲动，最后乃决再作一冒险之尝试。

吾谓冒险，良非过当。盖当时吾人所拟办者非单张式，而是整本成册之画报，此种画报为市上所未有，前人虽偶曾刊办，类皆不能支持而先后停刊。吾人既乏此种经验，而横于前者胥为前人失败之阴影，同时社会人士对整本画报之能否发生兴趣，亦无把握，至于内容之编排取材，更无可借鉴，尽在个人之坚决自信力之下，日夜编辑筹划，《良友》创刊第一期，终乃于十五年二月十五日，与世人见面。既属初次尝试，故初版仅三千本，其后以港粤各地之畅销，乃先后添印四千。初不料此区区数千册之画报，日后竟不胫而走，遍销全球，不特围画报界奠一稳固之基，且为后来者开一康庄之大道也。

书既出版，即轰动一时，□近推许函件纷纷而至。吾人于感奋之余，更思力图改进。同时觉个人精神力量究属有限，遂于第五期起，延聘周瘦鹃先生主其事，俾得分负工作，惟以周先生属文艺中人，故报中文字一项，由其负责，个人方面则仍全力注意于图画之编排与选材之精美，销数既每期递增，改良之心愈切。适于是年冬□梁得所先生，梁先生固负笈于山东齐鲁，以事辍学来沪，因接洽印件事，彼此获识，时相会晤，颇觉其年少，因即延聘，共同襄理编务，第12期，周瘦鹃先生以事告退，主编一席，即以梁先生承其乏。

本志销路即日益加增，同时印刷营业方面亦日渐发达，因思有以发展之计，是年冬，乃有美国之行，于该地考察画报及印刷等事业，以资借镜，所获更多，归国后深觉原址不敷应用，乃迁至今北四川路蓬路口新址，以地方敞开及地址适中，业务更蒸蒸日上。本志销数，已销至二万余份，比第一期时增加数倍。至是公司营业渐具规模，本人方面因又须从事计划其他出版之事业，如《中国学生》，《今代妇女》，《银星》，《体育世界》等各杂志之创刊，以及各单行本书籍之印行等，本志编务，无暇兼顾，若以得所先生专负其责，未免不胜其劳，遂于十八年夏添马国亮先生，稍分其劳。本志亦于三十七期起，全部改用铜版纸印刷，因纸质优美，选材及印刷皆精，销数乃进至三万份。四十五期，更由铜版进而为影写版印刷，复以梁马两先生之共同努力，本志之销路乃一跃而为四万二千余份，握中国杂志销路最大之权威，不特销行于中国各地，即海外各国，亦无不有良友之踪迹。

二十一年一月二十八日，日敌侵袭上海，本公司地点适在战区以内，一月份稿件全部在印刷所被毁，惟时虽在国难期间，同人等对文化及新闻画报之事业，仍不敢懈怠，即于江西路设一临时办事处，并着手筹备一切，其第一事即为使《良友》能继续出版，以慰读者之望。第以印刷排稿等皆在极困难之情形，临时乃改用十六开本之铜版纸印刷，同时更将战时新闻汇集出版战事画刊，使世界各国人士，明暴日侵略之真相。战役和议既定，本公司复迁回原址，《良友》虽恢复原有之九开本大小，惟影写版之印刷所一时尚未能修整完妥，故仍用铜版纸印刷，虽铜版纸比影写版之纸价奇昂数倍，然为保存《良友》之历年信用计，吾人乃不惜此重大之牺牲。

本志既握全国杂志界销数之牛耳，对于文化之推进，及智识之灌输，更思竭其驾驭，以求精益求精，因思中国版图阔大，因交通不便，彼此殊多隔阂，本志既以沟通文化，启发国民新知为主旨，各省风景风俗文化物产等之介绍工作，实为刻不容缓，惟是亲历各地搜集图片，工程之间距，自不待言，第环顾国内拟肩此重责者，尚乏其人。吾人乃不揣绵薄，毅然有全国摄影旅行团之组织，于是年九月除法，团共四人，而以梁得所先生主其事，至于后方编辑出版等一切时宜，乃暂由马国亮先生总负其责。

旅行团计自廿一年九月出发，以《良友》历年之信誉，故所至各地，皆大受欢迎，至二十二年五月返沪，历时九月，费去国币一万三千余元，摄得照片一万数千帧，除供本志用外，并择优刊印"中华景象"，出版后幸承社会人士之推许，未及一月，即已再版，是书虽不足谓为集中国文物之大成，惟以图片作较详之真象介绍者，颇足成为出版界空前之工作。同时本志亦已恢复影写版印刷，选材更广更精，故虽在战后以及不景气之状况中，仍能保持其素有之销数。

旅行团于五月返沪后未及三月，梁得所先生因另图高就，即向公司提出辞职，吾人苦留不获，梁先生即于八月起辞去本志主编职务，在本志方面虽无若何影响，惟吾人一旦失此患难与共之多年良友，至可憾耳。

梁先生既去良友，主编一席，乃由马国亮先生继任。马先生得天独厚，品学兼优，能文善画，更为画报不可多得之才，不仅襄理本志有年，且于梁先生出发旅行时，亦曾独负编务，驾轻就熟，自能胜任愉快，非特读者所欣慰，亦本公司所深庆得人者也。

良友自刊行至今，历时九载，今年春间，因鉴于世界之不景气情形，影响及于个人竞技，为读者购买便利起见，乃于七月本公司创业十周年之时，试改为半月刊，因购买便利，国内销路，更比前增加，惟因编排便利关系，同时大多读者亦多来函仍望恢复月刊，为尊重读者之意见计，乃决于明年一月将恢复月刊。

  计良友自出版至今，已届百期。回首创刊时，恍犹昨日，计百期以来，吾人虽饱经忧患，履艰险，历崎岖，赖诸同事之合作，暨读者之提携，以有今日，良非幸致。惟世界之进展，日新月异，文化之路途，糜有穷期，吾人将更本取诸读者，还诸读者之义，不以营利为目标，但以服务社会为旨，益自奋励，迈步前进。且也近年以还，画报之刊行者日多，更为我国文化界之好现象，良以图片灌输智识，显浅易晓，实为目前普及教育之最善工具，中国人口之众，幅图之大，文化食粮，固甚感缺乏，吾人本为民众造福之精神，彼此砥砺，分工合作，中国文化前途，实利赖之。至于指导提携，尚有望读者。

参 考 文 献

画报及其他第一手材料：

a. 中国出版的近代画报或报刊

《北洋画报》（影印本），书目文献出版社1986年版。

《点石斋画报》，广东人民出版社1983年版。

《点石斋画报》（大可堂版），上海画报出版社2001年版。

《儿童教育画》（不全，1911—1922年共计47期），民国时期期刊全文数据库。

侯杰、王昆：《清末民初社会风情：〈醒俗画报〉精选》，天津人民出版社2005年版。

《良友》（影印本），上海书店1986年版。

《清代报刊图画集成》，全国图书馆文献缩微复制中心，国家图书馆缩微中心，2001年版。[①]

《清末民初报刊图画集成》，全国图书馆文献复制中心，国家图书馆缩微中心，2003年版。[②]

《清末民初报刊图画集成续编》，全国图书馆文献复制中心，国家图

---

① 包括《飞影阁画报》《新闻画报》《申报图画》《民呼日报图画》《图画新闻》《舆论时事报图画》《时报附刊之画报》《民权画报》《天民画报》9种。

② 包括《点石斋丛画》《诗画舫》《海上青楼图记》《北清烟报》《北洋学报》《安徽白话报》《时事报图画杂俎》《时事报图画》《点石斋画报附录》《舆论时事图画》《时事报馆戊申全年画报》《绘图骗术奇谈》《时事报图画旬报》《燕都时事画报》《北京白话画图日报》15种。

书馆缩微中心 2003 年版。①

全国报刊索引（民国时期期刊全文数据库，http://www.cnbksy.com/）②

广东省立中山图书馆编：《旧报新闻·清末民初画报中的广东》，岭南美术出版社 2012 年版。

国家图书馆少年儿童馆编：《民国儿童画报选编》，天津教育出版社 2013 年版。

沈弘编译：《遗失在西方的中国史：〈伦敦新闻画报〉记录的晚清 1842—1873》，北京时代华文书局 2014 年版。

王韬：《漫游随录图记》，王稼句点校，山东画报出版社 2004 年版。

《世界》（原版），四川大学图书馆藏。

《图画日报》（影印本）（一套八册），上海古籍出版社 1999 年版。

万国报馆编：《甲午：120 年前的西方媒体观察》，生活·读书·新知三联书店 2014 年版。

《小孩画报》（胶片），哈佛大学燕京图书馆藏（不完整）。

赵省伟编：《海外史料看甲午》，中国画报出版社 2015 年版。

b. 日本及其殖民地出版的画报或报刊

《日清战争画报》（胶片），哈佛大学燕京图书馆藏。

《日清幻灯画报》（胶片），哈佛大学燕京图书馆藏。

《日清交战画报》（胶片），哈佛大学燕京图书馆藏。

《支那征伐画谈》（胶片），哈佛大学燕京图书馆藏。

《日清肖像交战画报》（胶片），哈佛大学燕京图书馆藏。

《日清韩战况画报》（胶片），哈佛大学燕京图书馆藏。

《大激战画报》（胶片），哈佛大学燕京图书馆藏。

---

① 包括《浅说画报》《图画日报》《开通画报》《菊侪画报》《绘图杂报选集》《北京报》《通俗画报》《通俗谐语图画》《北京画报》《顺天画报》《醒俗浅说报》《醒华日报》《清代画报》《京师教育画报》14 种。

② 包括 39 种画报，分别是：《常识画报（高级儿童）》《常识画报（中级儿童）》《晨报星期画报》《慈航画报》《大晶画报》《大抗战画报》《大亚画报》《大众画报》《电影画报》《风月画报》《妇人画报》《工商画报》《国剧画报》《华北画报》《滑稽画报》《解放画报》《精武画报》《竞乐画报》《卷筒纸画报》《联华画报》《玫瑰画报》《明星画报》《扫荡画报》《少年画报》《生命与健康画报》《时事画报》《世界军情画报》《双十画报》《苏州画报》《太平洋画报》《文艺画报》《西湖画报》《湘珂画报》《新华画报》《新天津画报》《星期画报》《游艺画报》《知识画报》《中华画报》。

《满洲日报》（胶片），哈佛大学燕京图书馆藏。

相关专著、译著或文集：

［美］本尼迪克特·安德森：《想象的共同体：民族主义的起源与散布》，吴叡人译，上海人民出版社2003年版。

［斯］阿莱斯·艾尔雅维茨：《图像时代》，吉林人民出版社2003年版。

［美］鲁道夫·阿恩海姆：《视觉思维》，滕守尧译，四川人民出版社1998年版。

［美］鲁道夫·阿恩海姆：《艺术与视知觉》，滕守尧译，四川人民出版社1998年版。

［美］鲁道夫·阿恩海姆：《艺术心理学新论》，郭小平、翟灿译，商务印书馆1994年版。

［英］奥利弗·博伊德-巴雷特、克里斯·纽博尔德编：《媒介研究的进路》，汪凯、刘晓红译，新华出版社2004年版。

［英］阿雷恩·鲍尔德温等：《文化研究导论》，陶东风等译，高等教育出版社2004年版。

［法］罗兰·巴特：《明室：摄影纵横谈》，赵克非译，文化艺术出版社2003年版。

［法］罗兰·巴特：《神话——大众文化诠释》，许蔷蔷、许绮玲译，上海人民出版社1999年版。

［德］瓦尔特·本雅明：《发达资本主义时代的抒情诗人》，王才勇译，江苏人民出版社2005年版。

［德］W. 本雅明：《机械复制时代的艺术作品》，王才勇译，浙江摄影出版社1993年版。

［德］瓦尔特·本雅明：《迎向灵光消逝的年代：本雅明论艺术》，许绮玲、林志明译，广西师范大学出版社2004年版。

［英］约翰·伯杰：《视觉艺术鉴赏》，戴行钺译，商务印书馆1994年版。

［英］约翰·伯格（Berger, John）：《观看之道》，戴行钺译，广西师范大学出版社2005年版。

［英］约翰·伯格：《看》，刘惠媛译，广西师范大学出版社2005年版。

卜卫：《媒介与性别》，江苏人民出版社 2001 年版。

曹意强：《艺术与历史》，中国美术学院出版社 2001 年版。

［英］戴维·钱尼：《文化转向：当代文化史概览》，戴从容译，江苏人民出版社 2004 年版。

陈平原、夏晓虹：《图像晚清》，百花文艺出版社 2001 年版。

陈平原、［日］山口守编：《大众传媒与现代文学》，新世界出版社 2003 年版。

陈平原：《左图右史与西学东渐——晚清画报研究》，生活·读书·新知三联书店 2008 年版。

陈平原：《图像晚清：〈点石斋画报〉之外》，东方出版社 2014 年版。

陈映芳《图像中的孩子：社会学的分析》，山东画报出版社 2003 年版。

［日］池田诚：《抗日战争与中国民众——中国的民族主义与民主主义》，求实出版社 1989 年版。

［美］保罗·柯文：《在中国发现历史》，林同奇译，中华书局 2002 年版。

褚民谊：《太极操》，大东书局 1932 年版。

［美］杜赞奇：《从民族国家拯救历史：民族主义话语与中国现代史研究》，王宪明译，社会科学文献出版社 2003 年版。

［美］约翰·费斯克：《理解大众文化》，王晓钰、宋伟杰译，中央编译出版社 2001 年版。

［美］约翰·菲斯克：《解读大众文化》，杨全强译，南京大学出版社 2001 年版。

［美］约翰·费斯克等：《关键概念：传播与文化研究辞典》，李彬译注，新华出版社 2004 年版。

［英］冯客：《近代中国之种族观念》，杨立华译，江苏人民出版社 1999 年版。

Flusser, Vilém：《摄影的哲学思考》，台湾远流出版公司 1994 年版。

［法］福柯：《规训与惩罚：监狱的诞生》，刘北成、杨远婴译，生活·读书·新知三联书店 2007 年版。

［英］弗兰西斯·弗兰契娜、查尔斯·哈里森：《现代艺术和现代主义》，张坚、王晓文译，上海人民美术出版社 1988 年版。

［英］盖尔纳：《民族与民族主义》，韩红译，中央编译出版社 2002 年版。

葛兆光：《思想史研究课堂讲录》，生活・读书・新知三联书店 2005 年版。

［英］安东尼・吉登斯：《现代性的后果》，田禾译，黄平校，译林出版社 2000 年版。

［英］E. H. 贡布里希：《艺术与错觉》，林夕、李本正、范景中译，浙江摄影出版社 1987 年版。

［英］E. H. 贡布里希：《理想与偶像——价值在历史和艺术中的地位》，范景中、曹意强、周书田译，上海人民美术出版社 1989 年版。

［意］安东尼・葛兰西：《狱中札记》，葆煦译，人民出版社 1983 年版。

韩丛耀等：《中国近代图像新闻史：1840—1919》，南京大学出版社 2012 年版。

［英］斯图尔特・霍尔：《表征——文化表象与意指实践》，徐亮、陆兴华译，商务印书馆 2003 年版。

何梓华：《新闻理论教程》，高等教育出版社 2008 年版。

洪煜：《近代大众传媒与城市文化研究》，上海人民出版社 2012 年版。

［英］埃里克・霍布斯鲍姆：《民族与民族主义》，李金梅译，上海人民出版社 2000 年版。

［德］马丁・海德格尔：《林中路》，孙周兴译，上海译文出版社 1997 年版。

［英］特伦斯・霍克斯：《结构主义和符号学》，瞿铁鹏译，上海译文出版社 1987 年版。

荒林、王红旗：《中国女性文化》第 1 辑，中国文联出版社 2001 年版。

［法］勒内・于格：《图像的威力》，钱凤根译，四川美术出版社 1988 年版。

［美］弗雷德里克・詹姆逊：《詹姆逊文集》第 3 卷《文化研究和政治意识》，王逢振主编，中国人民大学出版社 2004 年版。

［美］詹姆逊：《詹姆逊文集》第 4 卷《现代性、后现代性和全球

化》，王丽亚译，中国人民大学出版社 2004 年版。

[美] 詹明信：《晚期资本主义的文化逻辑：詹明信批评理论文选》，张旭东编，陈清侨等译，生活·读书·新知三联书店 1997 年版。

[英] 伊安·杰夫里：《摄影简史》，晓征、筱果译，生活·读书·新知三联书店 2002 年版。

金元浦主编：《文化研究：理论与实践》，河南大学出版社 2004 年版。

[法] 让-克鲁德·考夫曼：《女人的身体 男人的目光——裸乳社会学》，谢强、马月译，社会科学出版社 2001 年版。

[英] 凯西·卡麦兹：《建构扎根理论：质性研究实践指南》，边国英译，陈向明校，重庆大学出版社 2009 年版。

[英] 埃里·凯杜里：《民族主义》，张明明译，中央编译出版社 2002 年版。

[美] 列文森：《儒教中国及其现代命运》，郑大华、任菁译，中国社会科学出版社 2000 年版。

李从娜：《近代中国报刊与女性身体研究：以〈北洋画报〉为例》，中国社会科学出版社 2015 年版。

李欧梵：《上海摩登——一种新都市文化在中国 1930—1945》，毛尖译，北京大学出版社 2001 年版。

李欧梵：《中国现代文学与现代性》，复旦大学出版社 2005 年版。

李欧梵：《现代性的追求》，生活·读书·新知三联书店 2000 年版。

李欧梵：《未完成的现代性——北大学术讲演丛书（20）》，北京大学出版社 2005 年版。

李鹏程主编：《当代西方文化研究新词典》，吉林人民出版社 2003 年版。

李孝悌：《清末的下层社会启蒙运动：1901—1911》，河北教育出版社 2001 年版。

李孝悌：《恋恋红尘：中国的城市、欲望与生活》，一方出版有限公司 2002 年版。

李银河主编：《妇女：最漫长的革命——当代西方女性主义精选》，生活·读书·新知三联书店 1997 年版。

李小江、朱虹、董秀玉主编：《主流与边缘》，生活·读书·新知三联书店 1999 年版。

李小江主编：《性别与中国》，生活·读书·新知三联书店 1998 年版。

李小江、朱虹、董秀玉主编：《平等与发展》，生活·读书·新知三联书店 1997 年版。

廖雯：《女性艺术——女性主义作为方式》，吉林美术出版社 1999 年版。

刘半农：《半农谈影》，开明书店 1928 年版。

刘慧英：《遭遇解放：1890—1930 年代的中国女性》，中央编译出版社 2005 年版。

吕胜中：《造型原本：看卷·讲卷》，生活·读书·新知三联书店 2002 年版。

陆弘石：《中国电影史 1905—1949》，文化艺术出版社 2005 年版。

陆扬、王毅：《大众文化与传媒》，上海三联书店 2000 年版。

陆扬、王毅：《文化研究导论》，复旦大学出版社 2006 年版。

陆扬：《大众文化理论》，复旦大学出版社 2008 年版。

罗钢、刘象愚主编：《文化研究读本》，中国社会科学出版社 2000 年版。

罗钢、王中枕主编：《消费文化读本》，中国社会科学出版社 2003 年版。

罗岗、顾铮：《视觉文化读本》，广西师范大学出版社 2003 年版。

罗苏文：《女性与近代中国社会》，上海人民出版社 1996 年版。

骆正林：《新闻理论教程》，北京大学出版社 2009 年版。

马国亮：《良友忆旧：一家画报与一个时代》，生活·读书·新知三联书店 2002 年版。

马运增、陈申、胡志川、钱章表、彭永祥：《中国摄影史》，中国摄影出版社 1987 年版。

［美］玛丽·沃纳·玛利亚：《摄影与摄影批评家——1839 年至 1900 年间的文化史》，郝红尉等译，山东画报出版社 2005 年版。

［英］安吉拉·默克罗比：《后现代主义与大众文化》，田晓菲译，中央编译出版社 2001 年版。

［美］凯特·米利特：《性政治》，宋文伟译，江苏人民出版社 2000

年版。

［美］罗兹·墨菲：《上海——现代中国的钥匙》，上海人民出版社1986年版。

［英］弗雷德·奥顿、查尔斯·哈里森：《现代主义，评论，现实主义》，崔诚、米永亮、姚炳昌译，上海人民美术出版社1991年版。

钱锺书：《七缀集》，上海古籍出版社1994年版。

邱志杰：《摄影之后的摄影》，中国人民大学出版社2005年版。

［美］吉尔伯特·罗兹曼：《中国的现代化》，国家社科基金"比较现代化"课题组译，江苏人民出版社2003年版。

［美］爱德华·W.萨义德：《东方学》，王宇根译，生活·读书·新知三联书店1999年版。

［瑞士］费尔迪南·德·索绪尔：《普通语言学教程》，高名凯译，商务印书馆1980年版。

［英］安东尼·D.史密斯：《全球化时代的民族与民族主义》，龚维斌、良警宇译，中央编译出版社2002年版。

［美］苏珊·桑塔格：《论摄影》，艾红华、毛建雄译，湖南美术出版社1999年版。

［英］约翰·斯道雷：《文化理论与通俗文化导论》，杨竹山、郭发勇、周辉译，南京大学出版社2001年版。

［英］多米尼克·斯特里纳蒂：《通俗文化理论导论》，阎嘉译，商务印书馆2001年版。

［英］阿兰·斯威伍德（Swingewood，Alan）：《大众文化的神话》，冯建三译，生活·读书·新知三联书店2003年版。

苏竟存：《中国近代学校体育史》，人民教育出版社1994年版。

陶东风、金元浦、高丙中主编：《文化研究》第1辑，天津社会科学院出版社2000年版。

陶东风、金元浦、高丙中主编：《文化研究》第3辑，天津社会科学院出版社2002年版。

陶东风、周宪主编：《文化研究》第7辑，广西师大出版社2007年版。

［加］查尔斯·泰勒：《自我的根源：现代认同的形成》，韩震等译，译林出版社2001年版。

［加］查尔斯·泰勒：《现代性之隐忧》，中央编译出版社 2001 年版。

［英］约翰·B. 汤普森：《意识形态与大众文化》，高铦等译，译林出版社 2005 年版。

万青力：《画家与画史》，中国美术学院出版社 1997 年版。

王逢振：《视觉潜意识》，《先锋译丛》（八），天津社会科学院出版社 2002 年版。

王德威：《想象中国的方法：历史·小说·叙事》，生活·读书·新知三联书店 1998 年版。

汪晖：《汪晖自选集》，广西师范大学出版社 1997 年版。

汪晖：《现代中国思想的兴起》，生活·读书·新知三联书店 2004 年版。

汪民安：《现代性》，广西师范大学出版社 2005 年版。

［英］雷蒙德·威廉斯：《文化与社会》，吴松江、张文定译，北京大学出版社 1991 年版。

［英］雷蒙·威廉斯：《关键词：文化与社会的词汇》，刘建基译，生活·读书·新知三联书店 2005 年版。

王晓路等：《文化批评关键词研究》，北京大学出版社 2007 年版。

王庸：《中国地理学史》，商务印书馆 1938 年版。

王政、杜芳琴主编：《社会性别研究选译》，生活·读书·新知三联书店 1998 年版。

吴果中：《〈良友〉画报与上海都市文化》，湖南师范大学出版社 2007 年版。

吴琼：《视觉文化的奇观——视觉文化总论》，中国人民大学出版社 2005 年版。

［瑞士］海因里希·沃尔夫林：《艺术风格学：美术史的基本概念》，潘耀昌译，中国人民大学出版社 2004 年版。

吴琼：《凝视的快感——电影文本的精神分析》，中国人民大学出版社 2005 年版。

吴琼：《上帝的眼睛——摄影的哲学》，中国人民大学出版社 2005 年版。

谢金文：《新闻与传播通论》，复旦大学出版社 2006 年版。

张国良:《新闻媒介与社会》,世纪出版社 2007 年版。

张慧瑜:《视觉现代性——20 世纪中国的主题呈现》,人民出版社 2012 年版。

张仲礼主编:《近代上海城市研究(1840—1949)》,上海人民出版社 2014 年版。

曾恩波:《世界摄影史》,艺术图书公司 1973 年版。

郑建丽:《晚清画报的图像新闻学研究(1884—1912):以〈点石斋画报〉为中心》,广西师范大学出版社 2015 年版。

郑为:《点石斋画报时事画选》,中国古典艺术出版社 1958 年版。

Barthes, Roland, *Elements of Semiology*, translated by Annette Lavers and Colin Smith, New York: Hill and Wang, 1983.

Bar thes, Roland, *The Eiffel Tower and Other Mythologies*, translated by Richard Howard, New York: Hill and Wang, 1979.

Barnard, Malcolm, *Approaches to Understanding Visual Culture*, Palgrave, 2001.

Barnard, malcolm, *Art, Design and Visual Culture: An Introduction*, NewYork: St: Martin's Press, 1998.

Berger, Arthur Asa, *Seeing Is Believing: An Introduction to Visual Communication*, 2nd edition, Mayfield Publishing Company, 1998.

Berger, John, *Ways of Seeing*, London: Penguin Group, 1972.

Bloom, Lisa ed: *With Other Eyes: Looking at Race and Gender in Visual Culture*, Minneapolis and London: University of Minnesota Press, 1999.

Bogdan, Catalina, *The Semiotics of Visual Languages*, Boulder: East European Monographs, 2002.

Brothers, Caroline, *War and Photography: A Cultural History*, London and New York: Routledge, 1997.

Bryson, Norman, *Vision and Painting: The Logic of the Gaze*, New Heaven and London: Yale University Press, 1983.

Bryson, Norman and Holly, Michael Ann and Moxey, Keith eds: *Visual Culture: Images and Interpretations*, Middletown: Wesleyan University Press, 1994.

Brgson, Norman, eds: *Visual Theory: Painting and Interpretation*, New

York: HarperCollins Publishers, 1991.

Chow, Rey, *Primitive Passion: Visuality, Sexuality, Ethnography, and Contemporary Chinese Cinema*, New York: Columbia University Press, 1995.

Clark, Toby, *Art and Propaganda in the Twentieth Century: The Political Image in the Age of Mass Culture*, New York: Harry N. Abrams, Incorporated, 1997.

Clunas, Craig, *Pictures and Visuality in Early Modern China*, London: Reaktion Books Ltd., 1997.

Coakley, Jay & Dunning, Eric eds: *Handbook of Sports Studies*, London and Thousand Oaks and New Delhi, 2000.

Cohn, Don J. ed. and translated, *Vignettes from the Chinese: Lithographs from Shanghai in the Late Nineteenth Century*, Hong Kong: The Chinese University of Hong Kong, 1987.

Crary, Jonathan, *Suspensions of Perception: Attention, Spectacle, and Modern Culture*, Cambridge, MA: MIT Press, 1999.

Craoy, Jonathan, *Techniques of the Observer: on Vision and Modernity in the Nineteenth Century*, Cambridge and London: MIT Press, 1990.

Darracott, Joseph ed. *The First World War in Posters*, New York: Dover Publications, INC., 1974.

Devereaux, Leslie & Hillman, Roger eds: *Fields of Vision: Essays in Film Studies, Visual Anthropology, and Photography*, Berkeley and Los Angeles and London: University of California Press, 1995.

Dikovitskaya, Margaret, *Visual Culture: The Study of the Visual after the Cultural Turn*, Cambridge: MIT Press, 2006.

During, Simon, ed., *The Cultural Studies Reader*, London and New York: Routledge, 1993.

During, Simon, *Cultural Studies: A Critical Introduction*, London and New York: Routledge, 2005.

Edensor, Tim, *National Identity, Popular Culture and Everyday Life*, Oxford and New York: Berg, 2002.

Edwards, Elizabeth ed. *Anthropology and Photography 1860—1920*, New Haven and London: Yale University Press in association with The Royal Anthropological Institute, London, 1992.

Elkins, James, *Visual Studies: A Skeptical Introduction*, New York: Routledge, 2003.

Evans, Harriet, & Donald, Stephanie eds.: *Picturing Power in the People's Republic of China*, Lanham and Cumnor Hill: Rowman & Littlefield Publishers, INC., 1999.

Evans, Jessica and Hall, Stuart eds.: *Visual Culture: The Reader*, Thousand Oaks, CA: Sage, 2001.

Fogel, Joshua A: and Zarrow, Peter G., *Imagining the People: Chinese intellectuals and the concept of citizenship*, 1890—1920: New York: M: E: Sharpe, Inc.

Fong, Wen C., *Between Two Cultures: late-nineteeth-and twentieth-century Chinese paintings from the Robert H: Ellsworth collection in the Metropolitan Museum of Art*, New York: The Metropolitan Museum of Art, New Haven and London: Yale University Press, 2001.

Foster, Hal, ed.: *Vision and Visuality*, Seattle: Bay Press, 1988.

Foucault, Michel, *This is Not a Pip*, Translated and edited by James Harkness: Berkeley: University of California Press, 1983.

Fralin, Frances, *The Indelible Image: Photographs of War-1846 to the Present*, New York: Harry N: Abrams, Incorporated, 1985.

Goldman, Merle & Perry, Elizabeth J: Eds.: *Changing Meanings of Citizenship in Modern China*, Cambridge: Harvard UP, 2002.

Hall, Stuart & Du Gay, Paul, eds.: *Questions of Cultural Identity*, London and Thousand Oaks and New Delhi: Sage Publications, 1996.

Hanan, Patrick ed.: *Treasures of the Yenching*, Cambridge, MA: Harvard-Yenching Library, Harvard University, 2003.

Hargreaves, John, *Sport, Power and Culture: A Social and Historical Analysis of Popular Sports in Britain*, Cambridge, UK: Polity, 1986.

Harris, Michael D., *Colored Pictures: Race and Visual Representation*, Chapel Hill and London: The University of North Carolina Press, 2003.

Hegel, Robert E: *Reading Illustrated Fiction in Late Imperial China*, Stanford, CA: Stanford University Press, 1998.

Hestler, Anna, *Shanghai Posters: The Power of Advertising*, Hong Kong: FormAsia Books Ltd., 2005.

Hight, Eleanor M. and Sampson, Gary D. eds. *Colonialist Photography: Imag(in)ing Race and Place*, London and New York: Routledge, 2002.

Hodgson, Pat compiled and wrote, *Early War Photographs*, Boston: New York Graphic Society, 1974.

Howells, Richard, *Visual Culture*, Malden: Blackwell Publishers, 2003.

Jackson, Mason, *The Pictorial Press: Its Origin and Progress*, London: Burt Franklin, 1885.

Jay, Martin, *Downcast Eyes: The Denigration of Vision in Twentieth-century French Thought*, Berkeley and Los Angeles and London: University of California Press, 1993.

Jenks, Chris, ed.: *Visual Culture*, London: Routledge, 1995.

Kamalipour, Yahya R. and Snow, Nancy, eds. *War, Media, and Propaganda: A Global Perspective*, Rowman & Littlefield Publishers, INC., 2004.

Keller, Ulrich, *The Ultimate Spectacle: A Visual History of the Crimean War*, Gordon and Breach Publishers, 2001.

Kikuchi, Yuko ed. *Refracted Modernity: Visual Culture and Identity in Colonial Taiwan*, Honolulu: University of Hawaii Press, 2007.

Kojin, Karatani, *Origins of Modern Japanese Literature*, translation edited by Brett de Bary, Durham, NC: Duke University Press, 1993.

Larson, Susan & Woods, Eva eds.: *Visualizing Spanish Modernity*, Oxford and New York: Berg, 2005.

Laing, Ellen Johnston, *Selling Happiness: Calendar Poster and Visual Culture in Early Twentieth-Century ShangHai*, Honolulu: University of Hawaii Press, 2004.

Lester, Paul Martin, *Visual Communication: Images with Messages*, 2nd edition, Belmont: Wadsworth, 2000.

Levin, David Michael ed.: *Modernity and the Hegemony of Vision*, Berkeley and Los Angeles and London: University of California Press, 1993.

Lewinski, Jorge, *The Camera at War: A History of War Photography from 1848 to the Present Day*, London: Octopus Books Limited, 1986.

Messaris, Paul, *Visual Persuasion: The Role of Images in Advertising*, Thousand Oaks, CA: Sage, 1997.

Mitchell, W. J. T., *What Do Pictures Want?: the Live and Loves of Images*, Chicago and London: The University of Chicago Press, 2005.

Mirzoeff, Nicholas, *The Visual Culture Reader*, 2nd edition, London and New York: Rouledge, 2002.

Mirzoeff, Nicholas, *An Introduction to Visual Culture*, New York: Routledge, 1999.

Moeller, Susan D., *Shooting War: Photography and the American Experience of Combat*, New York: Basic Books, Inc., Publishers, 1989.

Morley, David and Chen, Kuan-Hsing, eds.: *Stuart Hall: Critical Dialogues in Cultural Studies*, Routledge, London and New York, 1996.

Morra, Joanne & Smith, Marquard, *Visual Culture: Critical Concepts in Media and Cultural Studies*, New York: Routledge, 2006.

Morris, Andrew D., *Marrow of the Nation: A History of Sport and Physical Culture in Republic China*, Berkeley and Los Angeles, CA: University of California Press, 2004.

Mowlana, Hamid and Gerbner, George and Schiller, Herbert I: Schiller eds: *Triumph of the Image: The Media's War in the Persian Gulf——A Global Perspective*, Boulder and San Francisco and Oxford: Westview Press, 1992.

Nelson, Robert S. & Shiff, Richard eds: *Critical Terms for Art History*, Chicago & London: The University of Chicago Press, 1996.

Nochlin, Linda, *The Politics of Vision: Essays on 19th Century Art and Society*, London: Thames and Hudson, 1991.

Orvell, Miles, *The Real Thing: Imitation and Authenticity in American Culture*, 1880—1940, Chapel Hill, NC: The University of North Carolina Press, 1989.

Panofsky, Erwin, *Meaning in the Viual Arts*, Chicago: The University of Chicago Press, 1982.

Paret, Peter and Lewis, Beth Irwin and Paret, Paul eds: *Persuasive Images: Posters of War and Revolution from the Hoover Institution Archives*, Princeton and Oxford: Princeton University Press, 1992.

Rampley, Matthew ed: *Exploring Visual Culture: Definitions, Concepts, Contexts*, Edinburgh: Edinburgh University Press, 2005.

Reed, Christopher A., *Gutenberg in Shanghai: Chinese Print Capitalism, 1876—1937*, Vancouver and Toronto: UBC Press, 2004.

Rose, Jacqueline, *Sexuality in the Field of Vision*, London and New York: Verso, 1991.

Saunders, Nicholas J., *Matters of Conflict: Material Culture, Memory and the First World War*, London and New York: Routledge, 2004.

Storey, John, ed: *Cultural Theory and Popular Culture: A Reader*, Prentice Hall: 1998.

Sturken, Marita & Cartwright, Lisa, *Practices of Looking: An Introduction to Visual Culture*, New York: Oxford University Press, 2001.

Tagg, John, *The Burden of Representation: Essays on Photographies and Histories*, London: Macmillan, 1998.

Taylor, John, *Body Horror: Photojournalism, Catastrophe and War*, New York: New York University Press, 1998.

Taylor, John, *War Photography: Realism in the British Press*, London and New York: Routledge, 1991.

Teng, Emma Jinhua, *Taiwan's Imagined Geography: Chinese Colonial Travel Writing and Pictures, 1683—1895*, Published by the Harvard University Asia Center, 2004.

The Block Reader in Visual Culture, London and New York: Rouledge, 1996.

Trachtenberg, Alan ed: *Classic Essays on Photography*, New Haven: Leete's Island Books, Inc., 1980.

Turner, Graeme, *British Cultural Studies: An Introduction*, Routledge, 1996.

Wagner, Rudolf G: ed: *Joining the Global Public: Word, Image, and City in Early Chinese Newspapers, 1870—1910*, Albany: State University of New York Press, 2007.

Walker, John A., *Art in the Age of Mass Media*, London: Pluto Press, 1990.

Wells, Liz ed: *The Photography Reader*, London and New York: Routledge, 2003.

Williams, Raymond, *Culture and Society*, 1789—1950, New York: Harper & Row Publishers, 1966.

Williams, Raymond, *The Long Revolution*, Toronto: Broadview Press, 2001.

Worth, Sol, *Studying Visual Communication*, Philadelphia: University of Pennsylvania Press, 1981.

Ye, Xiaoqing, *The Dianshizhai Pictorial: Shanghai Urban Life*, 1884—1898, Ann Arbor: Center for Chinese Studies, The University of Michigan, 2003.

Zarrow, Peter ed: *Creating Chinese Modernity: Knowledge and Everyday Life*, 1900—1940, New York, NY: Peter Lang Publishing, Inc., 2006.

王晓路、石坚、肖薇编著：《当代西方文化批评读本》，四川大学出版社2004年版。

相关论文：

[法] 阿尔都塞（Althusser, Louis Pierre）著，陈越编：《意识形态和意识形态国家机器（研究笔记）》，《哲学与政治：阿尔都塞读本》，吉林人民出版社2003年版。

[美] 南西·阿姆斯壮（Armstrong, Nancy）：《何谓写真主义中的真实》，《中外文学》（视觉理论与文化研究专号）2002年第30卷第12期。

阿英：《中国画报发展之经过》，《晚清文艺报刊述略》，古典文学出版社1958年版。

托马斯·班德尔（Bender, Thomas）：《当代都市文化与现代性问题》，载罗岗主编《知识分子论丛》第4辑《帝国、都市与现代性》，江苏人民出版社2006年版。

毕苑：《从〈修身〉到〈公民〉：近代教科书中的国民塑形》，《教育学报》2005年第1期。

陈昌文：《都市化进程中的上海出版业（1843—1949）》，博士学位论文，苏州大学，2002年。

陈艳：《〈北洋画报〉与"津派"通俗小说新类型》，《中国现代文学研究丛刊》2012年。

陈艳：《〈北洋画报〉与现代通俗小说的生产》，《现代中文学刊》2012年。

陈艳：《普通女性的公众化——1930年代〈北洋画报〉封面女郎研究》，《徐州师范大学学报》（哲学社会科学版）2012年。

陈艳：《〈北洋画报〉与北伐后的"天津"想象》，《东岳论丛》2012年。

陈艳：《〈北洋画报〉时期的刘云若研究》，《中国现代文学研究丛刊》2011年。

陈艳：《"新女性"的代表：从爱国女学生到女运动员——20世纪30年代〈北洋画报〉封面研究》，《广西社会科学》2009年。

陈阳：《〈真相画报〉与"视觉现代性"》，博士学位论文，复旦大学，2016年。

陈衡恪：《文人画之价值》，舆安澜编《画论丛刊》，人民美术出版社1989年版。

陈黎恩：《颠覆还是绵延？——再论〈小孩月报〉与中国儿童文化的"现代启蒙之路"》，《文艺争鸣》2012年。

陈平原：《晚清人眼中的西学东渐——以〈点石斋画报〉为中心》，中国学术论坛（http：//www.frchina.net）。

陈文联：《近代中国男女平等思想的历史考察》，中华文史网（http：//www.historychina.net/cns/QSYJ/ZTYJ/index.html）。

陈旭麓：《略论演化中的中国近代文化》，《人民日报》1989年。

程美宝《复制知识——〈国粹学报〉博物图画的资料来源及其采用之印刷技术》，《中山大学学报》（社会科学版）2009年第3期。

大谷敏夫：《〈海国图志〉与〈瀛环志略〉——中国近代的始刊启蒙地理书》，胡修之译，《求索》1985年第5期。

[法] 居伊·德波（Debord, Guy）：《景象的社会》，载《文化研究》第3辑，天津社会科学院出版社2002年版。

杜建华：《"器物"的形塑与现代性想象——〈点石斋画报〉文字与图像解析》，《科学·经济·社会》2012年第4期。

方平：《清末上海民办报刊的兴起与公共领域的体制建构》，《华东师范大学学报》（哲学社会科学版）2001年第2期。

冯鸣阳：《上海〈点石斋画报〉中外国女性的娱乐生活》，《创意与设计》2016年。

冯鸣阳：《从意象服饰到象征服饰：对〈点石斋画报〉中西洋女装的研究》，《艺术设计研究》2015年。

冯鸣阳、华雯：《图像中的服饰：〈点石斋画报〉中西洋女装的图像表达》，《云南艺术学院学报》2015年。

冯鸣阳、华雯：《从晚清〈点石斋画报〉透视19世纪末西洋女装》，《吉林艺术学院学报》2015年。

冯鸣阳：《东方想象和视觉修正——谈〈点石斋画报〉展现西方图景时所采用的图像改良主义》，《南京艺术学院学报》（美术与设计）2010年。

冯鸣阳：《复合之眼——以〈剖割怪胎〉为例分析〈点石斋画报〉中外国女性形象》，《南京艺术学院学报》（美术与设计版）2009年。

冯天瑜：《中国近世民族主义的历史渊源》，《湖北大学学报》（哲学社会科学版）1994年第4期。

傅宁：《中国近代儿童报刊的历史考察》，《新闻与传播研究》第13卷第1期。

龚书铎：《传统文化在近代中国演变的历史启示》，中华文史网（http://www.historychina.net/cns/QSYJ/ZTYJ/index.html）。

郭舒然、吴潮：《〈小孩月报〉史料考辩及特色探析》，《浙江学刊》2010年第4期。

郭武群：《认同与排拒——近代转型期的上海、天津城市文化》，《天津社会科学》2004年第3期。

[日] 红野谦介：《明治三十年代的杂志〈太阳〉中新闻照片的变迁——如何导演"真实"》，载陈平原、[日] 山口守编《大众传媒与现代文学》，新世界出版社2003年版。

韩红星：《民国时期画报的广告经营——基于天津〈北洋画报〉史料》，《中国出版》2012年。

韩红星：《近代城市化进程中的报业生存——以民国〈北洋画报〉为研究对象》，《当代传播》2011年。

韩红星：《民国天津市民消费文化空间的建构——基于〈北洋画报〉的研究》，《历史教学（下半月刊）》2011年。

韩红星：《中国近代女性角色的重塑——来自〈北洋画报〉的记录》，

《妇女研究论丛》2011年。

韩红星：《读图时代的开启：中国画报源流考略》，《新闻与传播研究》2011年第4期。

韩红星：《看民国时期的报业"选秀"活动——以〈北洋画报〉的"四大女伶皇后"选秀为例》，《兰台世界》2010年。

韩红星：《看〈北洋画报〉读天津历史》，《兰台世界》2010年。

韩红星：《近代报业的"选秀"策划与启示——以〈北洋画报〉的"四大坤旦皇后"选举为例》，《当代传播》2010年。

何一民、庄灵君：《城市化与大众化——近代中国城市大众文化的兴起》，《湘潭大学学报》（哲学社会科学版）2008年第1期。

洪煜：《近代上海小报与市民文化研究（1897—1937）》，博士学位论文，上海师范大学，2006年。

侯杰、李钊：《视觉文化史料与社会性别分析——以清末民初天津画报女性生活为中心的考察》，《南方论丛》2005年3月第1期。

胡道静：《最早的画报》，《上海研究资料续集》，《民国丛书》第四编，第81册，上海书店1992年版。

胡道静：《一九三三年的上海杂志界》，上海通社（编）《旧上海史料汇编》（上册），北京图书馆出版社1998年版。

胡逢祥：《试论中国近代史上的文化保守主义》，《华东师范大学学报》（哲学社会科学版）2000年第1期。

黄克武：《导论：印现抑或再现？——视觉史料与历史书写》，黄克武主编《画中有话：近代中国的视觉表述与文化构图》，中研院近代历史研究所，2003年。

黄天鹏：《五十年来画报之变迁》，《良友》1936年第49期。

黄蓉芳：《我国新闻受众中的女性缺席》，《新闻与传播研究》2000年第3期。

黄益军：《从〈申报〉看晚清上海城市娱乐业的发展（1872—1911）》，硕士学位论文，苏州大学，2007年。

黄兴涛：《晚清民初现代"文明"和"文化"概念的形成及其历史实践》，《近代史研究》2006年第6期。

黄兴涛：《清末民初新名词新概念的"现代性"问题——兼论"思想现代性"与现代性"社会"概念的中国认同》，《天津社会科学》2005年第 4 期。

黄兴涛：《"民族"一词究竟何时载中文里出现》，《浙江学刊》2002年第 1 期。

黄兴涛：《现代"中华民族"观念形成的历史考察——兼论辛亥革命与中华民族认同之关系》，《浙江社会科学》2002 年第 1 期。

姜红：《大众传媒与社会性别》，载《新闻与传播研究》2000 年第 3 期。

[美] 康无为（Kahn, Harold）：《画中有话：点石斋画报与大众文化形成之前的历史》，《读史偶得：学术演讲三篇》，中研院近代史研究所，1993 年。

柯惠玲：《入侵闺阃：清末画报的女子图像》，《台湾美术》2006 年第 63 期。

[美] 柯文（Paul Cohen）：《美国研究清末民初中国历史的新动向》，载蔡尚思等《论清末民初中国社会》，复旦大学出版社 1983 年版。

孔令伟：《近代中国的视觉启蒙》，《文艺研究》2008 年第 9 期。

[美] 尼古拉·米尔佐夫（Mirzoeff, Nicholas）：《什么是视觉文化？》，载《文化研究》第 3 辑，天津社会科学院出版社 2002 年版。

乐正：《近代广州大众传播业的发展（1827—1911 年）》，《开放时代》1995 年第 5 期。

雷颐：《被延误的现代化——晚清变革的动力空间》，《社会科学论坛》2000 年第 3 期。

李凤凤：《西俗东渐之元旦庆贺——以〈申报〉报道为中心（1912—1928）》，《华中师范大学研究生学报》2010 年第 2 期。

李雅：《民国时期商务印书馆儿童读物的出版与阅读》，《高校图书馆工作》2007 年第 2 期。

李欧梵：《文化研究理论与中国现代文学》，《未完成的现代性》，北京大学出版社 2005 年版。

李欧梵：《晚清文化、文学与现代性》，《未完成的现代性》，北京大学出版社 2005 年版。

李欧梵、罗岗：《视觉文化·历史记忆·中国经验》，《视觉文化读本》，广西师范大学出版社 2003 年版。

李孝悌：《走向世界，还是拥抱乡野——观看〈点石斋画报〉的不同视野》,《中国学术》第 3 卷第 3 期（总第 11 辑），商务印书馆 2002 年版。

李艳利：《〈蒙学报〉与晚清中国儿童文学的觉醒》，硕士学位论文，华东师范大学，2001 年。

梁景和：《清末国民意识与文化启蒙》,《史学月刊》2003 年第 4 期。

梁景和：《中国近代思想史研究对西方思想理论与方法的回应》，王中江主编《新哲学》第一辑，大象出版社 2003 年版。

柳和城：《〈儿童教育画〉样本巡览》,《出版史料》2010 年第 3 期。

刘纪蕙：《文化研究的视觉系统》,《中外文学》（视觉理论与文化研究专号）2002 年第 30 卷第 12 期。

刘凌沧：《中国画报之回顾》,《北洋画报》1933 年第 888 期。

刘立德：《儒家修身理论与近代修身课本》,《北京大学学报》（哲学社会科学版）1998 年第 6 期。

刘敠：《图像与新知——〈点石斋画报〉与美术大众化》,《南京艺术学院学报》2005 年第 4 期。

刘永昶：《作为时代图像志的〈良友画报〉》，博士学位论文，华中科技大学，2009 年。

刘永昶：《大众文化认同与消费主义策略——论〈良友画报〉的电影栏目叙述》,《南京艺术学院学报》（音乐与表演版）2008 年。

刘永昶：《〈良友画报〉上海的都市文化品格》,《出版广角》2007 年第 3 期。

刘永昶：《试析〈良友画报〉的编辑视野》,《编辑之友》2007 年。

刘永昶：《民族救亡中的商业媒体觉醒——以〈良友画报〉为例》,《南京政治学院学报》2007 年。

刘敏：《〈非非画报〉编辑群与民国岭南画坛》,《文学教育（中）》2013 年。

刘敏：《〈非非画报〉与近代岭南文化艺术图景》,《大众文艺》2013 年。

刘敏：《20 世纪 30 年代海外华侨的家国认同建构：以〈时事画报月刊〉为例》,《编辑之友》2013 年。

刘敏：《〈良友〉画报与都市现代性的文化记忆》,《编辑之友》2012 年第 7 期。

刘兰:《商务印书馆的期刊群》,《出版史料》2012年第3期。

刘增合:《1840—1860年经世学派与近代地理观念的演进》,《社会科学辑刊》1998年第1期。

刘增合:《媒介形态与晚清公共领域研究的拓展》,《近代史研究》2000年第2期。

吕新雨:《国事、家事、天下事——良友画刊与现代启蒙主义》,《读书》,生活·读书·新知三联书店2007年版。

卢欣:《清末北京的阅报活动(1904—1911)》,《中山大学研究生学刊》2010年第1期。

马勇:《辛亥革命时期的思想文化》,载《辛亥革命与近代中国社会变迁》,华中师范大学出版社2001年版。

马中红:《图像西方与想象西方——〈良友〉西方形象的重构与呈现》,《文艺研究》2007年第1期。

闵杰:《清晰地再现清末民初的风景——〈莫里循眼里的近代中国〉》,中华文史网(http://www.historychina.net/cns/QSYJ/ZTYJ/index.html)。

[美] W.J.T.米歇尔(Mitchell, W.J.T.):《图像转向》,载《文化研究》第3辑,天津社会科学院出版社2002年版。

庞玲:《〈小孩月报〉与晚清儿童观念变迁考论(1875—1881)》,硕士学位论文,华东师范大学,2009年。

裴丹青:《〈点石斋画报〉主笔考》,《图书情报论坛》2015。

裴丹青:《西医东渐与晚清社会的医学变迁——以〈点石斋画报〉为中心》,《许昌学院学报》2008年。

裴丹青:《西医东渐与晚清社会的医学变迁——以〈点石斋画报〉为中心》,《图书情报论坛》2008年。

裴丹青:《〈点石斋画报〉研究综述》,《河南图书馆学刊》2007年。

裴丹青:《〈点石斋画报〉和中国传媒的近代化》,《安阳师范学院学报》2005年。

彭望苏:《风流文采今尚存——百年之前的儿童刊物〈启蒙画报〉》,《贵州文史丛刊》2000年第5期。

彭永祥:《旧中国画报见闻录》,《新闻研究资料》第四辑,中国社会科学出版社1980年版。

彭永祥:《中国近代画报简介》,《辛亥革命时期期刊介绍》(第4集),人民出版社1986年版。

齐秋生:《走向现代的都市女性形象——从〈良友〉画报看20世纪30年代的上海都市女性》,硕士学位论文,暨南大学,2004年。

屈永华:《宪政视野中的清末报刊与报律》,《法学评论》2004年第4期。

[德]瓦格纳(Wagner, Rudolf G.):《进入全球想象图景:上海的〈点石斋画报〉》,《中国学术》第2卷第4期(总第八辑),商务印书馆2001年版。

萨空了:《五十年来中国画报之三个时期》,《萨空了文集》,上海科学技术文献出版社2002年版。

史春风:《晚清出版业的近代化历程》,《滨州教育学院学报》2001年第2期。

孙占元:《中国近代化问题研究述评》,《史学理论研究》2000年第4期。

孙英宝、马履一、覃海宁:《中国植物科学画小史》,《植物分类学报》2008年46卷第5期。

田涛、樊仰泉:《清末市民文化的兴起》,《山西煤炭干部管理学院》2002年。

涂文学:《区域背景与中国近代城市文化风格的生成:以天津、上海、汉口为例》,《长江论坛》1996年。

涂文学:《中国城市文化近代化的多重路径》,《浙江学刊》1996年第4期。

王笛:《大众文化研究与近代中国社会——对近代美国有关研究的述评》,《历史研究》1999年第5期。

王笛:《清末新政与近代学堂的兴起》,《近代史研究》1987年第3期。

王尔敏:《中国近代知识普及化传播之图说形式——点石斋画报例》,《中央研究院近代历史研究所集刊》,中研院近代史研究所,1990年第19期。

王尔敏:《〈点石斋画报〉所展现之近代历史脉络》,黄克武主编《画中有话:近代中国的视觉表述与文化构图》,中研院近代历史研究所2003

年版。

汪晖:《〈汪晖自选集〉自序》,《汪晖自选集》,广西师范大学出版社1997年版。

汪晖:《个人观念的起源与中国的现代认同》,《汪晖自选集》,广西师范大学出版社1997年版。

汪晖:《如何诠释"中国"及其"现代"?——关于〈现代中国思想的兴起〉的几个问题》,中国人民大学清史研究所(http://www.iqh.net.cn/zhs.asp)。

汪维寅:《梅兰芳与戏剧文化》,《东南文化》2004年第4期。

王晏殊:《民国时期天津〈北洋画报〉研究》,博士学位论文,南开大学,2014年。

王余光:《教科书与近代教育》,《武汉大学学报》(社会科学版)1990年第3期。

王印焕:《交通近代化过程中人力车与电车的矛盾分析》,《史学月刊》2003年第4期。

王正华:《艺术史与文化史的交界:关于视觉文化研究》,《近代中国史研究通讯》2001年第32期。

文嘉琳:《中国近现代美术展览会研究》,硕士学位论文,华南师范大学,2007年。

伍联德:《良友一百期之回顾与前瞻》,《良友》1936年第100期。

吴朝虎:《图像里的现代性——解读〈良友〉画报》,硕士学位论文,复旦大学,2005年。

吴方正:《中国近代初期的展览会——从成绩展到美术展览会》,《中国史新论——美术考古分册》,联经出版社2010年版;《清末民初画报中的动植物图画》,视觉文化研究中(http://visual.ncu.edu.tw)。

吴果中:《传统与现代双重变奏的视觉表述与图像呈现——〈北洋画报〉及其城市文化生产》,《新闻与传播研究》2013年第5期。

吴果中:《政治文化视阈下的民众动员——〈真相画报〉及其社会影响》,《新闻与传播研究》2011年第5期。

吴果中:《图说中国近代知识普及化传播——以〈启蒙画报〉为中心的视觉解读》,《新闻与传播研究》2010年第4期。

吴果中:《民国〈良友〉画报封面与女性身体空间的现代性建构》,

《湖南师范大学社会科学学报》2009 年第 5 期。

吴果中、刘睿:《都市文化语境下的乡村图像与市民文化——民国〈良友〉画报对上海街头文化的想像与建构》,《湖南师范大学社会科学学报》2008 年第 5 期。

吴果中:《民国〈良友〉画报影响力要素的综合解析》,《国际新闻界》2007 年第 9 期。

吴果中:《民国〈良友〉画报与都市空间的意义生产》,《求索》2007 年第 5 期。

吴果中:《社会文化史视野下的中国新闻史研究——以〈良友〉画报为个案的分析》,《湖南师范大学社会科学学报》2007 年第 5 期。

吴果中:《从〈良友〉画报广告看其对上海文化空间的意义生产》,《国际新闻界》2007 年第 4 期。

吴果中:《民国时期〈良友〉画报广告与上海消费文化的想象性建构》,《广告大观》(理论版) 2007 年第 3 期。

吴果中:《〈良友〉画报文化地位整体建构的历史考察》,《现代传播》(中国传媒大学学报) 2007 年第 3 期。

吴果中:《中国近代画报的历史考略——以上海为中心》,《新闻与传播研究》2007 年第 2 期。

拉康等著,吴琼编:《视觉性与视觉文化——视觉文化研究的谱系》,载《视觉文化的奇观:视觉文化总论》,中国人民大学出版社 2005 年版。

吴叡人:《认同的重量:〈想象的共同体〉导读》,本尼迪克特·安德森《想象的共同体》,上海人民出版社 2003 年版。

武樾:《画报进步谈》,《北洋画报》1928 年第 251 期。

肖小蕙:《意识形态:权利关系的再现系统》,载陶东风、金元浦、高丙中(编)《文化研究》第 3 辑,天津社会科学院出版社 2002 年版。

谢其章:《〈世界画报〉之"三一八惨案特刊"》,《出版史料》2007 年。

谢其章:《历史的忠实剪影——稀见老画报五种》,《收藏界》2002 年。

谢其章:《被遗忘的梁得所和他的〈大众画报〉》,《出版史料》2007 年。

谢维:《读冯客〈近代中国之种族观念〉》,《近代史研究》2007 年第 5 期。

谢毓洁：《〈点石斋画报〉中的儿童与儿童观思考》，《宁夏社会科学》2009 年第 4 期。

行龙：《近代中国城市化特征》，《清史研究》1999 年第 4 期。

熊月之：《论近代上海城市文化的异质性》，《中国名城》2008 年。

许慧琦：《过新生活、做新女性：训政时期国民政府对时代女性形象的塑造》，《台大文史哲学报》2005 年第 62 期。

杨宏雨：《甲午战败对中国传统知识分子的影响》，《河北学刊》1996 年第 2 期。

杨健：《政治、宣传与摄影》，博士学位论文，复旦大学，2016 年。

阴艳：《美者其目标》，博士学位论文，东北师范大学，2015 年。

喻大华：《晚清文化保守思潮与"近代文化"的构建》，《天津社会科学》2001 年第 2 期。

於红梅、潘忠党：《国际大都市的想象与诠释——作为符号的〈良友〉画报及其文本》，《开放时代》2011 年第 2 期。

乐黛云：《〈未完成的现代性〉序》，李欧梵：《未完成的现代性》，北京大学出版社 2005 年版。

赵昊：《抗战时期〈良友〉画报对中国共产党视觉形象传播研究》，《东南传播》2015 年。

赵昊：《〈良友〉画报对岭南画派三杰的传播》，《国画家》2014 年。

赵昊：《〈良友〉画报对民国美术展览的传播》，《美术》2014 年。

赵昊：《中国抗日战争美术研究——以〈良友〉画报为考察中心》，《美术研究》2014 年。

赵昊：《戈公振国外新闻图片研究——以〈良友〉画报为考察中心》，《东南传播》2013 年。

赵昊：《〈良友〉画报与中国现代摄影的发展》，《浙江艺术职业学院学报》2010 年。

章开沅：《愤悱·讲画·变力——对外反应与中国近代化》，《历史研究》1991 年第 2 期。

张立真、揣丽华：《近代女留学生与女性地位的转变》，中华文史网（http：//www.historychina.net/cns/QSYJ/ZTYJ/index.html）。

张梅：《另一种现代性诉求——1875—1937 儿童文学中的图像叙事》，

博士学位论文，山东师范大学，2011年。

张若谷：《纪元前五年上海北京画报之一瞥》，《上海研究资料续集》，《民国丛书》第四编，第81册，上海书店1992年版。

张铁镞：《略谈晚清时期的石印画报》，龚书铎主编《近代中国与近代文化》，湖南人民出版社1988年版。

张九辰：《中国近代对"地理与文化关系"的讨论及其影响》，《自然辩证法通讯》1999年第6期。

张人凤：《商务〈最新教科书〉的编纂经过和特点》，《编辑学刊》1997年第3期。

张英进：《公共性，隐私性，现代性：中国早期画报对女性身体的表现与消费》，《文化研究》第6辑，广西师范大学出版社2006年版。

郑师渠：《近代中国文化民族主义》，《历史研究》1995年第5期。

郑逸梅：《书报旧话》，学林出版社1983年版。

郑瑜：《〈中国新闻学大系〉之传播学研究》，《南方文坛》2008年第3期。

周蕾：《视觉性、现代性与原始的激情》，《视觉文化读本》，广西师范大学出版社2003年版。

周宪：《现代性与视觉文化中的旅游凝视》，《天津社会科学》2008年第1期。

周宪：《重建阅读文化》，《学术月刊》2007年第5期。

周宪：《视觉文化的历史叙事》，《艺术百家》2007年第1期。

周宪：《文化研究：为何并如何？》，《文艺研究》2007年第6期。

周宪：《论作为象征符号的"封面女郎"》，《艺术百家》2006年第3期。

周宪：《"读图时代"的图文"战争"》，《文学评论》2005年第6期。

周宪：《从视觉文化观点看"时尚"》，《学术研究》2005年第4期。

周宪：《论奇观电影和视觉文化》，《文艺研究》2005年第3期。

周宪：《视觉文化的三个问题》，《求是学刊》2005年第3期。

周宪：《视觉文化的转向》，《学术研究》2004年第2期。

周宪：《视觉文化的消费社会学解析》，《社会学研究》2004年第5期。

周宪:《图像技术与美学观念》,《文史哲》2004年第5期。

周宪:《模仿/复制/虚拟——视觉文化的三种形态》,《中国广告》2004年第9期。

周宪:《视觉文化与消费社会》,《福建论坛》2001年第2期。

周宪:《视觉文化:从传统到现代》,《文学评论》2003年第6期。

周宪:《读图、身体、意识形态》,载陶东风、金元浦、高丙中《文化研究》第3辑,天津社会科学院出版社2002年版。

周宪:《看的方式与视觉意识形态》,《福建论坛》2001年第3期。

周宪:《反思视觉文化》,《江苏社会科学》2001年。

周宪:《视觉文化语境中的电影》,《电影艺术》2001年第2期。

周宪:《符号政治经济学视野中的"视觉转向"》,《文艺研究》2001年第3期。

周宪:《反抗人为的视觉暴力》,《文艺研究》2000年第5期。周宪《视觉文化与现代性》,《文化研究》,载陶东风、金元浦、高丙中《文化研究》第3辑,天津社会科学院出版社2000年版。

周宪:《文化研究的新领域》,《天津社会科学》2000年第4期。

周远方:《中国传统博物学的变迁及其特征》,《科学技术哲学研究》2011年第28卷第5期;

朱立立:《视觉现代性与第五代电影的民族志阐释——以周蕾〈原初的激情〉为讨论对象》,《艺苑》2007年第7期。

朱政惠:《美国清史资料及其研究情况述略》,《中国史研究动态》2004年第1—2期。

左玉河:《评民初立法上的"二元社会"》,《近代史研究》2002年第3期。

Alpers, Svetlana, etc.: "Visual Culture Questionnaire", in *October*, Vol. 77: (Summer, 1996), pp.25-70.

Baudelaire, Charles, "The Modern Public and Photography", in Trachtenberg, Alan ed.: *Classic Essays on Photography*, New Haven: Leete's Island Books, 1980, pp.83-89.

Bennett, Tony, "The Exhibitionary Complex", in Nicholas B: Dirks, Geoff Eley, and Sherry B: eds.: *Ortner, Culture/power/history: A Reader in Contemporary Social Theory*, Princeton, N. J.: Princeton University

Press, 1994

Block, Ezra L. A. M., *Modeling Modernity*: *The Liangyou Huabao in the 1930s*, A Bachelor Degree Thesis, Harvard College, Cambridge, MA, 1996:

Bresheeth, Haim, "Projecting Trauma: War Photography and the Public Sphere", in *Third Text*, Vol.20, Issue 1, January, 2006, pp.57-71.

Brownell, Susan, "Why Should an Anthropologist Study Sports in China?", in Noel Dyck ed.: *Games, Sports and Cultures*, Oxford and New York: Berg, 2000.

Denton, Kirk A., "Museums, Memorial Sites and Exhibitionary Culture in the People's Republic of China", in *China Quarterly* 183 (2005), pp. 565-586.

DePue, Tricia, "*Speaking to the Eye*": *Exhibitionary Representation and the Illustrated London News* (PDF format), UMI, ProQuest Information and Learning Company, 2005.

Featherstone, Mark, "The Eye of War: Images of Destruction in Virilio and Bataille, in *Journal of Cultural Research*, Vol. 7, No. 4, 2003, pp. 433-447.

Griffin, Michael, "The Great War Photographs: Constructing Myths of History and Photojournalism", in Bonnie Brennen & Hanno Hardt, eds., *Picturing the Past: Media, History, and Photography*, Urbana and Chicago: University of Illinois Press, 1999, pp.122-157.

Hargreaves, John, "Media Sport", in *The Polity Reader in Cultural Theory*, Cambridge: Polity Press, 1994, pp.154-173.

Ivins, Williams M., "New Reports and New Vision: The Nineteenth Century", in Trachtenberg, Alan ed.: *Classic Essays on Photography*, New Haven: Leete's Island Books, 1980, pp.217-236.

Lee, Leo Ou-fan and Nathan, Andrew J., "The Beginning of Mass Culture: Journalism and Fiction in the Late Ch'ing and Beyond," in David Johnson, Andrew J; Nathan, Evelyn S; Rawski, eds; *Popular Culture in Late Imperial China*, Berkeley: University of California Press, 1985, pp. 360-395.

Lule, Jack, "Enduring Image of War: Myth and Ideology in a Newsweek

Cover", in *The Journal of Popular Culture*, Vol. 29 Issue 1, 2004, pp. 199-211.

Mulvey, Laura, "Visual Pleasure and Narrative Cinema", in *Visual and Other Pleasures*, London: MacMillan Press LTD., 1989, pp.14-28.

Pollock, Griselda, "The Visual", in Mary Eagleton ed: *A Concise Companion to Feminist Theory*, Malden, MA: Blackwell Publishing Ltd., 2003.

Valery, Paul, "The Centenary of Photography", in Trachtenberg, Alan ed: *Classic Essays on Photography*, New Haven: Leete's Island Books, 1980, pp.191-198.

Voci, Paola, *Visual Dissent in 20th Century China: A Study of Exhibitionist Mode of Representation in Cinema, Literature and Media* (PDF format), UMI, ProQuest Information and Learning Company, 2002.

Wiatr, Elizabeth Ann, *Seeing American: Visual Education and the Making of Modern Observers*, 1900—1935 (PDF format), UMI, ProQuest Information and Learning Company, 2003.

Yeh, Catherine Vance, "Creating the Urban Beauty: The Shanghai Courtesan in Late Qing Illustrations", in Judith T. Zeitlin & Lydia H. Liu with Ellen Widmer eds: *Writing and Materiality in China*, Cambridge, MA: Harvard University Asia Center for the Harvard-Yenching Institute, 2003.

Yeh, Catherine Vance, "Recasting Depravity as the Icon of the Modern: The Female Nude in *The Young Companion* and *The Pei-Yang Pictorial News* of the 1920s", the paper for AAS annual meeting, 2007.

后 记

本书是 2010 年度国家社科课题"清末民初画报研究"（项目批准号：10CXW002）和 2011 年度四川大学中央高校基本科研业务费研究专项（青年学术人才基金项目，项目编号：skqx201104）的成果。

本书部分章节曾经以课题组成果的形式在《文化研究》《国际新闻界》《新闻与传播研究》《西南民族大学学报》（人文社会科学版）等刊物上发表，借此机会向这些刊物的编辑表示由衷的感谢！

本书关于科学图像和儿童画报的研究是分别与研究生罗家容、赵萌合作完成的。我的其他几位研究生徐溦、张艳婷、李思苑、杨颖超、毛竹菊、蔡娟、王林、段然、王鸽，本科生杜忆竹、倪燕萍都曾经为收集、整理画报原始材料付出辛勤劳动。常开在假期中帮助校对本书。谢谢你们！

感谢我的导师王晓路教授多年来的教诲与支持！感谢我的家人！

感谢四川大学文学与新闻学院对专著出版的支持！感谢中国社会科学出版社编辑任明先生！

2018 年春于成都